Marcel Gauchet

La condition historique

**Entretiens avec François Azouvi
et Sylvain Piron**

Gallimard

Cet ouvrage a originellement paru aux Éditions Stock.

Marcel Gauchet est directeur d'études à l'École des hautes études en sciences sociales et rédacteur en chef de la revue *Le Débat*.

I

UN PARCOURS, UNE GÉNÉRATION

Marcel Gauchet, on vous connaît sans vous connaître. Vous êtes plutôt avare de détails biographiques, et vous dites volontiers que votre parcours n'a d'intérêt que dans la mesure où il vaut pour celui d'une génération. Commençons donc par l'histoire de vos pensées, pour paraphraser un titre célèbre, et par une question qu'on posait volontiers naguère : d'où parlez-vous ? Êtes-vous historien ou philosophe ? Ou peut-être encore autre chose ?

Je vois bien la difficulté dont vous faites état et en même temps, je vous l'avoue, votre étonnement m'étonne. Car j'ai le sentiment de m'inscrire en fait dans une tradition assez longue qui est en France particulièrement bien représentée. Pardonnez-moi de mobiliser pour mon compte des patronages trop illustres et des exemples écrasants, mais les philosophes des Lumières, que sont-ils ? Montesquieu, par exemple, est-ce un juriste, un philosophe, un sociologue ? Ou encore un anthropologue ? Ces partages n'ont évidemment aucun sens pour définir son travail. Plus près de nous, Tocqueville, à quelle discipline appartient-il ? Avec *L'Ancien Régime et la Révolution*, il se montre plutôt meilleur historien que bien des historiens de son temps, même s'il n'a pas obtenu de la Sorbonne le *nihil obstat* ; philosophe, il ne l'est pas au sens académique du terme mais il n'est pas douteux qu'il l'est davantage que la plupart des philosophes de l'époque. Dernier exemple, non le moindre : celui de Marx. S'il s'est persuadé à un certain moment de son parcours intellectuel que l'économie était la clé de tout et s'il a ainsi rétréci le champ de sa curiosité, il avait pourtant commencé en manifestant une profondeur et une diversité d'intérêts tout à fait remarquables.

J'ai l'impression de me situer dans cet héritage des observateurs du contemporain qui surgissent lorsque se fait jour la conscience d'une condition humaine qui change dans le temps avec les sociétés elles-mêmes. Leurs curiosités sont par nature multiples. Leur démarche est forcément faite d'allers et de retours. S'il est indispensable de scruter de près le mouvement du présent, car c'est une source inépuisable d'inspiration et de questionnements, il est tout aussi nécessaire de remonter dans le passé — dans *les* passés —, car les énigmes du présent ne commencent à s'éclaircir qu'à la lumière de l'histoire, qu'au moyen de leur mise en perspective avec les sociétés antérieures. D'ailleurs, qui ignore cette circulation entre passé et présent dans la connaissance historique ?

Sauf que, en général, on se contente d'en admettre verbalement le principe...

J'essaie au contraire d'en tirer les conséquences en mettant explicitement en rapport l'interrogation du passé et les problèmes du présent. Rançon du présent, justement, j'ai élargi le spectre des questions par rapport aux glorieux ancêtres que j'évoquais, en y intégrant la « psychologie », pour faire simple — l'histoire du sujet, pour être plus exact. Mais là aussi, je n'ai fait que pratiquer tout haut ce qui est tacitement admis tout bas. Un sociologue qui ne se poserait à aucun moment la question de savoir ce qui se passe dans la tête des individus singuliers qu'il appréhende comme acteurs sociaux, c'est-à-dire de l'extérieur et en masse, serait un étrange sociologue. Il est vrai que l'espèce n'en est pas dépourvue... Mais les plus grands n'ont pas manqué d'être attentifs aux expériences subjectives et au travail des esprits de leur temps. Comment comprendre, par exemple, le travail de Durkheim, si on ne voit à quel point il est nourri de la connaissance de la psychologie et de la psychopathologie de son époque ?

Je suis surpris de la facilité avec laquelle la vie intellectuelle d'aujourd'hui s'accommode de partages légitimes du point de vue strictement technique, du point de vue de l'exercice d'un métier, mais qui répondent aussi peu à l'exigence d'intelligibilité la plus élémentaire. Je reconnais pleinement la légitimité disciplinaire ; et si je fais un livre d'histoire, c'est en me pliant complètement aux contraintes du métier d'historien et en mettant éventuellement de côté mes interrogations théoriques. Ainsi, dans la Révolution française, à laquelle je me suis beaucoup intéressé, il y a des problèmes qui n'ont rien à voir avec les questions philosophiques et qui n'en mobilisent pas moins mon attention. Mais il ne faut pas ériger en absolu les frontières disciplinaires ; les disciplines correspondent à des exigences méthodologiques distinctes mais elles ne sont en aucune façon des essences.

Je comprends votre réticence à vous laisser enfermer dans une catégorie disciplinaire. Mais votre ambition la plus profonde est-elle d'ordre théorique ? Ou historique ?

Je passe par l'histoire, mais mon projet est d'ordre philosophique. Il enregistre ce que la condition de l'homme contemporain a de plus nouveau, qui est précisément la condition historique. Il s'efforce d'en tirer les leçons, qui vont très loin. Il m'est arrivé d'oser définir ce projet comme une *anthroposociologie transcendantale*, en dépit de ce que la formule peut avoir de ridicule par sa grandiloquence. Anthropologie au sens de théorie de l'humain, de ce qui fait l'humanité de l'homme ; sociologie parce que les deux aspects me semblent inévitablement corrélés ; transcendantale enfin, pour désigner la dimension proprement philosophique de l'ensemble, l'interrogation sur les conditions de possibilité. Qu'est-ce qui fait qu'il y a humanité et société possibles, voilà la question qui m'occupe. Et, pour la cerner plus précisément, je dirais que je cherche à comprendre l'articulation entre ce qui fait que l'homme est social par nature — autrement dit, ce qui commande l'architecture des sociétés — et l'organisation psychique qui est la nôtre. C'est vers ce point que j'essaie de me diriger, en interrogeant les incarnations en devenir de l'humain-social, et en empruntant l'éclairage des différents savoirs sur l'homme qui se sont constitués à l'époque moderne. Le monde moderne fait advenir un nouveau visage de l'humain-social qui le donne à interroger plus profondément qu'on n'avait pu le faire jusqu'alors, mais qui permet aussi de reconsidérer rétrospectivement le déploiement d'ensemble de l'expérience humaine et sociale dans le temps. Tel est le possible inédit qu'il s'agit d'exploiter.

Pour qu'il n'y ait pas d'ambiguïté sur le terme,

je précise tout de suite que j'entends par *moderne* l'époque qui commence au début du XVIᵉ siècle même si elle a d'évidentes racines antérieures, qui remontent d'ailleurs aux parages de l'an mil ; je suis de ceux qui estiment qu'il y a en fait un millénaire d'histoire européenne auquel le mot « moderne » peut s'appliquer par extension. Mais, à l'intérieur de cette séquence de temps longue, il y a des étapes qu'il convient de déterminer de façon précise et il y a de bons arguments pour conserver la scansion habituelle qui indique le XVIᵉ siècle comme commencement de l'histoire moderne au sens propre. Je pense qu'il y a à la fois une très forte unité de l'expérience européenne de la modernité et des différenciations internes de grande importance.

Mais il est clair à mes yeux qu'il ne s'agit pas là seulement d'un problème de catégorisation chronologique, ou plutôt, que derrière ce problème, s'en cache un autre qui est d'interprétation : comment interpréter l'expérience européenne moderne ? Relève-t-elle du déterminisme d'une histoire universelle dont elle serait la phase ultime de maturation ? Ou bien constitue-t-elle une bifurcation relativement contingente ? Dans mon idée, c'est cette seconde branche de l'alternative qui est la bonne : moderne désigne l'exception moderne au regard de ce qui s'est passé dans toutes les autres sociétés.

Où l'on voit que l'historien ne quitte jamais longtemps le philosophe que vous êtes...

Car je suis convaincu qu'aucune philosophie pure, qui se tiendrait à l'écart de tous les savoirs positifs, et en particulier du savoir historique, ne peut ni donner le mot de la fin, ni même conduire dans sa direction. Si je m'enferme dans ma chambre et que j'en expulse tous les livres, je suis certain de ne proférer que des platitudes dont aucune n'atteindra le cœur du problème avec lequel nous sommes aux prises. C'est par l'élucidation de l'existence des sociétés concrètes que ce point focal est susceptible de devenir intelligible.

C'est la raison pour laquelle je ne conçois pas du tout mon travail comme une sorte de vision personnelle des choses, destinée à produire *mon* idée de l'homme et de la société. Nous vivons généralement sur la croyance illusoire en la singularité des auteurs. Il est vrai, c'est même un truisme, que nous sommes tous des individus singuliers, marqués à tous les niveaux d'une irréductible particularité : biologique, psychique, culturelle, etc. Mais à partir de là, il ne faut pas construire une hypostase-auteur enfermant complètement une œuvre dans la singularité d'un individu ; cela me semble une erreur totale de perspective. Je suis convaincu au contraire de la validité de ce qu'on appelle aujourd'hui *para-*

digme dans les sciences ; je crois qu'il y a une certaine objectivité du travail de la réflexion à une époque déterminée, même si quantité de colorations et d'inflexions individuelles s'y mêlent et même si différentes options sont possibles. Les résultats sont condamnés à la singularité, par un heureux malheur, mais la matrice problématique est commune. J'essaie d'avancer en objectivant au maximum le champ problématique d'aujourd'hui et sa gamme de choix.

Pouvez-vous donner un exemple de cette quasi-objectivité des questions ?

Par exemple, au XIXᵉ siècle, il y a une question centrale autour de laquelle gravitent plusieurs séries de réponses : la question historico-sociale, qui constitue, pour tout le monde, pour tous les bons esprits en tout cas, la grande nouveauté. Semblablement, je pense que l'espèce de chantier que j'ai essayé de défricher n'est en rien le mien, même si j'ai ma manière de l'aborder. Il procède pour une part de la percée effectuée par Marx en matière de compréhension de la société et de l'histoire et de sa reconsidération à la lumière de l'expérience que nous avons faite après lui. Marx a essayé de penser le mouvement des sociétés de son temps ; depuis, ce mouvement s'est poursuivi et a produit des choses absolument neuves — dont certaines procèdent de l'incarnation du marxisme — qu'il nous faut intégrer. Pour une autre part, ce chantier procède du déchiffrement de l'organisation psychique auquel ont conduit les investigations de la psychopathologie du XIXᵉ siècle, déchiffrement où Freud tient une place éminente mais où il n'est pas seul. Un siècle après lui, l'image du fonctionnement psychique s'est totalement modifiée, l'anthropologie contemporaine induit une idée tout à fait renouvelée de la conflictualité humaine. Mon hypothèse est qu'on peut repérer une convergence étonnante entre ces deux reconfigurations : celle de l'objet « société », celle de l'objet « psychisme ». Il y a entre elles un point de jonction vers lequel il faut essayer d'aller.

Autrement dit, ma manière de procéder est de tâcher de dégager dans l'époque où nous sommes les questions pertinentes et les leçons de l'expérience historique que nous pouvons recevoir de divers bords. Si ce que je fais a la moindre valeur, c'est en tant que ce ne sont pas *mes* questions mais celles qui s'imposent à tout un chacun s'il y réfléchit. Il n'y a que des approches individuelles, mais vis-à-vis d'une matière partagée et c'est elle qui m'intéresse. D'où l'importance de poser les bonnes questions et de les poser rigoureusement. Tout se joue sur cette identification de la problématique, dont j'admets qu'elle est ce qui va le moins de soi. Nous ne sommes pas spontanément présents à notre temps. Nous tendons à vivre ailleurs, en arrière, à côté, nous le traversons en somnambules. L'entreprise difficile est de devenir son propre contemporain. Que d'énergies et de talents dépensés en vain, à chaque époque, au service de causes mortes ou à la poursuite d'objets qui n'en sont pas !

Avez-vous le sentiment que ce questionnement est au fond celui de la génération à laquelle vous appartenez, celle qui a eu vingt ans en 1968 ?

Sans nul doute. Le sentiment de travailler dans le chantier que je décris, je l'ai contracté, dans les années 1960, à partir de la promesse structuraliste dont j'ai l'impression d'avoir été l'héritier, très infidèle certainement, mais n'est-ce pas toujours le cas ? Au-delà d'un freudo-marxisme naïf, à la Reich, que j'ai toujours refusé, nous sommes nombreux à avoir eu l'intuition, alors, qu'il y avait moyen de bâtir un pont entre la théorie des sociétés et celle du psychisme, *via* la notion de structure. À condition, et c'était là l'apport des maîtres que nous nous reconnaissions, Lévi-Strauss ou Lacan, de prendre en compte le langage qui présente cet intérêt très particulier d'être à la fois irréductiblement personnel et purement social, sans qu'il soit possible de séparer les deux volets. J'ai essayé d'approfondir cette intuition originelle et je l'ai fait en me séparant du structuralisme *stricto sensu,* en recueillant l'héritage de la critique du marxisme et en tâchant de faire droit aux inévitables dépassements du freudisme. Or, loin que cette prise de distance par rapport à Marx et à Freud ait éloigné la possibilité de les faire converger, elle a achevé de me persuader que la chose était possible, et qu'il fallait seulement trouver de meilleurs moyens d'opérer que le freudo-marxisme même sophistiqué de ma jeunesse.

Vous parlez de dépassement par rapport à Marx, et de l'expérience historique faite après lui. Qu'entendez-vous exactement par là ?

Le point est d'importance, en effet, et il faut l'expliciter. Le XIXᵉ siècle est le grand moment d'invention de la « société », le moment où la chose et le mot se constituent vraiment. Eh oui ! le concept de société que nous utilisons dans chacune de nos phrases et dont nous avons l'impression qu'on n'a jamais pu s'en passer est en fait récent. Il n'est pleinement formé qu'à la fin du XIXᵉ siècle. Il n'est pas que descriptif ; il est porteur d'une dynamique ; il contient un espoir. Au fond, ce qui porte le projet marxien d'émancipation, c'est le postulat qu'il suffirait que la société soit pleinement elle-même pour que nous devenions libres ; elle serait alors débarrassée de toutes les hypothèques que sont l'État, les classes, la domination, le politique. La

pure socialité serait émancipatoire. Nous sommes bien revenus de cette image naïve de ce que
sont les sociétés, notamment au travers d'une
prise en compte renouvelée de la place du politique. La société, son organisation matérielle et
ses contradictions n'expliquent pas le politique ;
et ce n'est pas en réalisant l'appropriation collective des moyens de production qu'on fait le
plus petit pas vers la suppression de l'État. Nous
sommes bien placés pour savoir que c'est même
exactement le contraire qui s'opère, et si une
chose est étonnante à nos yeux, c'est précisément qu'on ait pu croire l'inverse. Notre regard
sur l'être-ensemble a complètement basculé et
nous sommes astreints à reconsidérer de fond en
comble la façon de comprendre comment les
sociétés tiennent ensemble.

Non que les bons esprits du XIXe siècle ignorent la question ; c'est même pourquoi la sociologie a pu avoir comme ambition d'être la
science des sciences. Mais ils l'abordent à partir
de l'idée d'une cohésion spontanée de la société,
qu'ils aiment d'ailleurs appeler, justement, *orga-
nisme social*. Par rapport à cette vision des choses,
il s'est produit un déplacement considérable. La
marche même du monde a imposé une réinterprétation complète de la façon dont s'établit la
cohésion des collectivités, de ce qui leur permet
d'exister en tant que sociétés, de ce qui définit
leur manière d'être, notamment politique. Nous

ne pouvons plus croire que celle-ci est réductible à l'économie. La démocratie est liée au capitalisme, mais n'en sort pas. Je fais partie de ceux qui pensent que ce n'est pas l'économique qui explique le politique, mais que c'est le politique qui est premier, qu'il faut en expliquer la configuration du dedans de lui-même et que c'est à partir de là qu'on peut comprendre comment l'économique se sépare et influence l'ensemble. Voilà le paradigme qui a émergé petit à petit au cours du XXe siècle. Il est vrai que l'évolution récente, depuis la crise des années 1970, pourrait paraître l'avoir infirmé. Elle l'a confirmé, en réalité, même si des mouvements de surface peuvent faire croire le contraire.

Des mouvements de surface ?

En ce sens que nous revenons apparemment à un économisme façon XIXe siècle, ou si vous préférez à un néolibéralisme. Après un âge de l'organisation qui faisait appel à l'action de l'État nous retrouvons un âge de l'« ordre spontané ». Nous renouons avec la croyance que c'est le mouvement spontané des échanges économiques qui explique le dynamisme social ; le politique est ainsi évacué de la scène visible. Mais c'est plus que jamais une illusion : ce n'est pas l'économie qui assure la cohésion de nos sociétés qui ne croient qu'à l'économie ! D'où l'espèce de schizophrénie où elles s'enfoncent quant aux conditions de leur fonctionnement.

Revenons si vous voulez bien à l'histoire de votre formation intellectuelle, en deçà de votre intérêt pour la philosophie. Avez-vous reçu une culture politique dans votre famille ?

Ma seule formation « politique » avait consisté, étant enfant de chœur, à lire en chaire les lettres pastorales annuelles de l'évêque à ses ouailles, où il leur enjoignait, le cas échéant, de bien voter ! Je ne comprenais pas grand-chose à ce qui sortait de ma bouche, sinon qu'il y avait un mauvais parti et un bon !

Dans ma famille, on ne parlait jamais de politique. Mes parents, gens très modestes — ma mère, catholique fervente, était couturière, et mon père cantonnier —, avaient le réflexe de se tenir à distance de la politique avec le sentiment que « ça n'était pas pour eux ».

Cela ne les empêchait pas d'avoir des opinions. L'apolitisme est politique comme chacun sait. Mon père était un gaulliste inconditionnel. Il avait pour de Gaulle l'admiration d'un ancien combattant de 39, de quelqu'un qui avait été prisonnier durant toute la guerre après avoir fait celle-ci dans des troupes de choc qui avaient été décimées à cause de l'impéritie du commandement. De Gaulle était pour lui le seul militaire qui avait porté sur la situation de 40 un diagnostic exact et dit ce qu'il fallait faire.

J'ai été élevé dans les récits de guerre et dans la détestation de la IIIe République qui avait mené au désastre de 40. Cela ne passait pas tant par mon père, d'ailleurs, que par son cercle de sociabilité masculine, ses compagnons de travail et de captivité, ses amis, dont quelques-uns plus âgés étaient des anciens combattants de 14-18. Il y avait en particulier parmi eux un homme que j'adorais et que je considérais comme mon grand-père : c'était un grand blessé de 14 à qui il manquait un poumon. Un éclat d'obus l'avait transpercé de part en part. On l'avait mis avec les morts ; puis, quand on s'était aperçu qu'il vivait encore, on l'avait mis avec les mourants ; enfin, comme il survivait, on l'avait retapé et reversé dans la troupe. Il avait ramené de ses tribulations un esprit de liberté, une méfiance résolue à l'égard de tous les discours officiels, un scepticisme souriant et débonnaire qui ont illuminé mon enfance.

En somme, on ne parlait jamais de politique chez vous mais la politique intervenait tout de même, par des biais plus compliqués.

C'est à peu près cela. Il n'est pas facile aujourd'hui de se représenter le rapport à la politique de ces communautés rurales à la fois conservatrices et dominées où l'on subissait en n'en pensant pas moins. La politique, c'était la fatalité qui déterminait votre existence d'en haut. Elle avait notamment le visage de l'impôt du sang. J'ai grandi dans l'idée que j'étais prédestiné, comme mon grand-père, comme mon père, comme mon frère — il a été mobilisé, lui, en Algérie —, à partir un jour à la guerre. Il y avait là une sorte d'évidence. L'un de mes souvenirs d'enfance les plus marquants est celui d'une journée où des escadrilles d'avions américains nous ont survolés sans discontinuer, à l'occasion de je ne sais plus quelle crise de la guerre froide. Tout le monde était mort d'inquiétude, ma mère priait, j'entendais dire que tout recommençait...

Pour parler de réelle formation politique, à quel moment de votre parcours faut-il remonter ?

Au début des années 1960, à l'école normale d'instituteurs de Saint-Lô ; j'y suis entré en 1961, pour être exact ; j'avais quinze ans.

Vous aviez donc l'idée de devenir vous-même instituteur ?

Oui. Vu de ma campagne profonde, il y avait deux voies et deux seulement pour s'en sortir et « faire des études », comme on disait : celle du petit séminaire, qu'avait suivie mon frère aîné, il était né juste avant la guerre, et celle de l'école normale. J'ai su très vite que la première n'était pas pour moi ; avec l'aide de mes professeurs pour convaincre mes parents, j'ai donc choisi la seconde et je suis devenu fidèle serviteur de l'Éducation nationale.

Là, je n'ai pas tardé à rencontrer le fait syndical et politique. Les écoles normales étaient, vous le savez, un laboratoire du syndicalisme ; dès qu'on y entrait, on prenait sa carte ! La mobilisation était d'autant plus forte qu'on était en plein dans les troubles de la fin de la guerre d'Algérie. J'ai ainsi été plongé sans transition de l'apolitisme paysan dans la chaude ambiance des querelles syndicales. J'ai découvert le stalinisme par la même occasion. Je n'avais jamais vu de communistes en chair et en os, mais il m'a suffi d'en observer deux ou trois à l'œuvre pour être définitivement prémuni contre la séduction du Parti.

Puis, vous avez bifurqué et quitté l'école normale.

Non, pas directement. J'y ai terminé mes études et fait une formation de professeur de collège. J'ai enseigné deux ans en collège. J'ai pris ensuite un congé pour achever sérieusement les études de philosophie que j'avais commencées et pour acquérir une formation un peu systématique dans les sciences de l'homme.

Autrement dit, dès vos années de formation, vous avez conjugué l'exercice de la philosophie et l'apprentissage des savoirs positifs.

Mon intérêt intellectuel pour le marxisme qui s'est tôt éveillé ainsi que les débats dans lesquels j'ai été plongé m'ont d'abord appris un peu d'histoire, en tout cas m'en ont donné le goût. Ils m'ont persuadé que les grandes questions théoriques dans lesquelles nous nous enlisions étaient susceptibles de se résoudre de façon assez empirique, en allant voir par exemple comment s'était formé le capitalisme ou à quoi correspondait le développement des États modernes. Je suis ainsi passé de la philosophie à l'histoire de façon tout à fait naturelle, par la politique, porté par une ambiance universitaire où l'on n'obéissait pas du tout au compartimentage disciplinaire qui s'est imposé depuis. Nous allions aux cours qui nous intéressaient et d'ailleurs les enseignants attiraient le chaland indépendamment de la discipline qu'ils enseignaient, sur la base de leur réputation et de leur rayonnement.

Trois matières me passionnaient : la philosophie, l'histoire, la sociologie. Je les ai apprises toutes trois de façon très académique, mais avec la liberté dont on pouvait jouir à l'époque.

Avez-vous des souvenirs marquants de votre enseignement en philosophie ?

Très peu, sinon un souvenir comico-traumatique qui, au-delà de l'anecdote, est instructif au titre de signe des temps. Un de mes professeurs, au demeurant charmant homme, m'avait administré un zéro pointé à un certificat de philosophie générale pour une dissertation dont le sujet était : « Identité et différence ». Fort de mes lectures, j'avais construit mon argumentation sur Heidegger et Derrida, Derrida que je venais de découvrir avec enthousiasme. Le professeur m'a reçu en me disant : « Pourquoi parlez-vous de Heidegger alors que le sujet porte sur Meyerson ? Quant à ce monsieur Derrida, qui est-ce ? Je n'en ai jamais entendu parler. » L'incompréhension était totale. Pour le reste, je n'ai connu qu'un enseignement consciencieux, morne et frustrant. Il m'a surtout incité à m'instruire par mes propres moyens.

C'est tout de même là que vous avez fait la connaissance de Claude Lefort.

Je mets son cas à part. C'est le seul enseignant qui m'ait véritablement marqué au cours de mes études universitaires. Il n'était pas philosophe, institutionnellement, mais sociologue. Il enseignait la sociologie générale et, dans ce cadre, parlait de Machiavel, de Marx, de Tocqueville, un peu comme pouvait le faire à la même époque Aron. Il tranchait complètement sur tous les autres, y compris humainement. Pour la première fois de ma vie, j'ai vu de mes yeux vu, et entendu de mes oreilles, quelqu'un qui était habité par une pensée. J'avais vingt ans. Cela a été une révélation, à coup sûr la rencontre intellectuelle la plus importante de mon existence. En outre, j'étais porté vers lui par une sorte de tropisme naturel, dû à mes fréquentations politiques précoces. Dès mes quinze ans, j'avais eu *Socialisme ou Barbarie* entre les mains, par l'intermédiaire de militants de l'École émancipée qui m'avaient initié aux controverses sur la nature de l'URSS et le parti ouvrier. Je connaissais ses positions. Lefort s'est montré très accueillant à mon égard, malgré mes enthousiasmes qui n'étaient pas les siens et mes contradictions qui l'amusaient. Je crois pouvoir dire que nous sommes devenus peu à peu amis, au-delà de la différence d'âge et de positions.

C'est à cette époque que vous publiez un cours de lui sur la démocratie, n'est-ce pas ?

Un peu plus tard, en 1971. J'avais donc vingt-cinq ans ; mes études étaient terminées. Après avoir hésité brièvement pour savoir si je présenterais l'agrégation de philosophie, je m'étais donné quelques années pour écrire librement, à une époque où il n'était pas trop difficile de trouver des contrats alimentaires pour survivre. C'est à ce moment-là que j'ai mis en forme le cours de Lefort, le premier de lui que j'avais suivi, en 1966-67, et qui m'avait vivement frappé. Il s'intitulait originellement « Dimensions du champ social », si mes souvenirs sont bons. La version finale, en réalité, n'a plus grand-chose à voir avec la version originale. J'y ai mis tout ce que j'avais appris et compris dans l'intervalle. Pour tout dire, ce fut un acte de démence typique du zèle sacrificiel d'une génération qui était en quête de maîtres. Il y avait sûrement aussi là-dedans de l'acte œdipien d'émancipation dans la dévotion. Toujours est-il que, comme Lefort s'est montré peu disposé par la suite à reconnaître ce que j'avais amené d'original et qu'il avait volontiers repris à son compte, et mon masochisme ayant des limites, cette affaire a compromis nos relations. Je le regrette humainement. Intellectuellement, cette embardée hors de la lucidité m'a été bénéfique. Elle m'a au moins donné l'occasion de tirer au clair systématiquement ce que j'en étais venu à comprendre grâce à Lefort et de commencer à en déplier les suites, l'irréductibilité de la démocratie, la centralité du politique, la nécessité de penser ensemble, de ce point de vue, la démocratie et le totalitarisme dans leur lien et leur opposition.

Il faut dire que j'étais devenu sensiblement plus antimarxiste que lui et d'ailleurs que Castoriadis. Au moment où je suivais son enseignement, Lefort restait un grand admirateur de Marx et notamment des chapitres du *Capital* sur le fétichisme ; il leur a consacré de nombreux séminaires qui m'ont du reste donné l'occasion de lire à fond l'ouvrage lui-même. Il inclinait vers l'idée qu'il y a, entre les lignes du Marx explicite, un Marx caché qui reste à reprendre. Par rapport à ces discussions, je peux dire que j'ai introduit un antimarxisme théorique conséquent dans ce long texte de 1971 qui est paru sous le titre « Sur la démocratie : le politique et l'institution du social [1] ». C'est cela qu'il m'a permis de décanter définitivement dans mon esprit. Pour moi, la page était tournée.

Quand on sait combien vous vous êtes ensuite éloigné de la sociologie, on a peine à concevoir l'intérêt que vous lui avez porté dans vos années de formation.

C'est qu'on imagine mal l'intérêt immense qu'elle représentait dans les années 1960. La sociologie américaine, l'allemande dont on commençait seulement à prendre connaissance, apparaissaient comme le continent intellectuel

---

1. « Sur la démocratie : le politique et l'institution du social », *Textures*, n° 2-3, 1971, pp. 7-78.

vraiment nouveau. C'était aussi la grande époque de l'ethnologie, que j'ai découverte par
l'intermédiaire de la sociologie. Je m'y suis
plongé avec une passion d'autant plus grande
que j'ai acquis à son contact, chemin faisant, le
sentiment qu'une critique efficace du marxisme
passait par une étude approfondie du matériel
anthropologique et ethnologique. Car ce type de
sociétés, les sociétés sans État, les « sociétés sans
écriture », ne fonctionne décidément pas sur le
mode classique de la production et oblige à
recourir à d'autres instruments d'intelligibilité
pour en rendre compte. En même temps, ces
sociétés sont extraordinairement éclairantes,
dans leur distance, pour comprendre les nôtres.

J'ajoute que, si je me suis éloigné de la sociologie, c'est que la sociologie s'est éloignée des
faits sociaux significatifs à partir des années
1970. Les transformations essentielles qui se
sont produites à partir de ce moment-là lui ont
échappé. Mais les faits sociaux, eux, continuent
de m'intéresser au plus haut point.

Lisiez-vous Raymond Aron ?

Bien sûr. Pour commencer, c'était un auteur
obligatoire, au travers de ses grands cours de
Sorbonne, les *Dix-huit leçons sur la société industrielle*, *Démocratie et Totalitarisme* et *La Lutte des
classes*. J'avais lu en outre *Paix et Guerre entre les*

nations, ainsi que son livre sur Mai 68, que j'avais trouvé, au grand scandale de ceux qui m'entouraient, un bon livre. J'avais le sentiment d'être en accord avec les faits et les observations qu'il mettait en avant, tout en restant sur ma faim quant aux conclusions théoriques et pratiques qu'il en tirait.

Tout cela, dans le contexte des années 1960 et 1970, vous situait politiquement de quel côté ?

Nulle part, ou alors dans les marges spontanéistes du gauchisme. Mais, vous savez, ces milieux d'ultra-gauche étaient en fait très composites. On se trompe beaucoup sur eux quand on les imagine homogènes. À côté des mêmes militants sectaires et bornés qu'ailleurs, ils étaient composés de beaucoup de gens en suspens, trop révoltés pour ne pas se vouloir des révolutionnaires, mais trop politisés et informés pour s'embrigader. Des observateurs participants, activistes occasionnels, en rupture de tous les côtés, travaillés par un inconfort intellectuellement stimulant. J'ai trouvé parmi ceux-là quelques-unes des personnalités les plus sympathiques et les plus remarquables qu'il m'ait été donné de rencontrer. Nous étions coincés entre notre rejet de la société bourgeoise et notre hostilité à l'égard du régime soviétique, sur lequel nous savions à quoi nous en tenir. Je me souviens par exemple de nos dilemmes à propos de la guerre du Viêt-nam. Nous étions très partagés entre le soutien réflexe à la lutte héroïque du peuple vietnamien et l'espoir avoué que les Américains gagnent et écrasent un régime à l'égard duquel nous n'avions aucune sympathie. J'ai ainsi cosigné un texte laborieusement concocté à plusieurs qui était une motion de synthèse entre l'appui raisonné à la guerre de libération du peuple vietnamien et la mise en garde vis-à-vis de ce qui adviendrait s'il gagnait ! Nous ne doutions pas que ce serait pire encore que l'URSS puisqu'en plus du régime d'oppression bureaucratique, on aurait un régime militaire. J'étais, dès cette époque, un ferme partisan de l'Alliance atlantique au motif que, d'un côté — celui des États-Unis — on est libre de se battre, l'histoire reste ouverte, tandis que, de l'autre, elle se ferme. J'ai au moins appris dans ces impasses à ne pas me laisser intimider et à raisonner de manière indépendante.

II

LA MATRICE DE MAI 68

Vous avez fait allusion à Mai 68. L'événement lui-même et la configuration intellectuelle particulière qui en forme l'arrière-plan ont joué à votre égard le rôle d'un détonateur. Mais pourquoi ?

Principalement parce que c'est l'expérience d'une déception, politique et intellectuelle, l'expérience d'une illusion de l'histoire et d'une désillusion. C'est à partir de cette expérience que je me suis frayé un chemin en ayant l'impression de commencer à y voir clair dans la situation intellectuelle qui était la nôtre.

Politiquement, par mes accointances du côté de l'anti-stalinisme et de l'ultra-gauche, je m'étais formé dans une ambiance de pessimisme, le pessimisme qui s'exprime par exemple dans les derniers articles publiés par Castoriadis dans *Socialisme ou Barbarie* et qui le conduira à arrêter la revue en 1965. Le constat était sans équivoque : la question de la révolution n'inté-

resse plus personne ; il y a, d'un côté, un stalinisme ossifié, installé, qui paraît indéboulonna-
ble ; de l'autre, dans les sociétés industrielles
occidentales avancées, le mouvement social lui-
même est en train de se déliter, de par un processus profond de privatisation. D'où le climat
sombre, voire désespéré, qui régnait dans ces
milieux. Ou, en réponse à ce désespoir, des
surenchères romantiques comme le situation-
nisme, qui n'était en fait qu'un ultra-aristocra-
tisme messianique.

Or précisément, en 68, on a l'impression que
cette équation fatale se disloque. Les événements
produisent un discrédit total, instantané, du PC
et de tous les courants staliniens et léninistes, y
compris les groupuscules maoïstes et trotskistes.
Ce qui était resté obscur durant cinquante ans,
depuis la révolution bolchevique, devient soudain clair pour le plus grand nombre. L'histoire
se remet en marche. On a le sentiment que
s'ouvre une brèche. C'est l'expression très significative qu'emploient Morin, Lefort et Castoriadis dans leur premier commentaire des événements. Quelque chose de tout autre se dessine,
à distance égale de la privatisation que l'on voyait
galoper dans les années précédentes, et de
l'option léniniste et stalinienne où le mouvement
ouvrier s'était enfermé. Qui plus est, cette brèche
politique survient dans un moment intellectuellement fécond où la pensée, elle aussi, se remet

en marche vers de nouveaux horizons. La conjonction avait de quoi enthousiasmer. C'est sous le coup de cet enivrement que je suis entré dans la vie intellectuelle.

Nous allons y venir dans un instant. Mais auparavant, campez un peu le décor. En Mai 68, où étiez-vous ?

À l'époque, je vivais entre Caen et mon collège de campagne. J'étais, si je puis dire, en pleine effervescence subversive. Mai 68, dans mon souvenir, ce sont d'abord des rencontres et des voyages rocambolesques et épuisants entre Caen et Paris, puis à travers la France. Nous nous croyions très isolés. Nous découvrons tout à coup qu'il y avait quantité de gens qui pensaient comme nous, quelquefois à côté de nous. Il fallait faire le joint entre ces individualités éparses et ces petits groupes formels ou informels, du genre du mien, qui s'agitaient en divers lieux. Il fallait aller s'informer, puis faire connaître la production des uns et des autres. Les nouvelles circulaient à une vitesse étonnante, les messagers se croisaient dans tous les sens. Débrouillardise aidant, qui avait de grands spécialistes dans l'ultra-gauche, nous évoluions comme des poissons dans l'eau au milieu de la paralysie du pays. C'était très amusant, en plus de ce que la situation avait d'extraordinairement excitant. J'ai emmené en stop une diversité de gens mémorable, y compris un évêque, parce que dans ce climat bon enfant personne n'hésitait à lever le pouce.

Mais vous ne faisiez pas le coup de poing ?

Non. D'ailleurs il n'y a pas eu de coup de poing. On a beaucoup surestimé, rétrospectivement, l'élément de violence spectaculaire. Il s'est cantonné aux émeutes spontanées du début, qui ont tellement frappé les imaginations, et où la maladresse policière a joué un rôle déterminant. Mais cette catharsis violente, barricadière, des premiers jours, qui a mis le feu aux poudres, ne s'est pas prolongée. C'est au contraire la non-violence de ce mouvement qui est au total sa dimension la plus frappante. Les barricades n'ont tué personne, sinon par accident. J'étais dans mon collège lorsque les événements se sont déclenchés. J'ai été saisi comme tout le monde par ce que j'entendais à la radio. J'ai immédiatement abandonné mon poste pour me transporter là où les choses se passaient.

Mai 68, c'est essentiellement une explosion de la parole publique, dont les hauts lieux parisiens, la Sorbonne, l'Odéon, n'ont été que la pointe émergée. Des assemblées permanentes et des débats universels comme ceux-là, il s'en est tenu un peu partout. Le total serait impressionnant.

De même, il s'est déroulé de grandes manifestations pacifiques, d'un bout à l'autre du pays. Et puis on ne se contentait pas de parler, on écrivait, on ronéotait, on affichait, on distribuait des tracts. J'ai dû transporter des centaines de kilos de tracts, de manifestes, d'affiches. Ils s'échangeaient entre Paris et la province, puis de ville à ville. Le gros de l'énergie, c'est là qu'il est passé. Je n'ai jamais dû écrire autant, dans de telles conditions d'improvisation. Et après, ce n'était pas rien que de faire tourner les ronéos, qui avaient été nationalisées d'office, en général avec la bienveillance de l'administration qui venait remettre la machine en route quand elle tombait en panne !

Cet aspect de propagande a produit des effets durables. Beaucoup de textes oubliés ou proscrits sont ressortis de derrière les fagots. C'était le moment ou jamais de faire entendre certaines choses. La curiosité était intense. Je me rappelle, par exemple, m'être démené pour déterrer *La Révolution inconnue* de Voline — qui a été rééditée juste après 68[1]. Photocopie et ronéo aidant, un monde de références est remonté ou arrivé à la surface. Il est entré dans le circuit normal au cours des années suivantes. Mai 68 a fait brèche pour de bon en termes de culture politique.

---

1. Voline, *La Révolution inconnue. 1917-1921, documentation inédite sur la révolution russe*, Paris, Belfond, 1969.

Je me souviens d'avoir participé en spectateur à quelques séances d'un grand projet animé par François Châtelet, à Censier, intitulé « Pour une université critique des sciences de l'homme ». Des ténors venaient faire des propositions. J'y croyais énormément. Une réforme décisive de l'université paraissait à portée de la main. C'est un aspect de Mai 68 que l'on oublie aujourd'hui.

C'est vrai ; avec le recul, ne surnage plus que l'aspect politique.

Ce n'était pas forcément le plus important sur l'instant. Pendant des semaines, dans l'université, combien de gens ont passé un nombre incalculable d'heures dans des commissions pour la réforme de tout ! des disciplines, des examens, des programmes, de la pédagogie et j'en passe ! C'était hétéroclite, parfois burlesque, souvent trivial, mais pas toujours. Des textes remarquables ont été produits que l'on redécouvrira un jour. Outre l'université, une grande partie de la société française a été saisie par un mouvement de réflexion sur elle-même, avec le même mélange d'utopie, d'analyse pertinente, de critique stupide, de propositions tantôt naïves et tantôt sophistiquées. Même l'Église catholique, même les ordres religieux ont été touchés de plein fouet. Il y avait une *hubris* comique dans ce réexamen généralisé qui est en même temps ce qui a marqué, indélébilement, beaucoup d'acteurs de 68. Cette ambiance de réflexion et de travail sur fond onirique marque une date dans l'histoire de la démocratie en France. Jamais autant de gens n'ont entrepris de prendre en main leurs affaires eux-mêmes, à leur échelle : on a fait, dans des milliers d'endroits, des milliers de projets dans les domaines les plus inattendus. Où que vous alliez, vous tombiez sur des groupes de réflexion divers et variés, qui étaient en train d'élaborer des propositions diverses et variées. C'est ce foisonnement qu'un historien digne de ce nom devrait restituer. Le livre sur 68 reste à écrire, on n'en a pas le premier mot. Vu d'aujourd'hui, on n'aperçoit plus, à distance, que les gauchistes qui ont réussi, pour le côté « people », et les causalités sociologiques lourdes, pour le côté explicatif. L'âme de l'événement s'est évanouie sans laisser de trace apparente.

Quoi qu'il en soit, sur le plan intellectuel, la grande promesse qui était dans l'air au moment de 68 va tourner court. Entre autres, parce que les savoirs sur lesquels on comptait vont se révéler en fin de compte assez friables.

Justement, quels savoirs ? Vous faisiez référence il y a un instant à l'arrière-plan intellectuel des événements. En quoi était-il si singulier ?

Pour le comprendre, il est nécessaire de remonter un peu en amont de l'événement. C'est d'abord un cadre éditorial qui se met en place. En 1966, Pierre Nora crée la « Bibliothèque des sciences humaines » chez Gallimard. Le même rôle d'animation va être tenu par François Wahl au Seuil, qui publie les *Écrits* de Lacan à la fin 66. Derrida publie coup sur coup *L'Écriture et la différence* et *La Grammatologie*. Avec en outre Barthes, *Tel quel*, *Les Mots et les Choses* de Foucault, un des premiers titres de la « Bibliothèque des sciences humaines », c'est tout un continent intellectuel qui surgit en deux ans. Dans le mouvement se trouve embarqué le structuralisme linguistique, relayé par le structuralisme ethnologique. Lévi-Strauss joue un rôle de modèle, parallèlement à Lacan dont l'enseignement demeurait ésotérique jusque-là et ne touchait qu'un nombre limité d'initiés ; il n'était accessible, du dehors, que par quelques publications dans des endroits confidentiels.

Le plus intéressant n'est pas de détailler le choc qu'ont représenté ces livres les uns après les autres, c'est de reconstituer l'effet de masse. Leur convergence dessinait quelque chose de tout à fait nouveau, qui paraissait échapper aux impasses tant de la philosophie académique poussiéreuse que des sciences empiriques : une science unifiée de l'homme et de la société à travers l'élément du langage. C'est là le sens profond du structuralisme. On se sentait dans un moment créateur où, entre psychanalyse, sémiotique, théorie du langage, histoire, ethnologie et sociologie théoricienne, la possibilité d'une connexion semblait sur le point de produire un savoir d'une nouveauté extraordinaire. Il s'agissait bien sûr de l'aboutissement d'une gestation longue, qui commence à peu près avec le XXᵉ siècle, avec les développements parallèles de l'ethnologie, de la linguistique et de la psychanalyse. Autour de 68, cette invention multiforme paraissait en train de coaguler pour donner une théorie scientifique de l'homme et de la société. J'y croyais dur comme fer, et je ne peux pas oublier la fièvre avec laquelle je lisais, dans le plus grand désordre, tout ce qui paraissait dans cette veine. Parce qu'il fallait être sur la brèche, suivre le déploiement, jour après jour, d'un travail d'élaboration qui semblait aller parfaitement de pair avec ce qui se passait en politique. Cet enthousiasme pour la théorie accompagnait la montée souterraine de la contestation qui explosera en 68.

Vous avez employé le mot de paradigme...

Non, pas encore ! Mais il est vrai qu'il a existé un paradigme structuraliste au sens exact du terme. On peut l'appeler le « paradigme critique ». Il tire sa force de disposer d'un étayage philosophique puissant : Heidegger, ou du moins un Heidegger accommodé à la française. Ce paradigme, pour le résumer très succinctement, tient le langage pour le phénomène humain fondamental, avec cette considération supplémentaire que c'est la langue qui parle et non les individus qui s'en servent. La critique heideggérienne de la subjectivité au nom de l'être devenait, dans le paradigme structuraliste, une critique de la subjectivité au nom de l'objectivité des structures signifiantes, quelles qu'elles soient. Elle fournissait un ancrage extraordinairement séduisant à l'entreprise. Le heideggérianisme permettait d'inscrire cette révolution dans la pensée dans la perspective d'une histoire de la métaphysique dont elle se proposait le dépassement.

L'idée centrale tient en deux mots empruntés à Freud : *ça parle*. Prise dans sa rigueur elle opère une sorte d'extériorisation ou de « décentrement » de tout ce qui est signification et culture par rapport au point de vue subjectif naïf, qui se croit propriétaire de sa pensée et de sa parole. À partir de là, la démarche structuraliste proprement dite consiste à poser qu'il est possible de dégager la cohérence interne de systèmes de signes (ou de termes équivalents) qui fonctionnent selon un mécanisme autogénérateur et autoconsistant. On dispose ainsi d'un principe de description et d'une méthode. Il faut toujours procéder de l'intérieur et chercher les relations entre termes pertinents.

Sous cet angle, on voit bien l'importance et la centralité de Lacan.

Pourtant, linguistique et psychanalyse ne sont pas naturellement faites pour s'aboucher, puisque la psychanalyse est plutôt, au travers du langage, une théorie de l'expression de l'individualité dans ce qu'elle a de plus singulier, qu'une théorie de la fonction langagière en général dans ce qu'elle a d'anonyme. Le coup de génie de Lacan a été de combiner la science psychanalytique du particulier et la théorie générale du langage. Il a pu le faire grâce à ce principe d'extériorité du langage qui donne à concevoir que celui-ci fonctionne, en fait, à la place du sujet. C'est le fonctionnement du langage qui crée le sujet, ou son illusion d'existence, et non l'inverse. Le renversement copernicien de la théorie lacanienne de l'inconscient se situe là.

Le concours de l'ethnologie permettait à son tour de dénoncer l'illusion du sujet. L'analyse du fonctionnement de sociétés suffisamment simples pour que les mécanismes élémentaires soient accessibles montre qu'il consiste dans le jeu de systèmes structuraux de parenté ou de systèmes d'échange en général. Ils ne peuvent être décrits qu'en écartant totalement le point de vue naïf des acteurs. Enfin, on pouvait retrouver la même démarche à propos de l'histoire : c'est la tentative de Foucault dans *Les Mots et les Choses*. Il propose une archéologie des sciences humaines qui dégage une succession d'*épistémè*, c'est-à-dire de structures historiques ayant chacune sa cohérence interne. Elles permettent de décrire des univers de pensée en faisant abstraction de ces fictions que sont les auteurs, mais en échappant aussi à un certain réductionnisme marxiste puisqu'il s'agit de décrire des systèmes de production d'énoncés qui possèdent leur organisation au-dedans d'eux-mêmes.

Vous dites que ce « paradigme critique » tirait sa force de son étayage heideggérien. Pour ce qui concerne Foucault, sans doute. Mais Être et Temps *n'était pas le livre de chevet de Lévi-Strauss !*

En effet, Lévi-Strauss et les vrais structuralistes étaient complètement indemnes de ce type de pensée. En revanche, elle était esquissée chez le dernier Merleau-Ponty, qui avait lu de très près Heidegger mais aussi Saussure. Ce qui fait la dif-

férence entre les premiers livres, *La Phénoménologie de la perception* ou *La Structure du comportement*, et le dernier, *Le Visible et l'Invisible*, c'est
l'intégration de la problématique heideggérienne.
Cette attraction heideggérienne ne s'est systéma-
tisée que chez ceux qui l'accompagnent ou le
suivent : Lacan, Derrida, Foucault, qui non seulement ont lu Heidegger, mais en sont complètement pénétrés. Leur appropriation du structuralisme linguistique ou ethnologique se fait par ce
canal. Ils ont un motif philosophique d'y venir, la
critique du sujet, et celle-ci vient de Heidegger.

*Ce qui est singulier, c'est que cet heideggérianisme
français se soit bâti avec les sciences de l'homme, les
savoirs positifs. Ce qui est quand même une rencontre
imprévisible au départ.*

Il faut préciser que ce que j'identifie comme
heideggérianisme ne s'est pas présenté comme
tel. Il s'est même dénié pour tel. Il a pu passer
pour philosophiquement original en escamotant
ses racines. Et il est vrai qu'il s'agit à première vue
de deux mondes assez étrangers l'un à l'autre. La
rencontre n'en est que plus parlante. Elle constitue l'un des faits intéressants de l'histoire intellectuelle contemporaine. Car après coup, on ne
peut nier qu'il y ait entre ces deux univers une
certaine affinité « structurelle », si j'ose dire. En
tout cas leur conjonction souterraine a joué un

grand rôle. C'est elle qui a créé l'impression d'un grand moment philosophico-théorique. On n'était pas seulement en présence de modèles plus ou moins opératoires. On disposait d'une vision d'ensemble, spéculativement armée, qui en même temps débouchait sur du travail empirique, qui ouvrait toutes sortes de domaines de recherche.

Vous présentez comme une évidence le fait de la relation entre transformation du paradigme intellectuel et explosion politique en 68. Mais est-ce si évident ?

C'était l'évidence de l'époque. Pour beaucoup de gens, dont je n'étais pas, ce rapprochement entre structuralisme et politique avait un nom, celui d'Althusser. Celui-ci ne m'a jamais impressionné intellectuellement, j'étais sans la moindre tendresse pour le PC dans la mouvance duquel il s'inscrivait, ses disciples maoïstes n'étaient pas faits davantage pour me séduire, et d'excellentes critiques m'avaient ouvert les yeux sur l'imposture de la « coupure épistémologique ». Bref, j'étais immunisé. Mais je n'en participais pas moins du même rêve de jonction entre théorie et pratique qui animait les althussériens. Ce lien entre la théorie et la politique se présentait pour moi d'un point de vue tout à fait différent, mais il existait, comme il existait pour ceux avec qui je pouvais en discuter. Le mot magique qui faisait le pont entre les deux était celui de « critique ». Le savoir était critique par essence, radicalement critique, et la critique devait en outre être une critique en acte. Aussi étions-nous déçus par l'apolitisme de quelqu'un comme Lévi-Strauss, pourtant si radical sur le terrain théorique.

Car tous ces savoirs étaient politiques dans leur ambition. Le lien entre savoir et politique est immédiat dans le cas de l'ethnologie, qui s'est forgée au XXe siècle dans la crise de conscience coloniale. La critique visait ici non seulement l'illusion théorique de l'ethnocentrisme, mais une politique et une domination bien réelles. Aller étudier de près une petite bande de chasseurs cueilleurs dans la forêt équatoriale avait la portée immense de faire valoir une autre incarnation exemplaire de l'humanité contre celle qui se croit, de manière arrogante et stupide, la meilleure possible et qui se pense autorisée à gouverner les populations « primitives » du haut de sa « civilisation ».

Dans le cas de la psychanalyse, le rapport entre savoir et politique est bien plus équivoque.

Il l'a toujours été, et cette équivoque est même constitutive de la psychanalyse ; elle habite son fondateur, qui sur ce chapitre est loin d'être clair. Il y a, en Freud, à la fois un conservateur et un révolutionnaire. Il est très sceptique sur la possibilité d'une humanité épanouie qui vivrait sa sexualité et son inconscient selon l'harmonie. En même temps, il y a en lui un homme hostile à l'égard des préjugés bourgeois, un homme des Lumières qui aspire à une humanité plus consciente et plus libre. C'est ce qui fait le charme curieux d'écrits comme *Malaise dans la civilisation* dont le statut est difficile à démêler, mais dont la composante critique envers l'hypocrisie d'une certaine société bourgeoise est indéniable. La même ambiguïté se retrouve chez Lacan. Sur l'instant, on ne retenait que sa dénonciation des visées adaptatives de la psychanalyse à l'américaine. Cette vocation critique, anti-impérialiste pour l'une, antirépressive pour l'autre, a fait de l'ethnologie et de la psychanalyse les deux disciplines phares de la pensée 68.

Mais, de la même façon, la sociologie participe elle aussi du projet des Lumières. Elle est portée par le dessein de substituer un regard positif à la magie du pouvoir ou au pilotage à vue des communautés humaines. Ce dessein admet plusieurs versions. Il peut revêtir un visage technocratique de gouvernement rationnel. Mais il peut aussi prendre un visage émancipatoire radical où les acteurs sont supposés se saisir du savoir social. Dans les deux cas, sa portée est considérable — une dimension qui s'est entièrement effacée en l'espace de trente ans. L'intégration des savoirs sur la société dans le fonctionnement social est devenue une chose banale, et, de manière inattendue, cela les a tués. La société n'en est pas devenue beaucoup plus « réflexive » pour autant ; en revanche, la qualité de la sociologie n'a pas survécu à son appropriation bureaucratique. Mais à l'époque, face à des sociétés qui entretenaient encore des images religieuses, moralisatrices, patriotiques, d'elles-mêmes, la connaissance sociologique possédait une vertu décapante et introduisait une autre manière de considérer les phénomènes collectifs.

Enfin, il ne faudrait surtout pas oublier la littérature dont c'est le dernier grand moment avantgardiste. Elle participe en plein de ce style critique. *Tel quel* était le laboratoire de cette métamorphose de la littérature en littérature révolutionnaire — non pas une littérature au service de la révolution, mais une littérature qui dans son écriture même subvertit les codes et les langages reçus.

Ce style contestataire s'exprime également sur bien d'autres terrains que les seuls domaines intellectuels.

Il traverse tout le spectre de la production culturelle. L'effervescence est générale, comme la croyance dans la portée des productions culturelles. On croit à la littérature, on croit à la peinture, on croit à l'architecture, on croit au théâtre, on croit au cinéma. En France, le phénomène de

la Nouvelle Vague est de la plus haute importance. Non seulement pour ce qui s'y passe ciné-
matographiquement, mais parce que ce qui s'y
passe semble participer du travail de la société sur
elle-même, en vue d'une société plus intelligente,
plus belle, plus libre. Pareilles attentes semblent
étranges, rétrospectivement. Elles ont immensé-
ment compté.

L'époque était animée par un enthousiasme
esthétique et créateur, dont la mode, par exemple, relevait éminemment. La minijupe haute
couture, avant la minijupe de la rue, ce n'était pas
simplement un phénomène de mode, c'était un
phénomène de société, comme on commençait à
dire, qui portait une esthétique de l'existence et
participait de la critique d'un monde bourgeois
poussiéreux, étriqué, répressif, qui était la cible
universelle.

À cela s'ajoutait enfin le sentiment d'être au
plus près de la fin de l'histoire, entendons du
début de la vraie histoire, celle qui ferait passer
l'humanité dans la conscience d'elle-même que
ces sciences annonçaient. Il y a eu un authentique
sentiment révolutionnaire, au cours de ces
années, mais relativement pacifique, puisque le
saut paraissait à portée de main. Les bouleversements de la haute croissance et la puissance de la
régulation étatique rendaient la chose pour ainsi
dire évidente : un autre cours était possible.
Effectivement, une autre histoire commençait,

mais pas celle qu'on attendait. Quant à ceux qui auraient pu nous mettre en garde contre nos illusions lyriques, nous ne les écoutions pas !

Comment vous expliquez-vous, après coup, l'événement même de Mai 68 ?

Je n'ai jamais essayé, à dire vrai, de m'en fournir une explication systématique. On peut vivre sans. Ce n'est pas la Révolution française. Je ne prétends pas avoir le fin mot de l'histoire. On voit bien où sont les difficultés intéressantes. Il y a d'abord l'onde de choc internationale, et puis il y a l'originalité française. Ce qu'il y a de particulier, en France, c'est l'association d'un grand mouvement ouvrier et du mouvement étudiant. Leur entrée en résonance ou leur interaction demandent de faire intervenir une foule de facteurs.

Le mouvement ouvrier, pour dire les choses brièvement, très peu révolutionnaire en réalité, très peu classique, me semble avoir été surtout politique — c'est ce qui le rattache au mouvement étudiant. Il marque la fin de l'État technocratique à la française, où l'on conduit les gens sans leur demander leur avis et sans leur dire où, mais pour leur bien ! Il manifeste la crise d'un mode d'administration et de gestion de la société devenu intenable. Il traduit la délégitimation d'un style d'encadrement des masses où le paternalisme gaulliste et l'autoritarisme communiste se rejoignaient dans une division du travail bien comprise.

De l'autre côté, la causalité sociologique du mouvement étudiant est assez bien établie : elle se résume à la diffusion de l'université de masse dans des conditions non maîtrisées. Mais il y a en plus l'ambiance que j'ai évoquée. Sans Godard, sans *Tel quel*, sans Althusser, Barthes ou Foucault, il n'y aurait pas eu 68 sous l'aspect qu'il a pris. Non pas du tout qu'ils aient eu une influence directe sur l'événement, comme s'ils avaient prêché ce qui s'est réalisé. Mais il s'est instauré, au travers d'eux et bien au-delà d'eux, un climat de « réforme intellectuelle et morale » qui a donné son impact à la crise universitaire. Elle a eu un écho profond dans la société.

On peut comprendre, autrement dit, pourquoi l'événement a pris en France des proportions plus grandes qu'ailleurs. Le régime gaulliste, au bout de dix ans, avait épuisé ses charmes et rempli sa mission. Il avait achevé la réconciliation de la République et de l'autorité de l'État, il avait assuré la modernisation industrielle et la mise à niveau européenne, il avait fait entrer la démocratie dans les mœurs par le canal plébiscitaire. Il a subi le choc en retour de sa réussite. D'autre part, l'université française, étant donné sa faiblesse institutionnelle congénitale, a été débordée par la massification. Mais cela dans le pays des intellectuels et dans un pays qui a foi comme nul autre dans l'éducation, alors qu'on est en pleine effervescence culturelle et qu'on passe dans une société de la connaissance. La crise a donc pris une tournure aiguë et des dimensions hors normes.

Vous avez fait allusion au fait que la magnifique construction structuraliste qui sous-tend 68 s'est, finalement, effondrée assez vite. Comment cela a-t-il pu se faire ?

Elle s'est défaite tout simplement par une série de déceptions en chaîne. Tout d'abord, la fusion entre les disciplines ne s'est pas opérée ni même leur rapprochement. La « pluridisciplinarité » est restée un vain mot. Il est vite apparu qu'on était en présence d'une concurrence d'impérialismes. Tout le monde était pour l'unification, mais chacun voulait l'accomplir sous sa houlette. On avait autant de programmes de « science des sciences » que de disciplines et d'auteurs, la grammatologie de Derrida était candidate, mais la psychanalyse lacanienne avait également des titres à faire valoir. Le matérialisme historique était naturellement dans la lice. La sémiotique a tenu un temps la corde. Sans oublier un fort courant formalisateur qui attendait le salut d'une mathématisation enfin appropriée des sciences de l'homme.

Dans cette cacophonie noire, on s'est mis rapidement à pressentir que non seulement l'articulation n'allait pas se faire, mais qu'elle était infaisable. Même si la queue du phénomène s'est prolongée jusqu'à la fin des années 1970, je pense qu'en 1971-72, la cause était entendue : il n'y aurait pas d'unification.

Le deuxième élément d'explication, c'est que l'on avait affaire à une pensée programmatique. Le programme était extraordinairement séduisant, mais son application s'est révélée laborieuse et riche surtout de désappointements. Le cas le plus typique, de ce point de vue, est celui de Foucault. *Les Mots et les Choses* est un livre qui a produit un effet électrique sur beaucoup de gens, qui se sont précipités à la Bibliothèque nationale pour se plonger dans les auteurs les plus oubliés et les sujets les plus baroques. Il a fallu se rendre compte, par contraste, qu'il y avait une touche Foucault absolument inimitable. Quand lui tenait la plume, le résultat était éblouissant mais quand d'autres lui emboîtaient le pas, la même démarche ne débouchait pas sur grand-chose. Revanche de l'auteur sur sa mise à mort et preuve d'un talent de prestidigitateur hors pair, mais preuve aussi que l'« archéologie du savoir » ne proposait aucun programme opératoire.

Dans le cas du derridisme, on s'est mis à déconstruire à tour de bras le logocentrisme occidental, dans l'étendue de ses expressions philosophiques et littéraires. Vaste chantier qui a mobilisé des trésors de subtilité pour mener finalement à quoi ? Au constat déprimant que l'on retrouve exactement à l'arrivée ce qu'il y avait dans la proposition initiale : la philosophie occidentale a été dominée par le logocentrisme. C'est peut-être vrai, mais la monotonie de la démonstration ne permet pas vraiment de mieux comprendre saint Thomas, Descartes ou Hegel dans ce qu'ils ont de singulier.

Et la linguistique ? Elle au moins ne s'est pas effondrée.

Elle est retournée à sa technicité d'origine. La linguistique structurale était déjà dépassée du point de vue de la discipline linguistique quand elle est devenue à la mode. Une fois qu'on s'en est rendu compte, on s'est rabattu sur Chomsky qui est un auteur aporétique. Lui aussi a élaboré un magnifique programme. Les structures génératives des langues, la grammaire universelle, cela fait rêver. Les résultats se sont fait attendre, de fortes objections se sont mises à pleuvoir. Là-dessus, la pragmatique a pris le problème sous un autre angle. Il faut dire qu'il n'y a pas d'objet qui résiste plus à l'analyse que le langage. Les linguistes se sont retrouvés entre eux. On a cessé de compter sur les leçons générales susceptibles de sortir de leurs études.

Il y a eu plus débilitant encore. Le fiasco géant a été celui de la critique littéraire. Outre la sophis-

tication du langage, le programme se ramenait sur
ce terrain à une démonstration d'une simplicité
évangélique, qui revenait avec une régularité
d'horloge : le texte ne parle que de lui-même. La
critique de la philosophie du sujet en littérature se
traduisait, en effet, sous la forme d'une critique
de la référencialité. L'idée que la littérature puisse
sérieusement décrire des marquises qui sortent à
cinq heures est évidemment une naïveté bourgeoise, un piège puéril. La vérité est que la littérature ne parle que d'elle-même sous couvert de
récits ou d'évocations pseudo-réalistes — ce que
la littérature d'avant-garde contemporaine, qui le
sait, vise, elle, délibérément. La première fois, on
est époustouflé. Mais au bout de cinquante
romans disséqués, reste à comprendre pourquoi
ils sont tous différents. Si tous disent la même
chose, pourquoi tant de manières de parler d'une
seule chose ?

Il y a donc eu une étonnante explosion d'études, pendant deux, trois ans, qui a produit un
terrible sentiment d'échec. Parce qu'il n'y a
jamais eu de moment plus studieux que l'après-
68. La mobilisation intellectuelle était impressionnante, la curiosité était débridée, les livres
les plus arides se vendaient comme des petits
pains — les éditeurs en gardent la nostalgie. La
gueule de bois théorique de la génération 68 a
été à la mesure de cet investissement. Elle est le
point de départ et le facteur sous-jacent de ce

qu'on appelle la crise des sciences humaines.
Une crise rampante. Parce que le paradigme
structuraliste-critique n'a jamais été vraiment
remis en question ni critiqué pour lui-même. Il
s'est affaissé, il s'est démodé, mais il est resté
longtemps en place, par l'inertie du système académique. Les plus habiles ont su l'adapter,
Bourdieu par exemple. Les façons de faire traditionnelles ont repris le dessus, petit à petit.
Mais les conséquences de son échec n'ont pas
été tirées, d'une manière ouverte, publique et
réfléchie. D'où ce climat de déclin. Le marasme
intellectuel prolongé des sciences humaines et
sociales me semble tenir en grande partie à ce
refus d'examen.

Vous parlez de votre gueule de bois théorique...

Il n'y a pas d'autre mot.

*Mais vous avez très vite rebondi, puisque vos pre-
miers textes personnels datent de ces années.*

De juste après, 1971, 72, 73. Pour commencer, à aucun moment, l'échec ne m'a paru diri-
mant, définitif. Il m'a toujours semblé tenir, sur
le terrain intellectuel, à un dévoiement des intuitions initiales. J'étais croyant, mais pas aveugle.
Il était évident depuis le départ, sur chacun de
ces chantiers, qu'il y avait de bonnes et de mau-

vaises lectures. Avec l'effet de mode, la fausse monnaie s'est de plus en plus mise à chasser la bonne. Il a fallu aiguiser la critique de la « critique critique ». Au fond, je n'ai fait qu'approfondir ces doutes qui n'ont cessé de s'élargir. J'en ai conservé le projet d'une science unifiée de l'homme, du langage, de l'inconscient, de l'histoire, qui avait paru un moment sur le point de se concrétiser. Ce projet continue de me paraître le bon, sauf que sa réalisation me semble aujourd'hui éloignée et qu'il m'a paru de plus en plus clairement exiger de tout autres moyens pour le réaliser, tant sur le plan philosophique que sur celui de l'investigation empirique. À peu près rien des ingrédients de départ n'est utilisable, en fait. L'entreprise suppose une critique en règle tant des bases théoriques que de la façon de procéder dans les différents domaines, qu'il s'agisse de linguistique, de psychanalyse, d'ethnologie ou d'histoire.

En un mot, de se délivrer du paradigme structuraliste.

Cela dit, je me sens extrêmement redevable à ce moment, et j'ai l'impression de lui être resté fidèle, tout en étant très vite devenu critique à son égard. Car les événements se sont précipités au lendemain de 68, les choses ont rapidement mal tourné. Il a fallu faire des choix. J'ai fait ma conversion — c'est bien une expérience de conversion — en un an ou deux, dans un grand désarroi, et sur tous les plans à la fois, au milieu d'un petit cercle de gens dont je partageais plus ou moins les analyses.

Sur le terrain politique, les lendemains de Mai ont été carrément accablants. Le léninisme qu'on avait cru foudroyé est revenu en force. Le PC s'est mis à faire un tabac chez les intellectuels. Les groupuscules trotskistes et maoïstes ont recruté à tour de bras et conquis le haut du pavé. Il s'est développé des aberrations plus ou moins pittoresques comme les « mao spontex » de la Gauche prolétarienne. Cette résurgence a eu au moins une vertu, celle d'obliger à des choix clairs. Je me suis délivré une bonne fois de la condamnation rituelle de la démocratie « bourgeoise » et simultanément je suis sorti de l'orbite du marxisme. De l'inspiration libertaire de Mai 68, c'est évidemment l'idée de liberté qui reste. Elle ne se divise pas. Elle impose de dissocier la question politique de la question économique, et de réévaluer la nature de la démocratie dite « formelle ». Restait à formuler une théorie de la politique non marxiste, qui puisse en même temps intégrer les données que le marxisme avait imposées à l'attention, à juste titre — l'histoire, la lutte des classes. C'est en cela que consiste le saut accompli avec Claude Lefort. Je crois d'ailleurs l'avoir beaucoup poussé dans ce sens, à partir de

ses propres intuitions. On ne peut faire une théorie de la société comme société, une théorie vraiment générale, qu'en renversant le marxisme sur
un point clé : c'est le politique qui commande
l'existence globale de la société. Le capitalisme
n'est pas le phénomène-source qui rend compte
des autres. La démocratie est un phénomène
irréductible qui demande à être expliqué pour
lui-même ; davantage, elle est le phénomène le
plus général qui donne leur sens et leur place aux
autres.

La question de la démocratie conduisait très
naturellement à la question du « sujet ».

*Mais n'aviez-vous pas gardé de la période structu-
raliste l'idée que le sujet classique est une illusion ?*

Le sujet classique est en partie une illusion, ce
n'est pas douteux, mais pas au point où il faille
lui intimer de se taire parce que *ça parlerait* à sa
place. S'il est libre et s'il y a du sens à lui reconnaître sa liberté, c'est que sa parole compte. Le
point de vue de la liberté amène aussitôt, ainsi,
la question du sujet. Et, de proche en proche, il
impose de reconsidérer la question du langage.
En effet, s'il est vrai qu'on est loin de savoir
pleinement ce qu'on dit, ces structures au nom
desquelles le paradigme critique prétend déloger
radicalement le sujet parlant de sa place de sujet
ne permettent pas de décrire ce qui se passe

quand quelqu'un parle, de comprendre ce qu'un auteur dit et qui n'est pas ce que dit un autre auteur. L'inconscient, de même, est relatif à un sujet pour qui sa dépossession par des formations signifiantes qui s'imposent à lui, fait question, précisément. Ce sont des choses qui peuvent paraître aujourd'hui banales mais qui ont été l'enjeu d'une dure réappropriation, qui n'est d'ailleurs pas complètement terminée tant elle s'est accomplie à contrecœur. Il en est allé de même à l'égard de l'histoire. Un certain type d'histoire structurale, telle que Foucault l'avait le mieux orchestrée, ne permet pas de rendre compte des conflits théoriques, des choix drastiques qui se présentent aux consciences dans une situation intellectuelle donnée et qui les font passer d'un côté ou de l'autre ; or c'est la matière dont est faite l'histoire.

Mais, avant de vous lancer dans cette grande entreprise, vous publiez — c'est votre premier article — un texte sur Merleau-Ponty dans un numéro de L'Arc *dirigé par Lefort. C'est la première, et la dernière fois que vous intervenez, sur un philosophe*[1].

Cet article présente pour moi un intérêt personnel ; il a marqué un tournant. C'est une entrée dans la philosophie de style académi-

---

1. « Le lieu de la pensée », *L'Arc*, n° 46, 1971, p. 19-30.

que — le commentaire des auteurs — qui m'en a fait sortir instantanément. J'hésitais, à l'époque, entre plusieurs choses. Cet article m'a permis de me fixer à moi-même un certain nombre de règles de pensée, et sur le fond de prendre mes distances avec la phénoménologie. J'avais déjà lu Merleau-Ponty avant de rencontrer Lefort. La phénoménologie avait été mon grand enthousiasme en classe de philosophie. J'avais un professeur, platement bergsonien, qui faisait très honnêtement et à un très bon niveau la présentation des courants philosophiques contemporains, dont la phénoménologie. Cet engouement s'est évidemment renforcé au contact de Lefort, qui n'enseignait pas Merleau-Ponty, mais qui l'évoquait volontiers et avec qui j'ai eu l'occasion d'en parler.

Le projet de description qui était la grande ambition de la phénoménologie me paraissait extrêmement prometteur à condition d'être bien compris. À cet égard la version qu'en donnait Merleau-Ponty m'intéressait beaucoup, en particulier dans *Le Visible et l'Invisible*, qui cherche à formuler une philosophie générale à partir de l'expérience perceptive. Sous cet angle, je crois être resté fidèle à l'inspiration de ce texte, et en premier lieu à l'obligation de partir avec humilité des faits, en l'occurrence, les données de la présence perceptive aux choses. Car les faits sont toujours intéressants, toujours imprévisibles.

C'est pourquoi on ne perd jamais son temps en faisant une enquête historique : si pointue soit-elle, elle comporte toujours des résultats significatifs. Cette expérience est indispensable. Elle est pour moi constante, et je la retrouve en faisant *Le Débat*. Je ne connais rien à une multitude de problèmes auxquels je suis amené à m'intéresser, et jamais je ne regrette de l'avoir fait. Le point de départ descriptif est pour moi une sorte d'exigence absolue. Et de fait, je lis toujours des descriptions bien faites, dans quelque domaine que ce soit, avec le plus grand intérêt.

Quel était alors le sens de votre intérêt pour la phénoménologie ?

Il faut le comprendre en fonction des débats autour du structuralisme dont nous venons de parler. J'avais l'impression, soutenue par l'intérêt de Merleau-Ponty lui-même pour Saussure ou Lévi-Strauss, que la qualité des descriptions phénoménologiques pouvait permettre d'éviter le structuralisme abstrait, tautologique, sans prise sur le réel, qui menaçait. En même temps, j'ai compris en écrivant cet article que la phénoménologie ne nous permet pas de faire les descriptions qu'elle nous promet. Elle donne les prémisses philosophiques d'un travail d'inventaire du monde vécu qui me semble être le bon programme. Mais il faut sortir de la phénoménologie pour pouvoir l'accomplir.

J'oserais dire que la preuve est faite par l'exemple — y compris celui de Merleau-Ponty lui-même. Comme la plupart des phénoménologues, il en est indéfiniment resté aux préliminaires, dans des considérations qui peuvent être profondes et très justes sur la manière de traiter l'objet, mais finalement sans traiter aucun objet. Quand il arrive à la politique, à la société ou à l'anthropologie fondamentale, c'est pour dire des choses qui me semblent à nouveau préliminaires.

Une autre illustration frappante de cette limite de principe est fournie par la psychiatrie phénoménologique, à laquelle je me suis beaucoup intéressé. Quoi de plus séduisant sur le papier que de retrouver de l'intérieur la vérité vécue de l'expérience délirante dans sa singularité ? Il y a eu des tentatives remarquables en ce sens, celles de Binswanger, en particulier. Elles s'achèvent en impasse, faute de donner à saisir ce qui spécifie le fait du délire ou le fait hallucinatoire.

Mais si la promesse demeure inaccomplie, cela ne veut pas dire qu'il ne faille pas garder quelque chose de l'inspiration première.

Sur quel point, plus précisément ?

Ce qui m'avait frappé dans le structuralisme, et ce qui me plaisait dans la phénoménologie, c'est l'attention aux détails. Des choses que l'on avait coutume de commencer par écarter comme marginales devenaient extraordinairement significatives dans la lecture structuraliste des textes. Le procédé conduit facilement à des déviations, la marge devenant systématiquement l'explication du centre. Néanmoins, le fait de lire attentivement les coins et les recoins d'un texte, de le reconstituer comme une totalité dont tous les éléments parlent, change complètement le regard que l'on porte sur lui. De la même façon, dans la phénoménologie, la volonté de prendre en compte le concret des expériences, de descendre dans leur chair la plus subtile modifie indéniablement l'idée qu'on s'en forme. C'est une exigence qu'il faut conserver. Mais si l'on ne fait que cela, dans les deux cas, on s'enferme dans une impasse. On démonte dans le vide dans le cas du structuralisme, et on raffine interminablement en phénoménologie, sans jamais accéder à de l'intelligible.

Pour le reste, si je n'ai jamais plus écrit sur des philosophes, c'est en fonction d'une insatisfaction à l'égard des manières reçues d'écrire l'histoire de la philosophie et d'expliquer les auteurs. Je ne voyais pas la nécessité d'ajouter à une littérature qui me laissait le plus souvent sur ma faim. Je me suis tourné en fait vers l'élucidation de ce qui permet vraiment à mon sens de comprendre les auteurs, c'est-à-dire les cadres du pensable où ils s'inscrivent. Foucault avait avancé une proposition de cet ordre, dans *Les Mots et les Choses*, avec ses *épistémè*. Mais la démarche avait le double inconvénient de dissoudre les pensées singulières dans une grammaire générale des énoncés d'époque et de ne pas du tout permettre de connecter ces organisations épistémiques avec l'histoire générale. Dans un premier temps, on était très content d'échapper au réductionnisme vulgaire, en particulier marxiste. Dans un deuxième temps, on n'échappait pas à la question des liens avec le contexte, si antiréductionniste qu'on soit. C'est le défi à relever : mettre en contexte les constructions spéculatives apparemment les plus extérieures à l'histoire, les insérer dans l'organisation du concevable de leur temps, en tant que partie de la structure en mouvement de l'établissement humain, et cela tout en faisant ressortir l'individualité de ces entreprises de pensée. Le problème est de s'entendre sur ce que « contexte » veut dire. Il ne s'agit pas simplement d'établir un « contexte de discours » qui reste à la surface des choses. Il s'agit de faire apparaître trois choses à la fois : d'abord la gamme des options philosophiques qui s'ouvrent à la pensée en fonction d'une situation historique, ensuite, les liens de ces possibilités intellectuelles avec, non la conjoncture socio-politique, mais la configuration profonde du politique et de l'être-en-société, saisie dans ses déplacements, enfin, le caractère singulier des choix qui président aux philosophies constituées. La science galiléenne détermine un nouvel espace du pensable en général ; elle crée, ce faisant, un spectre de choix cruciaux sur lesquels Descartes et Hobbes se divisent radicalement. Encore cet exemple laisse-t-il de côté la question de l'articulation de ce pensable et de ces pensées sur l'organisation de l'être-ensemble. Or elle est décisive pour saisir le sens de l'entreprise hobbesienne, qui se greffe sur un tournant majeur du mode d'institution des communautés politiques. Le problème, en un mot, est de trouver les voies d'une bonne contextualisation, qui approfondit au lieu d'aplatir. Je crois avoir un peu avancé dans cette direction, au moins en ce qui concerne les philosophies modernes. Je n'en ai rien publié, parce que ce n'était pas une priorité pour moi, mais je me suis construit petit à petit, au fil de mes séminaires, une histoire de la philosophie selon mon cœur, c'est-à-dire à la fois vraiment historique et davantage compréhensive des options des auteurs. Je ne sais pas si le temps me sera donné d'en mettre au net ne serait-ce que quelques fragments significatifs, mais j'aimerais pouvoir le faire un jour.

Vous êtes resté fidèle à la méthode phénoménologique par votre goût des « choses mêmes ». Mais vous avez aussi été influencé par la façon dont les phénoménologues, et au premier chef Merleau-Ponty lui-même, transposaient au plan social et politique une méthode née de la description des phénomènes individuels.

Tout à fait d'accord avec le constat, qui va bien au-delà de mon cas. Il y a une sorte de destin politique de la phénoménologie qui est un phénomène intéressant et curieux. La description de l'expérience la plus immédiate, la plus a-sociale, celle de l'ego dans sa pure présence à lui-même, est riche d'un effet heuristique considérable, dans le domaine de la philosophie politique et de l'analyse sociale. C'est un effet que l'on observe chez nombre d'auteurs, indépendamment des tentatives explicites de sociologie phénoménologique, qui n'ont pas mené loin.

Par exemple ?

Je pense à Hannah Arendt dont la réflexion est clairement une transposition de la pensée de Heidegger — une transposition créatrice —, dans le domaine politique et social. On retrouve cela chez Merleau-Ponty lui-même et dans sa postérité, qui est assez vaste et diffuse, mais certaine. On peut se demander, autrement dit, s'il n'y avait pas déjà, dans une certaine mesure, une préoccupation politico-sociale dans l'analyse phénoménologique, une préoccupation non dite, mais qui a facilité ensuite sa transposition ; je serais assez tenté de le penser. En tout cas, chez un auteur comme Merleau-Ponty, la chose politique est manifestement présente dès le départ de sa réflexion la plus philosophique, même si elle n'apparaît pas directement. Une sorte de coprésence des consciences et des sujets percevants est donnée dans la perception, qui en fait une expérience de participation à la communauté humaine, à partir de laquelle l'inscription du social dans le sujet individuel devient concevable. Dès le niveau perceptif, cette consociation des consciences — qui n'a absolument rien de politique — souligne l'inséparabilité de l'analyse de l'individu et de la dimension d'appartenance collective.

Il y a aussi le cas de Sartre.

Évidemment. Encore que Sartre soit celui dont la philosophie est la moins apte, d'une certaine manière, à passer à la politique, ce qui n'est sûrement pas étranger à ses errances en la matière. Sa vision de la conscience est si radicalement individualiste qu'il ne pouvait en tirer une politique qu'à grand-peine.

Merleau-Ponty mis à part, quels sont vos référents dans l'histoire de la philosophie ? Platon, Aristote ?

Le problème n'est pas celui de mes préférences ou inclinations, mais celui de la situation philosophique qui est la nôtre, que nous ne choisissons pas. Nous sommes assignés à une modernité philosophique, qui est ce par rapport à quoi il y a du sens à se situer. Ses grands noms se résument à mon sens à trois : Descartes, Kant, Hegel. Le sujet, la critique, l'histoire : les trois dimensions avec lesquelles nous sommes condamnés à nous débrouiller.

Que nous le voulions ou non, nous sommes devenus « critiques ». Nous participons de cette dimension de la pensée moderne qui la voue à s'interroger sur les conditions qui lui permettent de dire ce qu'elle dit, de connaître ce qu'elle connaît, de penser ce qu'elle pense. Cette réflexivité représente une donnée absolument nouvelle, auquel nul n'échappe, même lorsqu'il croit le contraire. Cela signifie notamment qu'aucun *vrai* retour aux Grecs n'est possible. Nous pouvons reconstruire historiquement leur point de vue, à distance. Nous ne pouvons pas l'épouser.

En deuxième lieu, que nous le voulions ou non, nous sommes les enfants de la science mathématique et expérimentale de la nature. C'est ce qui nous a projetés dans l'univers du subjectivisme, de par la rupture dans l'idée de la

connaissance qui en est résultée. La connaissance est la nôtre, celle du sujet connaissant que
nous sommes, dissocié de l'objet. Il n'y a pas de
connaissance directe. Même lorsque nous par-
tons à la recherche des « choses mêmes », ce ne
sont pas les choses qui s'expriment, mais nous.
L'être ne parle pas par notre bouche.

Nous baignons, en troisième lieu, enfin, dans
cet élément dont Hegel, le premier, a discerné
la portée : l'histoire. L'humanité y baigne depuis
toujours, en un sens, mais il n'en est pas moins
vrai que le passage de cette historicité à la
conscience en change radicalement les dimensions et le statut. L'histoire acquiert un autre
poids et un autre rythme quand on cherche,
d'abord, à la produire en connaissance de cause
et quand, ensuite, on s'y cherche soi-même,
quand on en attend l'accomplissement de son
destin.

Le problème, avec cette historicité qui transforme de part en part notre condition matérielle
et intellectuelle, c'est qu'elle ne peut être valablement pensée que dans d'autres termes que les
termes hégéliens où elle a été primitivement
conçue. Hegel découvre l'histoire, à ce titre nous
ne pouvons qu'être hégéliens. Nous sommes
condamnés à être tributaires jusqu'à un certain
point de l'explicitation qu'il donne du devenir.
Mais, en même temps, nous ne pouvons pas être
hégéliens si nous voulons être rigoureusement

modernes. La découverte de l'histoire ramène Hegel, en effet, à une pensée de la connaissance pré-kantienne : au travers de la réflexivité du devenir, l'esprit se connaîtrait directement lui-même. Hegel s'inscrit en cela dans le débat de la pensée moderne avec elle-même depuis Descartes. Elle oscille entre les leçons de la science et l'héritage de la théologie, Dieu permettant de récupérer le genre de connaissance que la science interdit. L'incertitude ne s'arrêtera pas avec Hegel, d'ailleurs.

Vous pensez à Heidegger...

Bien entendu. Nous aurons eu au XXᵉ siècle, avec lui, une tentative que je serais tenté de croire ultime pour retrouver une pensée a-subjective, j'entends une pensée d'avant la scission sujet-objet. La question de l'être renverse le mode de pensée subjectiviste : c'est l'être lui-même qui apparaîtrait au lieu de la pensée. Il y a des raisons de croire, me semble-t-il, que ce type de position est devenu intenable — il peut conserver des adeptes, il ne peut plus faire l'objet d'une création philosophique. Dans le cas de l'histoire, la bataille a été longue et embrouillée dans la postérité de Hegel. La question est tranchée pragmatiquement depuis belle lurette sur le terrain de la connaissance. L'établissement et la compréhension des faits historiques relèvent d'une connaissance indirecte, instrumentale à sa façon et subjective, le travail des historiens le montre tous les jours. La question s'est définitivement décantée sur le terrain de l'action historique avec l'effondrement de l'idée de révolution. Le processus historique ne comporte pas de but vers lequel il se dirigerait de lui-même et qui se révélerait du dedans de lui-même. C'est nous qui le façonnons tant bien que mal du dehors et qui lui assignons subjectivement les valeurs et les buts vers lesquels le faire tendre. Nous sommes définitivement sortis de l'orbite hégélienne. Mais la question de l'historicité réfléchie demeure entière. Le problème n'est pas nouveau, mais il est plus que jamais d'actualité : comment traiter en termes kantiens la découverte hégélienne dans ce qu'elle comporte de nouveauté irréductible ?

La question revient à reprendre le fameux projet d'une « critique de la raison historique ».

En effet. Un projet régulièrement invoqué depuis Dilthey qui l'a explicitement formulé, et qu'un certain nombre de bons auteurs ont contribué à clarifier, mais qui attend d'être réalisé. Je suis convaincu qu'il finira par l'être. On mesure sur un exemple comme celui-là la lenteur et les incertitudes de la marche des idées en profondeur. La partie la plus avancée est celle qui regarde la connaissance des faits historiques. Je crois que là-dessus nous y voyons assez clair. Reste le gros morceau que constitue le déploiement de l'histoire effective et ce qui s'y joue. Il faut commencer par réévaluer la rupture que représente le passage moderne à l'historicité consciente, la réorganisation du monde humain en vue de l'avenir et de sa production de lui-même. Il me semble qu'à partir de ce tournant, on a la possibilité de saisir à la racine les données du problème. La vérité est qu'on ne peut faire une critique de la raison historique du seul point de vue de l'histoire, comme si elle était l'élément exclusif et ultime de l'humanité. Elle est l'une des dimensions primordiales de l'humain-social, mais l'une des dimensions seulement, à concevoir en articulation avec d'autres. C'est ici que la perspective d'une anthroposociologie transcendantale peut montrer son efficacité. Elle n'éclaire pas seulement les conditions qui permettent aux communautés humaines de tenir ensemble et d'être des communautés d'individus. Elle éclaire les conditions de leur déploiement dans le temps. C'est dans cette direction que je cherche.

D'une manière générale, il me semble qu'à ce jour, depuis deux siècles que nous avons la conscience de l'histoire, nous n'en avons pas tiré les conséquences intellectuelles. J'ai parlé brutalement des contraintes philosophiques, ou intellectuelles, de notre situation historique, comme s'il y allait d'un déterminisme. Il n'y a pas de déterminisme, justement. Nous pouvons ignorer ces contraintes, elles ne s'imposent pas d'évidence, elles sont difficiles à identifier, même. Nous sommes libres de ne pas être de notre temps. Nous pouvons nous vouloir grecs, ou thomistes, ou kantiens de pure obédience. Nous le pouvons d'autant plus que les œuvres conservent leur sens intact à travers le temps et qu'elles continuent de nous parler même lorsque nous ne les comprenons plus immédiatement. Cela ne nous empêchera pas de subir l'empreinte de notre temps et de l'histoire se faisant au milieu de notre aristotélisme ou de notre thomisme prétendus, mais nous la subirons dans une heureuse ignorance. Il faut vouloir être de son temps pour l'être, et il faut travailler pour y parvenir. Nous sommes devant le choix, autrement dit, d'être acteurs de l'histoire en ignorance ou en connaissance de cause. Inutile de dire que je n'ai pas d'hésitation sur la voie qu'il convient d'adopter. Une partie du travail philosophique me semble devoir consister à éclaircir la situation qui nous est donnée par l'histoire, à faire le point sur la configuration ou la conjoncture dans laquelle nous nous trouvons, afin de discriminer les possibles pertinents et les tâches sensées. Cet exercice de réflexion est la réforme de l'entendement appelée par la condition historique. Il a été ma boussole. Il ne fournit aucune réponse, mais il permet de localiser les bonnes questions. Les réponses nous appartiennent, mais nous ne choisissons pas les questions. Nous avons intérêt à le savoir.

III

LA LEÇON DE L'ETHNOLOGIE

La philosophie des philosophes ne vous a donc pas retenu longtemps, puisque vous la quittez dès 1971, dès votre article sur Merleau-Ponty. Est-ce à dire qu'une discipline rivale avait déjà votre préférence ?

La discipline qui a été la plus éclairante pour moi, compte tenu des questions que je me posais à ce moment-là, c'est l'ethnologie. Comme beaucoup de gens de ma génération, j'ai été très marqué par la lecture des classiques de la discipline. Je crois avoir lu tous les titres de la collection « Terre humaine ». Ce genre de livres reste une de mes lectures préférées. Je regrette qu'il ne paraisse plus guère de ces grandes monographies ethnographiques conjuguant la science et le témoignage. *Les Lances du crépuscule* de Philippe Descola ont constitué récemment une heureuse exception.

Si curieux que cela puisse paraître, la connaissance de l'ethnologie m'a offert une voie royale

pour sortir du modèle structuraliste dont je
découvrais, je vous l'ai dit, qu'il ne tenait aucune
de ses promesses. Entre le matériau prodigieux
que les structuralistes amenaient au jour — et
particulièrement le plus grand d'entre eux, Lévi-
Strauss, dans ses *Mythologiques* — et l'emploi
qu'ils en faisaient, le décalage était frappant. J'ai
lu les *Mythologiques* crayon à la main, ligne à
ligne. Au terme de ma lecture, je n'ai pas pu ne
pas être saisi par le sentiment que l'auteur était
magistralement passé à côté du véritable intérêt
de ce qui se raconte là-dedans. Si ce n'est que
cela, le jeu interne des mythes, alors pourquoi
se donner tant de mal pour en établir la grammaire et les figures ? Pourtant, on le sent bien à
la lecture, c'est ce qui en fait le charme en dépit
de l'aridité du démontage, le contenu même de
ces mythes est puissamment parlant. En somme,
le structuralisme se déconstruisait tout seul, par
la richesse des matériaux qu'il permettait d'embrasser et dont, en même temps, il proposait un
traitement si manifestement insatisfaisant. Abstraction faite des problèmes de parenté, pour lesquels ils ont une pertinence particulière, dans la
mesure où l'on a effectivement affaire à des systèmes combinatoires, le structuralisme et sa
méthode se soldent, sur le terrain ethnologique,
par un échec plus flagrant qu'ailleurs.

La documentation ethnographique présentait
pour moi un intérêt encore plus profond, politi-

que celui-là, en vue d'une critique du marxisme. S'il était un théâtre où les limites explicatives du marxisme comme théorie des sociétés et de l'histoire se révélaient sans fard, c'est celui des sociétés primitives. Il y avait bien des efforts désespérés pour colmater la brèche, en construisant, par exemple, la fiction d'un « mode de production lignager », ou en prétendant montrer l'existence de rapports de classe entre aînés et cadets. Ces tentatives qui nous ramenaient à peu près sur la ligne d'Engels, en moins bien que *L'Origine de la famille, de la propriété privée et de l'État,* ne pouvaient tromper que leurs auteurs. Le vrai est que les matériaux prodigieux amenés au jour par l'ethnologie de terrain, telle qu'elle s'est développée à partir des années 1920, changent la perspective sur l'histoire humaine. Ils rendent imaginable une pensée alternative de ce qui tient les sociétés ensemble, de la manière dont elles marchent et dont elles se déploient dans le temps. Au fond, c'est ce que le XXᵉ siècle a produit de plus original en matière de représentation de l'histoire, en révélant un continent inconnu au-delà des cinq mille ans que nous connaissions, de loin le plus vaste continent de l'histoire humaine. Nous sommes en mesure de raisonner sur un ensemble d'informations que les philosophies de l'histoire du XIXᵉ siècle avaient ignoré, ou dont elles avaient complètement méconnu le sens, pour celles qui leur avaient été accessibles.

La critique de l'ethnocentrisme, apport intellectuel décisif de l'ethnologie, permettait de sortir des schémas évolutionnistes et « progressistes » en fonction desquels la pensée de l'histoire s'est forgée, du XVIIIe à la fin du XIXe siècle. Elle renouvelait de fond en comble l'abord de la vieille question kantienne des « commencements de l'histoire humaine ». La connaissance des sociétés primitives, conquête propre du XXe siècle, fournissait le levier d'une émancipation par rapport à l'économisme et au déterminisme marxistes. Voilà ce qui m'a attiré dans l'orbite de cette discipline alors très riche et très vivante. On était encore sous le coup, vers 1968-1970, de la « crise de conscience coloniale » qui lui avait donné son élan maximal. L'écho s'en est très regrettablement estompé depuis.

Il y avait aussi la revue L'Homme, *dont c'étaient les grandes années.*

Il faut dire qu'elle était à l'époque très ouverte. On y trouvait aussi bien un article de Jakobson sur la poésie qu'un texte d'Haudricourt sur la domestication des plantes ou une monographie spécialisée sur la parenté en Nouvelle-Guinée.

Et aussi un certain article de Pierre Clastres...

Son article inaugural sur « la philosophie de la chefferie indienne [1] », en effet. Je suis tombé sur cet article par hasard et je dois dire que sa lecture a été l'un des plus grands chocs de ma vie intellectuelle. C'est le genre de texte qu'on lit éberlué, en se demandant si on a bien lu. Sa démonstration m'a paru lumineuse. Il m'a semblé introduire une pensée entièrement nouvelle du pouvoir : ce qu'il est, pourquoi il y en a toujours dans les sociétés humaines et la diversité des manières de gérer cette universalité. L'article m'a saisi par sa façon de résoudre des problèmes d'allure insoluble : comment concevoir des discontinuités radicales en histoire sans tomber dans le relativisme le plus plat ? Comment concilier la généralité du fait du pouvoir et sa variabilité ? Il montrait que les sociétés primitives n'étaient pas des sociétés de boys-scouts, comme il aimait dire, qu'elles étaient aux prises avec les tensions et les difficultés de toute société, notamment les tensions et les difficultés liées à l'existence du pouvoir, mais qu'elles les traitaient par des voies aux antipodes de celles qui nous sont familières.

1. « Échange et pouvoir. Philosophie de la chefferie indienne » [1962], repris in *La Société contre l'État. Recherches d'anthropologie politique*, Minuit, 1974.

*C'est ainsi que vous avez élaboré, à l'aide des pre-
miers articles de Clastres, et dès votre mise en forme
du cours de Lefort sur la démocratie, la notion de
« décision » et cherché à établir que c'est d'elle que
dépend la forme politique que se donne une société.*

Le mystère principal que Clastres mettait en
lumière, c'est ce qu'il appelait le « choix ». Comment opère le mécanisme de neutralisation du
pouvoir ? Car ces chefs qu'on trouve dans les
groupes amérindiens sont quelquefois dotés
d'un très grand prestige mais ils sont sans pouvoir. Au sens où ils ne commandent pas dans la
rigueur du terme. Ils arbitrent les conflits, ont la
charge très épineuse de porter la parole dans des
sociétés où son autorité est très grande puisqu'elle intervient comme référence ultime et
légitimante — parole publique mais aussi parole
mythique, souvent qualifiée de « grande parole »
ou encore « belle parole » —, ils ne légifèrent pas
ni ne donnent d'ordres, à tel point qu'en cas de
guerre ils sont éventuellement relayés par des
chefs de guerre pourvus, eux, d'une certaine
autorité. Leurs attributions sont contenues. Les
sociétés amérindiennes nous apparaissent donc
comme des systèmes organisés pour contrer *de
l'intérieur* l'expansion du pouvoir. C'est en ce
sens, descriptif, que Clastres parlait de « société
contre l'État », parce que ces chefs, si reconnus

soient-ils, sont empêchés d'aller vers l'accroissement de leur pouvoir. Tout est prévu, au cas où
l'idée leur viendrait de le transformer en pouvoir
coercitif, pour neutraliser cette ambition, ou, à
dire vrai, pour vider de sens à l'avance cette
ambition. L'organisation du fonctionnement
collectif interdit la cristallisation d'un pouvoir de
commandement grâce à un dispositif qui n'est
pas explicable autrement que par ce que Clastres
appelle un « acte sociologique ». Ce n'est pas que
le pouvoir soit faiblement développé, c'est qu'il
est bloqué dans l'œuf. Le processus social est
agencé de façon à empêcher sa croissance. Le
chef de guerre perd ses attributions, au demeurant précaires, sitôt les hostilités terminées. Il
rentre dans le rang.

*Un « acte sociologique » ? N'était-ce pas là baptiser
la difficulté ?*

On entrait là, c'est évident, dans une problématique extrêmement délicate. C'est sur ce
point que la construction de Clastres était le plus
fragile et qu'elle prêtait le flanc aux ricanements
de la corporation : quel choix ? Comment l'ont-
ils fait ? Ont-ils voté ?
On disposait pourtant d'un modèle pour penser un tel choix qui n'est le choix de personne,
qui n'a été arrêté à aucun moment, mais qui
s'applique néanmoins : celui fourni par Heideg-

ger dans son histoire de l'être, pour expliquer le passage du dévoilement initial de l'Être chez les Grecs à son occultation dans la métaphysique. Il se joue là objectivement quelque chose comme un choix, mais un choix non délibéré.

J'ai essayé pour ma part d'élaborer ce modèle sous le nom de « Décision », avec une majuscule ; c'était de mon âge de mettre des majuscules... Cette notion me permettait en même temps de répondre à une autre question majeure, celle de la nécessité en histoire. Aucune nécessité, par exemple, ne me paraissait pouvoir rendre compte de l'orientation moderne de l'Occident. Que se passe-t-il entre les XVe et XVIIIe siècles qui fait basculer les sociétés modernes vers ce qui va être le capitalisme, l'industrie, la démocratie ? Les contradictions de la féodalité et les transformations du servage, comme le soutenaient tant de bons esprits marxistes ? Ce n'était pas d'une clarté aveuglante... Mais s'il n'y a pas de développement linéaire d'une histoire universelle, qu'est-ce qui peut présider à de telles discontinuités ou embardées ? À cette époque, je mettais dans le même sac l'énigme des totalitarismes au XXe siècle, dont j'ai compris depuis qu'ils réclament des explications d'une tout autre nature.

Vous voulez dire qu'à un certain moment, intervient dans l'histoire humaine un facteur d'orientation tel que les sociétés ne se contentent plus de subir un jeu de déterminisme interne ou externe, mais inventent une direction qui n'obéit à aucun plan.

C'est à peu près cela. À côté de phases dotées d'une relative continuité interne, les moments déterminants de l'histoire correspondent à des scansions ou des bifurcations qui la tournent dans des directions imprévues, en mettant en place des dispositions collectives durables. Cela ne veut nullement dire pour autant qu'il n'y a pas d'unité de l'histoire humaine, ou que tous les choix sont possibles à tous les moments, ou bien encore que ces choix sont purement contingents et dépourvus de sens. Mais il y a des « Décisions » sans décideurs qui réorientent le cours des choses. Pour faire droit à ces phénomènes, particulièrement difficiles à penser, le modèle heideggérien m'a été très utile même si, depuis, je suis devenu très critique à son endroit.

Dans quelles circonstances avez-vous rencontré Clastres en personne ?

Très simplement. Je lui avais envoyé mon article de 1971 qui faisait référence à ses travaux. Il m'avait répondu, avec son inimitable bonhomie ironique, en me proposant de passer le voir pour lui expliquer plus clairement ce que je voulais dire. J'avais été le retrouver dans le petit bureau qu'il occupait sous les combles, dans le laboratoire de Lévi-Strauss au Collège de France. J'étais arrivé avec mes questions naïves : « Je suis convaincu, emballé, mais j'ai une difficulté : d'où est-ce que ça vient et comment est-ce que ça peut marcher ? » Il avait éclaté de rire : « Eh bien ! figurez-vous, si je le savais, je l'aurais dit. »

Quelle était alors la position de Clastres, sur la scène intellectuelle et sur le plan politique ?

À l'époque, en 1971-72, il n'en avait aucune. Il n'avait pas encore publié sa thèse de 3ᵉ cycle, qui est devenue la *Chronique des Indiens Guayaki*, ni son recueil d'articles, *La Société contre l'État*. Il était chargé de recherches au CNRS et passait pour un original complet qui ne dérangeait personne et faisait ses affaires dans son coin. C'était un marginal dans l'âme. Une anecdote, pour situer le personnage. À la soutenance de sa thèse, Roger Bastide, après l'avoir beaucoup complimenté, s'était classiquement enquis de la méthode. « Monsieur Clastres, expliquez-nous quelle est votre méthode. » À quoi Clastres, avec son laconisme imperturbable, avait répondu : « Monsieur, je n'en ai pas. » C'était un homme dont l'indépendance d'esprit sautait aux yeux.

Cela m'a encore beaucoup plus frappé quand j'ai suivi le séminaire qu'il donnait à la Ve section de l'EPHE où il a été élu un peu plus tard directeur d'études. Il dispensait devant un petit auditoire un enseignement inoubliable pour ceux qui ont eu la chance d'en bénéficier. Il parlait sans notes, en donnant l'impression d'une pensée qui s'élabore devant l'auditeur, digresse, hésite, se reprend, insiste, avec en même temps une intensité méditative, une absence totale de prétention, une simplicité fondamentale, une profondeur, dont je n'ai jamais connu l'équivalent ailleurs. Comme me l'avait fait remarquer l'un de ces quelques fidèles avec lesquels nous nous retrouvions chaque semaine, « ça a quelque chose de présocratique ».

Y avait-il une dimension politique dans sa thèse ?

Pas le moins du monde. Lorsque la formule « la société contre l'État » est devenue célèbre, sa popularité s'est établie sur la base d'un malentendu. D'ailleurs Clastres s'est aussitôt défendu contre la récupération politicienne d'un intitulé qui ne devait rien à la politique. Son problème n'était pas de légitimer l'anarchisme par sauvages interposés, ni de proposer un modèle de société. Lui-même venait très classiquement du communisme. Le projet de se démarquer du marxisme le singularisait fortement au sein d'une corporation qui était en plein parcours inverse, 68 aidant. S'il avait un écho, ce n'était pas chez les anthropologues.

Du reste, Clastres s'est de plus en plus éloigné de l'ethnologie contemporaine pour se tourner vers les auteurs anciens, les chroniqueurs, les premiers historiens de l'Amérique. Il avait le projet d'en republier une série. Il y consacrait l'essentiel de ses séminaires et c'était tout à fait passionnant. Les relations des jésuites, par exemple, sont une merveilleuse source ethnologique, encore largement inexploitée. Le premier missionnaire qui est allé prêcher le mystère de la Trinité à des Sioux qui n'avaient jamais vu un homme blanc avait des chances d'en rapporter un point de vue plus intéressant, quoique fort naïf, que les observateurs ultérieurs qui ont eu affaire à des sociétés lourdement perturbées par la colonisation.

Mais Clastres lui-même ne disait rien de la religion. C'est vous qui introduisez ce terme en 1975 dans votre article « Politique et société. La leçon des sauvages [1] ». Comment avez-vous décidé d'utiliser ce mot ?

Je n'ai rien décidé du tout. Cela ne répondait à aucun programme. Je n'y étais pas préparé :

---

1. « Politique et société. La leçon des sauvages », *Textures*, n° 10-11, 1975, pp. 57-86, et n° 12-13, 1975, pp. 67-105.

mes seules connaissances en la matière étaient mes souvenirs du catéchisme et de la messe en latin quand j'étais enfant de chœur ! Vous voyez que c'était un peu court. Je n'avais du reste aucune espèce de disposition personnelle ou existentielle. J'avais subi une éducation religieuse dont j'étais sorti révolté. Je me sentais agnostique au sens le plus complet du terme, réfractaire à la croyance en général et je n'avais pas un instant imaginé que je m'intéresserais un jour aux religions. Ni la quête de sens, comme on dit aujourd'hui, ni d'ailleurs le combat antireligieux ne me motivaient. J'étais d'une indifférence parfaite sur ce chapitre. En revanche, j'avais été alerté par le caractère réducteur de la théorie psychanalytique de la religion. Les considérations de Freud sur le monothéisme m'avaient paru consternantes, de la part d'un homme pour qui j'avais par ailleurs une admiration sans bornes. Il avait été tout de suite manifeste, pour moi, que les choses ne pouvaient pas s'être passées de cette façon. J'avais senti qu'il devait y avoir autre chose que ces projections grossières ; j'aurais été bien en peine de dire quoi.

Quand j'ai écrit cet article, « Politique et société », je me souviens très bien de mes hésitations sur le choix du mot de religion. À un moment donné, je me suis arrêté, et j'ai passé huit jours en bibliothèque à lire les manuels, les encyclopédies des sciences sociales et les ouvrages de synthèse, en me demandant : « La religion, c'est quoi au juste ? » J'avais l'impression que le sol se dérobait. Je ne voyais pas d'autre terme et j'étais incapable d'en produire une définition un peu plausible. J'ai essayé d'acquérir un minimum de connaissances qui m'ont plutôt confirmé que le mot pouvait être employé. Et ce travail m'a passionné. Je me suis mis à lire ce qui était disponible : l'école de Chicago, Mircea Eliade, les traités classiques, les grandes monographies, les sociologies. Je suis sorti de ces lectures avec une profonde perplexité. Le problème de la diversité me paraissait insurmontable. J'ai passé de très mauvais moments, avec l'impression de m'être engagé sur des sables mouvants.

Lévi-Strauss ne pouvait pas davantage vous aider, à ce moment de votre parcours.

Lévi-Strauss se bornait à une analyse structurale des mythologies et s'interdisait de réfléchir sur leur signification. Ou plutôt, s'interdisait *presque.* Car il se livrait, ici ou là, à des remarques qui dépassaient la seule structure pour engager le contenu — remarques d'ailleurs remarquablement perspicaces et témoignant d'une très juste pénétration de ce qui est en cause. Ainsi par exemple, lorsqu'il parle de sociétés froides et chaudes, il touche au type de mécanismes qui font qu'il existe une disposition sociologique au changement ou au freinage du changement. De même, il pointe à maintes reprises des aspects des mythologies qui montrent que leur rôle ne se réduit pas à la mise en ordre du monde naturel environnant par des procédures de classement, mais relève d'une sémantique sociale riche de conséquences.

La portée des mythologies m'est apparue à la lecture de la *Chronique des Indiens Guayaki*. Ce livre magnifique comporte une série d'observations particulièrement éclairantes, non sur la religion proprement dite, mais sur les rituels. En faisant le lien entre ces mises en acte de la mythologie et le fonctionnement social, j'ai compris qu'il fallait prendre au sérieux ces systèmes de croyances, à la fois du point de vue de la signification qu'y investissent les acteurs et du point de vue de la marche de leur société. Ils n'y sont pas attachés pour rien : il y va de la manière d'être la plus profonde de leur société. Ces bizarres récits d'origine participent de la définition d'un ordre collectif ; ils interviennent dans la « décision » neutralisant l'apparition d'un pouvoir coercitif. Il restait à éclaircir comment et par quels canaux au juste.

Vous venez d'associer les termes mythologie *et* religion. *Mais ces mythes dont vous parlez ne comportent pas de référence à ce que nous appelons des dieux.*

En effet. C'est là que la construction du concept de religion devient intéressante en s'écartant des repères que nous associons spontanément au mot — les dieux, les cultes, les prêtres. Pour simplifier, les mythologies sauvages consistent en récits mettant en scène des êtres naturels — les météores, le soleil, la lune, les animaux — qui agissent comme des êtres surnaturels. Cela parce que l'intrigue se situe dans un temps qui n'a rien à voir avec le présent, un temps d'avant le temps qui nous est familier, un temps où s'est jouée la mise en ordre des choses telles que nous les connaissons. Il existe des êtres surnaturels au présent : les esprits. Mais ces entités invisibles qui nous environnent ne relèvent pas de l'origine du monde ; elles sont des puissances magiques, des rouages importants de la marche actuelle du monde, mais sans lien avec ce qui a déterminé son ordonnancement primordial. Le « religieux » proprement dit, dans ce système de pensée, c'est le temps mythique de la fondation, ce passé à la fois très proche et radicalement révolu où les réalités existantes ont reçu une fois pour toutes leur physionomie, y compris nos coutumes et nos usages. Le surnaturel par excellence, c'est l'ancestral, l'originel, ce temps non pas lointain, mais autre où ce qui nous entoure et ce que nous sommes s'est fixé, un temps absent dont nous dépendons désormais invariablement et en tout.

Dès lors que l'ordre des choses naturelles et sociales se trouve ainsi reporté vers une origine absente, on conçoit l'orientation globale de la vie collective vers la fidélité à cette donation primordiale et l'hostilité au changement. Il n'y a pas de religion institutionnalisée, mais un encadrement rituel de l'existence, encadrement rituel venant rappeler à propos de chaque activité ou circonstance significatives le modèle originel dont elle procède et auquel elle doit obéir. Il en résulte des sociétés conservatrices dans un sens radical, puisqu'elles se posent dans la dépendance d'une antériorité totalement soustraite à la prise des présents-vivants. Ceux-ci font ce qu'ont fait leurs pères et ce que feront leurs enfants : agir en pieuse conformité avec le legs des ancêtres. Mais cette radicalité dans la dépossession et l'assujettissement est simultanément source d'une égalité d'un genre particulier : personne n'est du côté de l'origine ; tous sont à égale distance vis-à-vis d'elle.

Que voulez-vous dire au juste ?

Qu'il n'y a pas d'intercesseurs avec les ancêtres. Les chefs célèbrent leur héritage et exhortent le groupe à le révérer, mais ils n'ont pas de lien privilégié avec lui. Il n'y a pas de place pour des prêtres. La piété marquée de ces peuples envers ce qui commande leur existence, qui a d'emblée frappé les bons observateurs, ne s'accommode pas de spécialistes. Il y a des manipulateurs de l'invisible, des spécialistes en puissance magique : les chamanes. Ce ne sont en rien des prêtres. Ils peuvent accéder à une grande notoriété et être très redoutés. Cela ne leur donne pas la moindre autorité de type politique. Ils ne sont pas fondés à commander au sens exact du terme, parce que la communication avec les esprits ne les met pas en relation avec la loi des ancêtres. Devant cette loi, tous sont semblablement obéissants. C'est ce que racontent inlassablement les chefs.

Dès lors que l'on raisonne de la sorte, on voit mieux où se situait la difficulté de la thèse de Clastres, en même temps qu'on y échappe, me semble-t-il. Il met génialement en évidence le trait le plus déroutant des systèmes politiques d'avant l'État. Ce n'est pas qu'ils ne sont pas capables d'en avoir un, c'est que tout est fait pour qu'il n'en apparaisse pas un. Mais il reste démuni pour l'expliquer. Car la neutralisation du pouvoir qu'il fait ressortir n'est pas intelligible de l'intérieur d'elle-même. En prenant le problème sous l'angle de la religion, on sort de l'impasse en élargissant la vue. On se rend compte qu'on a affaire à une disposition globale dont le traitement du politique représente une articulation capitale, mais aucunement isolée.

Cela vous obligeait à reconsidérer la nature du politique, dans un sens beaucoup plus général qu'on ne le fait d'ordinaire. Car ces sociétés sont très faiblement politiques, tout de même.

Au sens de leur « vie politique », à coup sûr. On ne les a pas crues pour rien dépourvues de politique. Mais elles n'en fonctionnent pas moins au politique, d'une manière totalement intégrée dans la religion. Étrangement, c'est là où le religieux et le politique sont le moins visibles sous une forme différenciée qu'ils sont le mieux pensables dans leur lien essentiel. Le politique est ici à l'état nu de par la limitation drastique de ses expressions. Il est réduit à son noyau. Il ne s'élève pas au rang de fonction sociale, il regarde simplement l'être de la société, ce qui l'agrège comme une communauté cohérente de l'intérieur et ce qui la dissocie par rapport à d'autres vers l'extérieur. Ce qui la lie et ce qui la sépare : les deux dimensions vont de pair. Il n'y a pas que l'unité d'une pluralité au-dedans, comme l'a dit Arendt, il y a aussi l'unité au sein d'une pluralité vis-à-vis du dehors, l'identité de chaque société s'inscrivant sur fond de ce fait fondamental qu'est la diversité des sociétés au

présent et à travers le temps. Il n'y a pas *une*
société humaine mais *des* sociétés substantiellement différentes entre elles. Elles sont culturellement différentes, lorsqu'elles sont contemporaines et voisines. Mais cette capacité d'auto-
définition va encore plus profond : elle va jusqu'à
l'instauration de modes d'être différents. Les
sociétés primitives sont différentes entre elles,
mais elles relèvent d'un même mode d'être. Or
il y a des modes d'être différents à travers l'histoire. Le politique, ce sont ces mécanismes pri-
mordiaux qui soutiennent l'existence d'une
communauté, tout en lui permettant de définir
son mode d'être, d'une manière qui n'est évidemment pas consciente et délibérée. Les sociétés humaines sont des sociétés politiques parce
qu'elles ne sont pas déterminées par un état
naturel, mais habitées par une réflexivité dont la
religion a été la manifestation fondamentale dans
l'histoire, l'institutionnalisation par excellence.
Elles se déterminent et se choisissent selon un
mode dont l'énigme est à percer mais dont nous
savons au moins que le politique est le support.

C'est cela que je cherchais à mettre en évidence à l'époque, ce niveau primordial où le
politique apparaît comme constitutif des sociétés
humaines et non pas comme un produit plus ou
moins tardif de leur évolution.

Quel écho ont eu vos vues dans les années 1970 ?

Un écho très limité, en dehors d'un petit cercle d'initiés. Ce genre de réflexion ne pouvait tenir qu'une place marginale dans un paysage dominé par les marxismes et gauchismes de diverses obédiences. Même les gauchismes les plus hostiles à l'orthodoxie communiste — le foucaldisme, par exemple — restaient tellement obsédés par la critique de la société bourgeoise que cela limitait leur ouverture. Les idées n'en avançaient pas moins souterrainement. La désillusion d'après 68 faisait intellectuellement son chemin, en imposant petit à petit la conscience théorique de la difficulté du marxisme avec le politique. C'est là qu'était la brèche. La fortune fulgurante du thème du *pouvoir* à la suite de *La Volonté de savoir* de Foucault, en 1976, en a été un bon symptôme. Politiquement, la réception de *L'Archipel du goulag* a consacré la rupture de la génération 68 avec la filiation léniniste. Philosophiquement, les choses sont allées plus lentement. La problématique antitotalitaire est sortie de la clandestinité autour de 1975. Castoriadis rassemble ses articles de *Socialisme ou Barbarie*, puis publie *L'Institution imaginaire de la société*, Lefort donne son commentaire de Soljénitsyne, *Un homme en trop*. Mais une chose est de rejeter un régime et une doctrine, autre

chose est d'en tirer positivement les conséquences sous la forme de la recherche d'une
pensée alternative. Cela demande davantage de
temps.

IV

L'INVENTION MONOTHÉISTE

1975 : « Politique et société. La leçon des sauvages ».
1977 : « La dette du sens et les racines de l'État[1] ».
Durant ces années, vous élaborez la perspective géné-
rale d'une histoire politique de la religion qui va
désormais constituer votre horizon permanent. En
revenant sur votre parcours, pouvez-vous dire com-
ment vous y êtes parvenu ?

À partir du moment où j'ai été aspiré par cette
problématique du religieux en fonction de
l'énigme des religions sauvages, je me suis mis à
regarder le phénomène d'un autre œil. Je ne pouvais pas vouloir faire entrer les mythologies primitives dans un concept élargi et redéfini de la
religion sans me poser des questions sur les
religions en général ! Un certain nombre de
réflexions occasionnelles qui m'étaient venues
sans que je leur donne de suite se sont organisées

1. « La dette du sens et les racines de l'État. Politique de
la religion primitive », *Libre*, n° 2, 1977, pp. 5-43.

dans mon esprit — misère de la vision marxiste de l'« opium du peuple », pauvreté du réductionnisme œdipien de la psychanalyse. Mais c'est l'élargissement de cette critique à la thèse sociologique omniprésente de la religion comme « légitimation » dans les sociétés modernes qui a été déterminant : il y a un ordre social déterminé par ses causes socio-économiques internes, auquel les religions apportent leur caution de l'extérieur. Il s'agit d'une variante sophistiquée de la vieille thèse critique des Lumières, la manipulation de la crédulité des peuples. Cette réduction instrumentale est manifestement aussi insatisfaisante que les autres réductionnismes, même s'il est sûr qu'il y a un lien entre la définition d'un ordre social et la religion. Comment concevoir cette relation, dès lors que la religion représente une institution à part dans la société ? J'ai ainsi été amené à me poser la question de l'imbrication du religieux et du politique, et de la manière dont les deux peuvent à la fois être distincts dans les sociétés dites « complexes », et étroitement associés, retentissant l'un sur l'autre. C'est en réfléchissant à cette question que la relation à double sens entre l'État et les religions m'a sauté aux yeux. Dès lors que l'on concevait les deux termes comme liés, et pas seulement rapportés dans une relation instrumentale réciproque, le rôle transformateur de l'État pouvait apparaître.

En somme, il y a eu trois temps dans la

construction de la perspective. Tout d'abord, donc, la découverte de la fonction de la religion dans les sociétés primitives. Puis la prise de conscience de ce que la naissance de l'État constitue l'événement-pivot autour duquel toute l'histoire des religions bascule, parce qu'elle implique, par sa dynamique même, une action transformatrice extraordinaire à l'égard des religions antérieures, notamment à l'égard de leur organisation temporelle et de leur vision du passé ancestral. J'ai assez vite acquis le sentiment que, dans cette perspective, on pouvait mieux comprendre les surgissements de la fameuse « époque axiale », qui ont tous eu lieu dans les grands berceaux étatiques. La troisième étape a été de cerner la véritable originalité du christianisme. Cela supposait que je parvienne à une idée claire d'un phénomène qui m'a été longtemps mystérieux : le monothéisme. À partir du moment où j'ai eu une petite notion de la spécificité du monothéisme, je pouvais commencer à essayer de situer l'originalité du christianisme par rapport au judaïsme.

Pourquoi ce rôle dévolu à l'État comme transformateur des religions anciennes ?

En raison de la vertu heuristique de l'idée, rien de plus, rien de moins. C'est le seul facteur explicatif plausible dont nous disposons, me semble-t-il, pour comprendre les deux discontinuités intellectuelles majeures de l'histoire humaine. En premier lieu, le surgissement de l'État permet d'éclairer le passage d'un type de religion à un autre, c'est-à-dire d'un type d'organisation de la pensée à un autre. En second lieu, il fournit, par ses conséquences à longue portée, de quoi éclaircir ce qu'on a appelé le « tournant axial » : l'apparition, dans le premier millénaire avant le Christ, d'innovations spirituelles, conceptuelles, philosophiques, qui font entrer l'humanité dans le monde intellectuel qui est encore le nôtre. C'est le motif pour lequel j'accepte volontiers cette idée d'un tournant axial coupant l'histoire en deux : avant ce tournant, on a affaire à des univers de pensée mythologique que l'on peut à la rigueur reconstituer et déchiffrer, mais qui se donnent à nous sous le signe d'une foncière opacité. Il nous faut un très grand effort pour y entrer, si tant est que nous y parvenions tout à fait. Nous arrivons à concevoir que l'on ait pensé de la sorte, mais il nous est impossible de faire nôtre cette pensée. En revanche, après ce tournant, peu importe qu'on ait affaire à des Chinois, des Perses, des Juifs ou des Grecs, ce sont des mondes qui nous sont spontanément accessibles du point de vue de leur manière de penser, avec lesquels nous avons une sorte de familiarité de démarche. Nous y sommes intellectuellement chez nous. En ce sens, l'idée de tournant axial me semble très juste. Elle dégage une coupure capitale dans l'histoire humaine.

C'est à Karl Jaspers que vous avez emprunté cette expression de « tournant axial », n'est-ce pas ?

La formule est en fait d'un historien des religions allemand du XIXᵉ siècle. Jaspers l'a relayée en attirant l'attention sur ce moment, notamment dans son livre, *Origine et Sens de l'histoire*. L'histoire de la philosophie se ramène à ses yeux à l'histoire du tournant axial et de ses suites. Le mérite de la perspective, en regard d'un occidentalisme étroit, est de souligner l'unité du phénomène, et la consonance des différentes traditions qui en sont issues. Elles participent toutes d'un même univers de pensée, ultimement, à l'intérieur duquel nous continuons d'évoluer et que nous avons intérêt à connaître, en effet, dans la variété de ses expressions.

Mais Jaspers ne met pas du tout l'accent sur la question de la dynamique politique de l'État, comme explication du « tournant axial ».

Il se contente, en philosophe classique qu'il est, de recueillir les expressions de ces diverses percées conceptuelles, philosophiques, religieuses, spirituelles, et de les analyser comme des formations intellectuelles. Il n'essaie pas de comprendre d'où elles ont pu sortir. Or il s'agit d'un phénomène historiquement très remarquable qui mérite qu'on s'interroge à son sujet. Il offre un de ces exemples de synchronisme mondial qui fait rêver. Comment une capacité d'invention aussi stupéfiante a-t-elle pu se déployer à une aussi vaste échelle dans un relatif parallélisme temporel, au sein de contextes civilisationnels différents à souhait, et cependant avec des résultats formellement convergents sur le plan intellectuel ? Le romancier américain Gore Vidal a mis suggestivement en scène ainsi, dans *Création*, les pérégrinations d'un diplomate persan à qui il a été donné de fréquenter au cours d'une même existence l'Inde de Bouddha, la Chine de Confucius et la Grèce de Socrate ! Il est vrai qu'il est difficile de réfléchir sur ce phénomène justement parce qu'il est créateur de notre monde, du point de vue du fonctionnement et des orientations de la pensée. La tendance spontanée de l'esprit est de s'installer à l'intérieur de ses acquis, sans se demander comment a pu s'opérer le passage par rapport à un univers intellectuel qui nous est, lui, très opaque.

Votre thèse est donc que, pour comprendre les répercussions spirituelles des premiers grands empires, il faut partir de la question très énigmatique du surgissement même des États.

En deçà du tournant axial, en effet, il y a le tournant religieux que représente l'avènement

de l'ordre étatique, de la domination institutionnalisée. Il n'y a pas de phénomène plus mystérieux dans toute l'histoire. C'est la discontinuité
par excellence du parcours humain. Le passage
est destiné à nous rester à jamais obscur. Nous
en avons des traces, mais il ne nous a jamais été
donné de le saisir sur le vif, en tant que processus
endogène, dans d'autres aires culturelles. Nous
sommes condamnées aux hypothèses. Quand les
Européens sont arrivés en Amérique, ils ont
trouvé d'un côté des États constitués, les Aztè-
ques, les Incas, de l'autre des tribus sauvages,
mais nulle part de chaînon intermédiaire qui
aurait permis de faire le pont.

L'absence de ce chaînon a beaucoup troublé
les esprits pendant longtemps, en raison de la
prégnance de l'évolutionnisme qui interdisait
d'imaginer autre chose qu'un développement
par croissance continue. On l'a donc cherché.
On a cru le trouver en Afrique, avec la royauté
magique ; dans le Pacifique, avec les chefferies
mélanésiennes. En réalité, ce n'est pas du tout
selon ce schéma cumulatif que les choses peuvent s'être passées, semble-t-il. L'émergence des
États relève d'une mutation catastrophique, pas
d'une progression graduelle. Elle correspond à
une redistribution des données de l'existence
collective qui n'admet pas de moyen terme ou
de stade intermédiaire. Très vite après que les
appareils de domination sont installés, on entre

dans des logiques d'agglomération humaine et de projection spatiale qui sont aux antipodes de ce qu'on observe avant. Ce pourquoi la conservation sous une forme relativement stable de quelque chose comme un demi-État ou un quasi-État est un phénomène très improbable. Cela ne veut pas dire, naturellement, qu'il n'y a pas des conditions qui rendent possible cette discontinuité. Sans la néolithisation et la démultiplication des subsistances qu'elle autorise, il n'y aurait pas eu de machines étatiques concevables. Le néolithique ne conduit pas pour autant à la croissance « naturelle » de l'autorité, puis, de là, à l'épanouissement de l'État. La plupart des sociétés sauvages que nous connaissons sont des sociétés néolithiques (ce sont les chasseurs-cueilleurs qui sont l'exception). Cela ne les empêche pas de fonctionner selon l'indivision politique — le cas complexe étant celui des sociétés qui, tout en restant primitives, sont affectées par le voisinage des sociétés étatiques. La réarticulation des communautés humaines selon la logique du pouvoir séparé représente un saut radical.

D'accord, mais où est le religieux là-dedans ?

Ce surgissement d'un appareil de pouvoir dominant la communauté ne me semble pouvoir être compris que comme une révolution religieuse. La redistribution des cartes consiste fondamentalement dans un déplacement de la ligne de partage entre le visible et l'invisible législateur. Elle passait, dans les religions primitives, entre l'originel et l'actuel, entre les présents-vivants et le monde des ancêtres, tous se trouvant du même côté de la ligne au sein de la communauté. Elle se déplace à l'intérieur de la communauté. Elle se met à passer entre les hommes. Elle en sépare certains, un tout petit nombre, qui sont du côté de la loi invisible, de la grande masse, qui n'est plus assujettie seulement à l'origine, mais à ceux qui représentent le fondement surnaturel parmi les hommes. Il en résulte que certains sont fondés à commander et que les autres sont destinés à obéir. L'émergence de l'État n'est pas intelligible comme un simple fait matériel. Elle est un fait spirituel qui se convertit en force matérielle. Elle suppose ce bouleversement de la croyance qui instaure et justifie la scission entre dominants et dominés en incarnant l'invisible dans le visible. L'origine de l'inégalité, n'en déplaise à Rousseau, est d'abord politique et sa racine est religieuse.

À partir de cette source, on conçoit l'essence dynamique du phénomène étatique. Il porte l'expansion conquérante dans ses gènes. Il est de sa nature de s'élargir en Empire. La relation de domination à l'intérieur est faite pour se projeter en domination extérieure. Dans la mesure où il se conçoit associé à l'origine et à la loi de toutes choses, le personnel du pouvoir ne peut imaginer son autorité que la plus englobante possible, d'autant plus qu'il se voit comme tellement différent de ses assujettis qu'à ses yeux ceux du dehors n'ont pas moins de vocation à lui être soumis que ceux du dedans. D'où ces formules de titulature monotones en leur mégalomanie par lesquelles des souverainetés quelquefois minuscules se décrètent maîtresses des quatre coins du monde. La machine étatique est programmée pour la dilatation et l'absorption universelles. Dès qu'elle surgit, elle tend à déborder de son appartenance native. L'aspiration à la domination mondiale lui est consubstantielle. Cela ne veut pas dire qu'elle y parvient, ni qu'elle a une vision claire du monde qu'elle vise à subjuguer. Mais elle essaie et il arrive que d'aucunes réussissent, à des vitesses et à des échelles étonnantes.

Vous avez dit quelque part que cette révolution religieuse de l'incarnation du divin marque à vos yeux la naissance du sacré.

Au sens strict, il y a sacré à partir du moment où l'autre monde est quelque part matérialisé en ce monde, où l'invisible se présente concentré dans du visible. C'est la naissance de l'idole et du temple. Elle est associée à la naissance de la ville ou de l'écriture, qui participent socialement du même phénomène. Il faut pour qu'elles existent qu'il y ait quelque part attestation tangible de l'invisible dans le visible. Il y a un lieu tangible où l'Autre invisible s'atteste dans le visible. L'écriture n'a pas nécessairement une sacralité intrinsèque, mais elle participe logiquement à l'existence d'un sacré. Du reste, beaucoup des premières écritures semblent moins utilitaires qu'on ne l'a dit, mais intensément liées à cette volonté d'inscrire l'invisible dans le visible.

L'autre grande innovation des religions de ces premiers États, corrélative de la précédente, est la naissance des dieux, à strictement parler. À la différence des ancêtres, figures surnaturelles par excellence des religions primitives, les dieux sont des êtres surnaturels participant de l'ordre du monde au présent. Il y a des dieux à partir du moment où les principes spirituels qui ont présidé à la mise en ordre du monde sont aussi agissants et accessibles au présent. C'est un déplacement décisif. Mais l'élément de continuité dans leur conception est également très fort. Le résultat en est longtemps resté une sorte de formation de compromis qui rend les religions anciennes difficiles à déchiffrer. Elles sont marquées d'un fort élément d'ancestrisme, élément qui peut garder une place prépondérante. C'est le cas en Chine, par exemple, où le passé est demeuré la dimension religieuse par excellence. Par ailleurs, dans ces religions anciennes, le cadre mythique perdure, de la même façon, les dieux sont associés à la naissance du monde, mais ils naissent eux-mêmes avec le monde, les cosmogonies sont des théogonies. D'où, aussi bien, la pluralité des dieux et pour ainsi dire leur spécialisation. On pourrait définir ces polythéismes très primitifs comme des religions de la divinité *ad hoc*, où il faut voir l'héritage de la logique classificatoire à l'œuvre dans les religions primitives. Il s'agit de mettre le monde en ordre. Chaque segment significatif se voit attribuer un être surnaturel qui lui correspond.

La description est sommaire mais elle suffit pour situer le point de départ et dégager les facteurs essentiels qui interviennent pour transformer le polythéisme primitif dans trois directions principales. La première est celle de l'unification et de l'universalisation. L'extension impériale fait naître comme une demande d'unification. La dispersion des dieux jure en face du rassemblement politique. On en a l'illustration avec le dernier grand exemple de l'interaction entre religion et empire, celui de l'Empire romain dont la crise morale et spirituelle nous est parfaitement attestée. L'empire, à un moment donné, provoque chez ses acteurs un décalage entre ce qu'il est objectivement et la manière de se représenter les divinités qui le commandent. Il oblige confusément à penser une conjonction des principes spirituels supposés soutenir sa destinée. Cette unification peut s'opérer selon des modèles extrêmement différents, par exemple à l'aide d'un principe cosmologique comme dans la religion chinoise — le ciel. On aboutit toujours néanmoins à une sorte de concentration qui correspond à la puissance à l'œuvre dans le présent du monde.

Seconde transformation, la subjectivation, c'est-à-dire le passage à un ordre de plus en plus intentionnel. Le mot peut prêter à confusion, il faut bien le définir. Les divinités du polythéisme sont des divinités objectives ; elles participent de la mise en ordre d'un domaine du monde, mais cet ordre est essentiellement immuable, défini de toute éternité, même s'il a désormais son répondant au présent. En aucun cas, il ne répond à une intention subjective d'ensemble. Les dieux du polythéisme restent ainsi des êtres mythologiques dont le statut continue de relever, de ce point de vue, du cadre de pensée primitif. La subjectivation du divin insinue peu à peu l'idée que l'ordre des choses répond à des intentions rattachables à un foyer cohérent. Il est animé par un dessein.

Enfin, troisième ligne de transformation, la séparation de ce divin concentré et intentionnalisé. Autant les dieux du polythéisme primitif sont dans le monde, à l'intérieur de la sphère où ils dominent les humains, autant cette concentration et cette intentionnalisation impliquent une distanciation par rapport à l'ordre visible où évoluent les hommes. L'empire et ceux qui le gouvernent font signe vers un au-delà qui les dépasse. Certes, ils nous unissent à lui, mais il est sans commune mesure avec ses représentants.

Ce sont ces transformations, cumulées au moment du tournant axial, qui vont donner le monothéisme, c'est bien cela ?

Le chemin n'est pas aussi direct. D'abord, le travail de ces forces s'étale sur plus de deux millénaires. Ensuite, à l'arrivée, le monothéisme est l'exception, non la règle.

Les trois facteurs que j'ai énumérés permettent de rendre compte, pour l'essentiel, me semble-t-il, des ruptures de l'époque axiale. Ils sont susceptibles de combinaisons fort nombreuses et de versions très différentes. Le monothéisme, encore une fois, est un cas limite. Mais la précipitation de ces facteurs peut donner aussi bien le dualisme, le partage du monde entre le Bien et le Mal, ou des religions cosmiques dont la religion chinoise du Ciel, déjà évoquée, est le parfait exemple, ou encore la doctrine de la délivrance bouddhique qui ne connaît pas de dieu au sens où nous l'entendons, mais prône la traversée des apparences où nous sommes prisonniers, afin d'accéder à la vraie réalité au-delà, qui est dissolution de la personnalité.

Ces changements spirituels et intellectuels sont en quelque sorte en suspension dans les empires. Ils sont suscités par l'action de la structure sociopolitique, sa dilatation et sa vocation mondiale, qui amènent les sujets à se représenter autrement le divin qui est derrière l'empire et qui s'incarne en son sommet. Toutefois, ces structures sociopolitiques sont incapables d'opérer par elles-mêmes l'*aggiornamento* spirituel vis-à-vis de leurs principes de légitimation dont elles créent la possibilité (encore qu'il y ait eu au moins une tentative en ce sens, celle du fameux pharaon Akhénaton, qui n'a pas échoué par hasard). La mise en œuvre explicite de ces virtualités ne peut être que le fait d'individus qui opèrent la décantation de ces éléments pour leur compte personnel, même s'il s'agit du pharaon. S'il y a dans l'histoire une naissance de l'individu, elle se joue là, avec ces « intellectuels » qui sont les premières vraies personnes attestées de l'histoire. Les premiers individus de l'histoire, ce sont eux, les fondateurs des traditions spirituelles, que ce soit Confucius, les prophètes d'Israël, les philosophes grecs, Bouddha. Ce sont du reste les premiers sur lesquels on soit vraiment renseigné en tant qu'individualités.

Dans vos divers travaux, vous ne parlez pas ou très peu des « religions » orientales. Elles posent pourtant un problème spécifique, puisque les mythes ont explicitement une portée métaphysique et que ce ne sont pas non plus des religions au sens où nous l'entendons. Ce silence signifie-t-il qu'elles ne vous intéressent pas ?

Nullement. Je n'ai pas eu l'occasion d'en traiter, sinon de manière incidente, parce que mon objectif n'était pas de donner un tableau général des religions, mais de reconstituer un parcours. Mais elles constituent une configuration extrêmement intéressante et même tout à fait fondamentale. Elles représentent une autre option que celle qu'on voit se dessiner au Moyen-Orient avec le mazdéisme iranien, la religion égyptienne et le monothéisme juif. Les religions orientales empruntent une voie opposée. Il y a deux versants dans les grandes religions, à partir de l'invention de la transcendance, laquelle s'opère un peu partout durant le millénaire qui précède le Christ. La transcendance : non seulement il y a du visible et de l'invisible, ce qui est déjà le cas avec les religions sauvages, mais l'invisible forme par lui-même un ordre de réalité distinct de celui qui nous est accessible. Sur la base de ce partage « métaphysique » des ordres de réalité, deux voies s'ouvrent : la voie de la séparation, dont le monothéisme sera la figure la plus poussée, ou la voie du mélange. La distinction des deux ordres n'empêche pas leur unité ultime, leur intrication ou leur coappartenance. La transcendance est dans l'immanence. L'au-delà est l'envers de l'ici-bas. Telle est la voie orientale, avec ses techniques de libération si différentes de ce que l'Occident développera comme démarches de salut.

Il ne faut pas se concentrer exclusivement sur la question de la distinction des ordres de réalité. Il faut se demander en outre ce qu'il en advient de leur rapport : un rapport d'inclusion ou un rapport d'exclusion ? C'est la question clé, s'agissant de la bifurcation Orient-Occident. L'Orient s'est engagé dans une autre voie que celle qui a décidé de notre destin. Il l'a fait pour des raisons qui ne me paraissent pas entièrement inexplicables et qui tiennent, au moins en partie, à l'élaboration d'une idée de l'autorité sensiblement différente de celle qui a cours dans le Moyen-Orient. La façon d'emboîter l'ordre politique dans l'ordre des choses n'est manifestement pas la même et cela se répercute dans la métaphysique.

Vous avez dit que le monothéisme est un cas limite dans l'évolution du polythéisme ancien. Or ce cas limite est aussi celui qui est au principe de l'histoire occidentale. Comment interprétez-vous le passage de

« plusieurs dieux » à « un seul Dieu » ? Comment Jaspers lui-même voyait-il la chose ?

Jaspers mettait l'accent, de façon très classique, sur le caractère éthique du monothéisme. Les Grecs nous auraient légué la pensée rationnelle, et les Juifs, la Loi. C'est une façon de penser qui minore aussi bien l'énigme du monothéisme que le destin particulier de cette idée.

Une autre manière de la prendre, totalement ethnocentrique, est de la ramener à une rationalisation du divin. On sent que la tentation affleure chez beaucoup, à commencer chez Max Weber, mais personne ne s'aventure trop loin en ce sens. Car deux fortes objections se présentent immédiatement. Pour commencer, si l'idée de Dieu devient rationnelle, il faut expliquer pourquoi ses suites ne le sont pas vraiment. Ensuite, logiquement, en ce cas, la raison grecque aurait dû conduire au monothéisme...

Il y a encore une autre manière de procéder. Elle consiste au contraire à récuser l'exception. On dilue le phénomène en gommant les différences. Tout le monde, à bien y regarder, aurait été peu ou prou monothéiste, depuis les Égyptiens et les zoroastriens jusqu'aux Indiens d'Amérique qui croient à un grand esprit. Or c'est faux. Le monothéisme juif est une particularité absolue, qui explique les autres particularités du judaïsme, y compris son caractère éthique.

Je me souviens de conversations à ce propos avec Castoriadis, à qui j'avais soumis le problème : « Pour moi, cher Marcel, me disait-il, c'est la démonstration type de l'œuvre de l'imaginaire radical. Vous ne trouverez jamais une explication à ce surgissement pur. Voilà l'exemple même de l'invention historique, chez un tout petit peuple marginal, qui ouvre une voie absolument nouvelle à la pensée religieuse. » Or je ne suis jamais parvenu à croire à l'invention radicale. Mon problème était de saisir la spécificité du monothéisme en tant que tel, et sa nouveauté, tout en le resituant comme un type de croyance particulier à l'intérieur de la nébuleuse axiale, nébuleuse où beaucoup de pistes s'ouvrent, sur fond d'une thématique commune, de la transcendance, dans le sens qu'on a vu. C'est un travail qui m'a donné du fil à retordre.

Le point constitue une sorte de test pour l'intelligibilité de l'histoire telle que j'en suis venu à l'appréhender en repoussant aussi bien le déterminisme que le « créationnisme ». Comment concilier l'absence de déterminations nécessaires avec l'intelligibilité universelle de cet événement contingent ? Rien ne destinait particulièrement le peuple juif à inventer le monothéisme. Il n'y avait aucune nécessité historique pour qu'il advienne. Le plus vraisemblable était que l'humanité ne devienne jamais monothéiste. Mais en même temps, il y avait du sens à ce qu'elle le devienne, y compris par rapport aux autres univers spirituels. À cet égard, c'est un cas de laboratoire.

Voulez-vous dire que l'apparition du monothéisme faisait en quelque sorte sens par avance ?

Il existait, en effet, une possibilité latente. Pour cette raison, il n'est pas absurde de noter un certain nombre d'évolutions qui vont dans ce sens, en Égypte comme en Iran : le culte solaire d'Akhénaton, le zoroastrisme, lequel est remarquablement ambigu dans ses formulations, sans converger, toutefois, avec l'exclusivisme du monothéisme juif.

Justement, quelle différence entre l'ébauche de monothéisme égyptien et le monothéisme juif ?

C'est une affaire de structure. De l'intérieur du polythéisme, cas égyptien ou iranien, on peut aboutir à une rationalisation plus ou moins poussée du panthéon, avec une hiérarchisation et une ordonnance qui font confluer la diversité des dieux vers un sommet. C'est ce à quoi correspond le peu que l'on connaisse de la divinité solaire d'Akhénaton. Dans le cas zoroastrien, les choses se compliquent du fait de l'évolution vers un cadre de pensée dualiste — ce dualisme qui va courir sur 1 500 ans d'histoire de la pensée religieuse, jusque dans l'Europe médiévale. L'univers se partage en deux systèmes de forces, avec une divinité prééminente, contestée par les forces du mal. Mais dans les deux cas, il n'y a pas de concentration exclusive du divin et pas par hasard : la démarche n'y conduit pas. Or c'est le vrai critère du monothéisme : un dieu exclusif d'autres dieux. C'est d'ailleurs pour cette raison qu'une fois entré dans le monothéisme, on ne peut plus comprendre le polythéisme. S'il y a un dieu, pourquoi y en aurait-il d'autres ? Il peut y avoir des entités spirituelles subordonnées qui obéissent à ses ordres, mais elles ne peuvent en aucun cas mériter le nom de dieux. Dans le cadre de pensée égyptien ou iranien, la hiérarchisation des puissances spirituelles ne débouche à aucun moment sur l'idée que la puissance du sommet unique rend les autres divinités inutiles.

Donc, le monothéisme juif, intelligible après coup, n'en était pas moins rigoureusement imprévisible.

C'était même l'improbable absolu. Pour qu'il advienne, il a fallu cette chose assez unique qu'est Israël : un petit peuple coincé, écrasé entre les empires voisins, qui présente une double propriété elle-même improbable. D'une part, il est doté d'une cohésion très forte grâce à laquelle il ne se dilue pas dans les grandes formations impériales. En même temps, il est informé de ce qui se passe dans ces empires mésopotamien, hittite, égyptien, et il en participe. C'est ce qu'il y a de vrai dans la thèse de Freud sur Moïse l'Égyptien. Si l'on peut avoir des doutes sur l'égyptianité de Moïse, on ne peut en avoir sur le fait que cette population très spécifique, très acculturée, participe de la fermentation spirituelle qui se joue dans ces grandes machines impériales, sans se refermer, comme le font d'autres peuples de la région, sur son identité spécifique.

L'invention du monothéisme consiste à se servir de ce qui se passe chez les autres pour en faire autre chose, et pour définir sa propre identité. Les hénothéismes — les religions qui tendent vers l'unification de leur principe spirituel —, qui sont à l'état d'esquisse aux alentours, sont repris par Israël dans une version radicalisée. Seul un peuple ainsi placé dans les interstices des hautes civilisations pouvait avoir l'idée de radicaliser ces tendances en imaginant un dieu ethnique — ce qui est une banalité — qui a la particularité d'être un dieu au-dessus de tous les dieux des autres. C'est une configuration historique extraordinaire. Elle suppose la capacité d'utiliser un matériel spirituel ample et divers, chez un peuple dominé, dont le problème est de dominer spirituellement ceux qui le dominent politiquement.

Il me semble possible, ainsi, d'échapper aux dilemmes classiques. Voilà un événement qui s'inscrit dans l'histoire universelle, mais qui se produit dans une région, chez un peuple, et pour des raisons extrêmement spécifiques. On peut résoudre cette fausse quadrature de l'universel et du singulier, de la contingence et de la nécessité. Il n'y a ni nécessité pure, ni hasard absolu. L'invention n'est pas inexplicable. Elle est enracinée dans des circonstances, en ayant pourtant une signification universelle.

D'une certaine manière, elle est l'aboutissement logique de quelque chose qui se cherche durant toute la période axiale et dont la fermentation se retrouve de la même façon et en d'autres termes à l'intérieur de la philosophie grecque. L'Un métaphysique préoccupe tous les penseurs grecs, qui ne tournent qu'autour de cette idée. Mais il n'y a pas de pensée possible de l'Un au sens monothéiste à l'intérieur de la philosophie grecque. C'est exclu par les prémisses mêmes.

Dit autrement, le monothéisme est la solution, dans un temps et dans un lieu déterminés, à un problème universel. À partir de ce surgissement accidentel, il va travailler pour lui-même.

Et réussir, au-delà de toute espérance. C'est même cela qui est étonnant. Car cette invention, par un peuple minoritaire, écrasé, va connaître un succès extraordinaire.

L'idée monothéiste a pris, mais indirectement, grâce au concours d'un intermédiaire. Le monothéisme juif aurait très bien pu rester une singularité juive, parmi la diversité des cultures de la Méditerranée, qui était assez prodigue en inventions de toutes sortes, et ne pas se répandre. Il a fallu le relais d'une hérésie juive pour diffuser le monothéisme. Le dieu d'Israël reste le dieu d'un peuple, et il le restera, pour des motifs qui ne sont pas seulement contingents. Tandis que le christianisme a trouvé un biais pour rendre le monothéisme parlant à large échelle, un biais qui est lui aussi absolument contingent. Pour que l'universel inscrit dans la solution monothéiste fasse son chemin, il a eu besoin de la particularité d'un individu, Jésus, mais aussi du groupe qui l'a entouré, qui a mis son message en forme et lui a procuré un si prodigieux écho.

Vous avez dit qu'il a fallu, pour qu'apparaisse le monothéisme juif, la situation particulière d'un peuple coincé entre de grands empires. Voulez-vous dire que le monothéisme, paradoxalement, ne pouvait pas apparaître au sein des empires, même travaillés par la tension que vous avez dite vers l'unification spirituelle ?

Le monothéisme n'est pas directement une idée d'empire, au départ. L'unité de l'empire ne conduit pas d'elle-même à l'unité du principe spirituel extra-humain. Elle la rend concevable au-delà et à part de l'empire, ce qui est fort différent. Vue du dedans du système, cette concentration du surnaturel dans un seul être est une perspective peu intelligible. Regardez le sentiment de bizarrerie avec lequel les élites romaines l'ont accueillie. Après, une fois que le biais qui l'a rendue accessible a fonctionné c'est l'inverse qui a prévalu : l'idée de l'unité divine une fois installée, elle est devenue une évidence en forme d'écran. On n'a plus compris comment il avait été possible de croire que les dieux étaient plusieurs. L'ethnocentrisme monothéiste a tout recouvert.

Sauf pour Nietzsche, qui comprenait très bien, lui, comment Dieu pouvait être plusieurs.

C'est un esprit que la précocité avec laquelle il refuse l'ethnocentrisme classe à part. Il a la capacité, exceptionnelle pour son époque, de penser du point de vue d'un Grec ou d'un Romain.

Vous disiez il y a un instant qu'il faudra l'intermédiaire chrétien pour universaliser le monothéisme juif. Mais le mouvement vers l'universalisme est déjà plus qu'amorcé à l'intérieur d'Israël.

C'est en effet toute l'histoire d'Israël. Mais une chose est de posséder l'idée du dieu universel par-devers soi, autre chose est d'y faire entrer les autres peuples. Un trait crucial de la matrice monothéiste est d'être une matrice autorenforçante. Elle permet l'apparition de discours de réforme religieuse au nom du *vrai Dieu* jamais assez conçu dans sa nature authentique. Avant le monothéisme, aucun individu ne peut parler au nom du vrai Dieu, contre ceux qui le méconnaissent, comme le font les prophètes qui apparaissent en Israël. Au-delà de la personnalité des grands prophètes attestés par les Écritures, il faut prendre le prophétisme comme une possibilité de structure : la possibilité d'en appeler au vrai Dieu, par-dessus les représentants de la religion établie, contre l'enfermement du culte dans la routine, contre la perte de l'esprit. C'est en raison de cette structure que le monothéisme devient éthique : il ne suffit pas de remplir en apparence ses obligations, encore faut-il avoir compris leur sens dans son cœur. Seul un Dieu de forme monothéiste est principiellement source d'une pareille exigence. Telle est l'histoire interne que nous raconte la Bible. Le dispositif monothéiste se renforce de lui-même, et d'une certaine manière, la particularité d'Israël se creuse. Le fantasme *a contrario* de la retombée d'Israël dans le prémonothéisme, récurrent dans l'Écriture, est une construction inhérente à cette machine qui avance en s'écartant toujours davantage de l'idolâtrie des autres.

Enfermé dans cette matrice, Israël aurait pu

rester le seul peuple monothéiste de l'histoire. Le Dieu universel est le Dieu du seul Israël, ce qui est parfaitement intelligible et tenable, de l'intérieur de la foi d'un peuple dominé en un Dieu qui surpasse les dieux des puissances impériales. La seule issue imaginable dans ce cadre, du point de vue d'une dynamique d'universalisation, est le messianisme, c'est-à-dire la victoire religieuse sur les puissances terrestres. Le messianisme n'est pas un culte guerrier, c'est une spiritualité. L'universalité du Dieu unique s'atteste dans la perspective temporelle d'une victoire sur les faux dieux des grandes puissances oppressives. C'est le seul prolongement possible pour concevoir une universalisation effective dans le dispositif ethnique du Dieu unique d'Israël.

C'est le christianisme, cette hérésie juive dont la nouveauté, selon vous, est aussi radicale qu'avait été radicale l'invention du monothéisme.

Jésus, le Christ — ou ce qui a correspondu à ce personnage, je n'entre pas dans ce débat —, sort de la tension entre l'universalité du Dieu d'Israël et la particularité de ceux qu'il a choisis entre tous les peuples. Plus la grandeur de Dieu est affirmée, plus la tension devient scandaleuse, plus elle appelle la solution messianique, c'est-à-dire la victoire finale de Dieu dans l'histoire sous la forme du rassemblement des nations dans la paix autour du peuple-prêtre d'Israël.

Le Christ est l'un de ces messies dont l'attente se faisait si vivement sentir. Il s'inscrit intégralement à l'intérieur de l'histoire juive, il représente un certain accomplissement des virtualités ouvertes par la matrice monothéiste. Il n'est pas moins qu'un nouveau Moïse appelé à sortir le peuple hébreu de la servitude, et à accomplir ce que la sortie d'Égypte avait commencé. Mais ce libérateur messianique est un messie d'un genre très particulier, un messie à l'envers.

À l'envers ?

Oui, car ce qu'il annonce, ce n'est pas la victoire sur l'occupant romain, dernier avatar en date d'une oppression familière, ce n'est pas la révolte, inutile, contre les dominations terrestres, c'est la sortie du monde où il y a des dominations. Il n'y a pas d'issue en ce monde. Il n'y aura pas de nouveau David couronné à Jérusalem avec toutes les nations autour de lui. En ce sens, il n'y aura pas de royauté messianique. Le triomphe aura lieu sur un autre plan de réalité. Le vrai messie est donc un humble, le plus ordinaire des hommes. Ce n'est pas quelqu'un qui va gagner, mais quelqu'un qui va perdre, qui sera humilié, qui ne sera pas reconnu. Ce sont, là encore, des traits amplement illustrés chez les prophètes. Tous les éléments avec lesquels la figure du Christ est dessinée étaient déjà disponibles, c'est l'agencement qui est inédit et qui va tout changer. De nouveau, l'invention est la solution d'un problème logique, comme l'avait été la percée monothéiste à l'origine.

Comment se tirer de cette tension entre l'universalité de Dieu et la particularité du peuple élu ? En accomplissant d'une autre manière, non temporelle, la promesse faite à son peuple, qui change dès lors de dimension et de statut. C'est dans ce saut que réside la nouveauté introduite par le Christ — étant bien entendu que nous ignorons la part qui revient au personnage historique Jésus et celle des disciples qui ont mis sa figure en forme ; ce qui s'est réellement passé est destiné à nous demeurer mystérieux ; mais peu importe, ce qui compte c'est le récit que nous en avons qui, lui, est formidablement parlant. Naît ainsi l'idée, ou plutôt le schème, de l'incarnation — dont j'attends, soit dit au passage, que les tenants de la « rationalisation des idées religieuses » m'expliquent la rationalité. Or cette incarnation du divin change complètement la manière d'en concevoir la nature, ce pourquoi je parle d'un schème. Dieu se matérialisant dans l'histoire des hommes sous les traits de son fils, un fils qui vit comme un homme ordinaire et qui succombe comme une victime des hommes, cela entraîne une autre façon de situer Dieu et d'en penser l'essence et les desseins. Ce Dieu ne peut être que de tout à fait ailleurs. Le Dieu d'Israël, bien qu'unique, et donc séparé, n'en restait pas moins étroitement associé à la marche de l'histoire terrestre, où il intervenait régulièrement. Sa différence d'avec le domaine humain ne l'empêchait pas de faire signe vers une attestation finale de sa présence, lors de l'avènement messianique, réunion du monde entier autour du temple où il avait son site.

En revanche, le Dieu qui se dessine derrière la figure de son envoyé parmi les hommes est non seulement un Dieu unique et séparé, mais un Dieu tout autre. Il ne s'adresse pas aux hommes directement. Il lui faut un truchement, tant il est infiniment loin d'eux. En prenant visage et voix d'homme pour signifier son message, il marque l'écart abyssal où il se tient en sa vérité propre. Il est, au-delà du domaine des hommes, inaccessible autrement que par l'intermédiaire au travers duquel il a consenti à se livrer. Mieux, son envoyé ne vient pas pour emmener les hommes vers la réunion avec Dieu autour de la monarchie d'Israël. Il vient pour signifier par sa mort ignominieuse qu'il n'y a pas de salut en ce monde.

C'est en devenant de la sorte un Dieu d'un autre monde que ce monde que le Dieu unique devient pleinement concevable comme un Dieu universel. Il se trouve qu'il s'est incarné là, dans un lieu singulier et chez un peuple choisi, au terme d'une histoire qui a du sens en tant qu'histoire de sa révélation progressive. Mais il est fait pour parler à tout le monde parce qu'il est d'un autre lieu que ce monde.

En fait, à la fois vous soulignez la radicalité de la rupture chrétienne et vous l'inscrivez dans la logique de l'histoire juive.

J'ai bien conscience, en effet, de transgresser les frontières des confessions établies. Mais ce n'est pas mon problème, je ne prêche pour aucune paroisse. Ce qui se passe avec Moïse et qui aboutit au Christ, puis à saint Paul qui boucle l'opération, compose à mes yeux une seule et même trajectoire à traiter dans un *continuum* rigoureux. Le dispositif chrétien est de part en part un produit de l'histoire juive. Un produit nullement nécessaire, mais qui exploite une virtualité qui n'existait que là. Il procède de l'inversion de la figure messianique. C'est l'événement-pivot autour duquel bascule l'histoire dont nous sortons. Indépendamment même de la religion, il introduit un renversement dans la logique de la puissance dont le rayonnement ne cessera plus de se propager. Le Christ, ou la figure d'une défaite apparente qui est en réalité une victoire. Dans le regard des païens de l'Antiquité, le fait que le Christ ait été méconnu, traité comme un

malfaiteur et crucifié témoignait de son insigni-
fiance et de l'absurdité de la foi de ses adeptes.
Eh bien, c'est le contraire qu'on a pu vérifier !
De la religion des faibles et des esclaves est sortie
une civilisation d'une puissance incomparable,
dont le génie constant a été de prendre le contre-
pied des apparences de la puissance. Affaiblir le
gouvernement en donnant le droit de vote à tous,
vous n'y pensez pas ? En fait, c'est la façon la
plus sûre de le renforcer. La survenue d'une telle
manière de penser était très improbable. Elle
n'aurait pas dû advenir, normalement. Qui
aurait jamais cru que l'impuissance pouvait être
le ressort de la vraie puissance ? C'est ce que
nous devons à ce singulier produit de l'histoire
juive qui allait donner le christianisme.

V

LES ÉNIGMES
DE L'HISTOIRE CHRÉTIENNE

Votre lecture de l'invention monothéiste, puis du messianisme chrétien, est attentive à montrer tout à la fois la netteté des ruptures et le fait que celles-ci actualisent une possibilité inscrite dans les prémisses. Au-delà de la naissance du christianisme, ce schéma conserve-t-il à vos yeux sa valeur ?

J'irais jusqu'à dire que le plus intéressant, pour écrire l'histoire du christianisme, serait de prendre le point de vue des énigmes autour desquelles elle tourne. De bout en bout, cette histoire suit la trajectoire la plus imprévisible, la plus radicalement surprenante qui soit. Cela commence dès le point de départ, et cela s'enracine dans ce point de départ. Ce que le Christ a de plus profond et d'étonnant, c'est de se donner comme un symbole, en plus de proposer un message. Lui-même, d'après ce que nous entrevoyons, donne le sentiment de s'être vécu et comporté comme tel. De cette figure qui recueille, dans une lumière et une interprétation particulières, l'histoire entière du judaïsme, des explicitations successives ont été tirées, à chaque fois improbables, dans des configurations historiques très différentes. L'histoire du christianisme, dans ce qu'elle a de significatif au regard d'une histoire générale du religieux, se ramène à l'histoire de ces explicitations et des institutionnalisations qui les ont accompagnées.

Par exemple ?

La première énigme est évidemment celle de la relance opérée par saint Paul : un Juif, citoyen romain, qui dit tout haut ce que le Christ a signifié dans son être et dans sa conduite sans l'énoncer expressément. Mais il ne peut le faire que parce qu'il n'est pas un disciple direct. Les disciples seraient-ils restés entre eux, ils n'auraient probablement formé qu'un groupuscule juif dissident de plus. C'est en étant à distance que Paul peut tirer du sens de la figure du Christ. Il en tire en particulier cette conséquence décisive qu'est l'universalité du message chrétien : le Christ s'adresse à tous les hommes. Le contexte social, géographique et politique de la diaspora juive dans la Méditerranée romaine permet que ce message rencontre un écho et se répande. Mais encore fallait-il qu'il se soit trouvé un homme pour l'annoncer, alors que rien ne le destinait à cela.

Et en outre, que ce message, reformulé par saint Paul, conquière le monde romain.

C'est l'un des phénomènes historiques les plus sidérants dont nous ayons connaissance : qu'une secte juive, totalement marginale, ait trouvé l'oreille de la société romaine, qu'elle l'ait conquise par le bas, à l'inverse du mode classique de la conquête religieuse qui passe par la prise de pouvoir. Ce dernier trait jette un éclairage décisif sur la fermentation spirituelle qui travaille dans la profondeur des empires. L'Empire romain pose à ses propres citoyens un problème spirituel, métaphysique, religieux, dont il n'est pas trouvé de solution à l'intérieur de l'empire. Cette solution est cherchée ailleurs, dans les cultes orientaux, dans la philosophie grecque. Pour finir, une révision improbable du monothéisme juif apporte à l'empire ce qu'il attendait. D'une certaine manière, après coup, nous pouvons observer qu'elle lui correspond, même si elle ne pouvait apparaître en son sein. Il y a en tout cas entre eux une affinité prodigieuse.

Nouvelle énigme : la manière dont cette conquête s'effectue. Là non plus, rien n'était programmé des conditions dans lesquelles allait cristalliser le christianisme lorsqu'il s'institutionnalise à l'échelle d'un empire. Son destin le plus probable, on le voit clairement indiqué dans la religion impériale du christianisme oriental. Il aurait pu aller de cette façon vers une intégration fonctionnelle de la religion à l'intérieur d'un appareil politique avec des tensions de toutes sortes, certes, mais compatibles avec la conjonction « césaro-papiste » des deux ordres. Du côté occidental, à la faveur d'un processus complexe au sein duquel l'Orient a largement sa part dans un premier moment, l'institutionnalisation chrétienne s'effectue avec deux traits qui sont la clé de la suite : la centralité de l'Incarnation comme dogme, et l'institution de l'Église comme appareil distinct. Il faut essayer de saisir ce qui lie ces deux traits, mais souligner aussi le côté non prévisible de la chose.

Que l'Incarnation ait été un dogme extraordinairement parlant pour conquérir les foules, cela se conçoit, mais l'institutionnalisation de l'Église aurait pu conduire à refouler ce dogme. La consistance de la figure du Christ implique l'altérité de Dieu, contre toute définition normale d'une religion d'empire qui se concentre autour de l'attestation sacrale, autour du foyer terrestre du divin, autour de la présence du surnaturel dans le pouvoir. C'est cette propension qui bloquait l'émergence du monothéisme dans un empire. Il est donc tout à fait étonnant que la captation du monothéisme par l'empire ne tue pas ce que la version chrétienne de la séparation ultime du divin a d'extravagant. L'étrange est ce maintien de l'idée dans sa pureté et dans son équilibre, à travers toutes les disputes que l'on connaît autour de la figure qui lui sert de support. Le symbole de Nicée, qui soulignait d'une certaine manière l'irrationalité du dogme, n'aurait jamais dû l'emporter. Le sens intuitif de l'originalité du dispositif christique a été suffisamment fort pour maintenir le double jeu de l'humain et du divin, au lieu de la restauration de l'unité en bonne et due forme qui eût été l'issue « normale » — je veux dire conforme à la pente de l'acquis.

Le maintien de l'idée d'incarnation va de pair avec le déploiement de l'Église comme institution herméneutique (et peut-être est-ce une explication de l'enracinement de l'idée). L'un n'aurait pu se passer sans l'autre ; théologie et sociologie sont ici intimement liées. L'incarnation de la parole divine dans l'ici-bas non seulement appelle une commémoration récurrente de la venue du Christ, mais crée aussi le besoin d'une médiation continuée. Intrinsèquement, cette révélation porte un problème d'interprétation qui se concentre autour de deux questions canoniques : d'une part, la question de l'articulation entre l'Ancien et le Nouveau Testament, qui demande de faire le lien entre deux révélations dont l'une est explicite et l'autre cryptique,

« figurée » ; on est d'emblée dans un espace herméneutique. D'autre part, la question de la
cohérence du message du Christ. Il est enregistré
sous la forme de quatre évangiles. Il n'y a pas
un, mais plusieurs livres, plusieurs récits dont la
compatibilité est un problème accepté comme
tel. En bonne logique d'une bureaucratie ecclésiastique, un collège de sages éclairés aurait dû
se réunir pour ramasser le tout en un seul texte,
comme cela s'est apparemment passé dans l'histoire juive pour la composition de la Bible.

*Vous dites que la révélation chrétienne est cryptique,
par opposition à la révélation juive, qui est explicite.
Que voulez-vous dire exactement ?*

Jésus ne délivre pas un message impératif et
univoque, il n'expose pas une foi en articles ; il
s'exprime par paraboles ; il prêche par l'exemple.
Il *est* la vérité, mais il ne dit pas directement ce
que l'on doit croire en fait de vérité. C'est en ce
sens que je parlais d'une manière symbolique de
se présenter. Il n'y a de réception de l'idée chrétienne et du message du Christ que sous le signe
d'une démarche interprétative et d'une organisation dévolue à cette fin. Le christianisme est la
seule religion qui, de ce point de vue, fait une
place structurelle, de par la nature même de son
message, à l'existence d'un clergé. La médiation
du Christ se prolonge dans une médiation insti-

tutionnelle, qui est peut-être, de toutes les questions relatives à l'histoire de l'Église, la plus compliquée. Car le christianisme est la seule religion qui ait développé un tel appareil institutionnel. Ailleurs, bien entendu, il y a aussi des clercs, des docteurs et des desservants du culte. Aucun de ces éléments n'est propre à l'Église chrétienne mais l'organisation institutionnelle d'ensemble est singulière. On se trouve là devant un cas typique où doctrine et institution interagissent, l'un et l'autre se construisant ensemble en vertu de liens qui ne sont jamais apparents. La stricte histoire institutionnelle ne livre rien ; il faut repartir de la dialectique entre les idées et leur concrétisation institutionnelle.

Mais on a beaucoup dit que la construction institutionnelle n'avait rien à voir avec le message chrétien d'origine.

On a beaucoup dit en effet que la machine religieuse institutionnelle s'était développée sans aucun rapport substantiel avec l'idée chrétienne. Il y aurait eu ainsi une sorte de trahison du message chrétien par l'institution. Je crois au contraire qu'il fallait le noyau christique originel pour avoir l'Église ; je crois qu'il y a un lien consubstantiel entre les deux et, bien plus, que l'élaboration de ce message et la machine à interpréter vont rigoureusement ensemble. Le fond du fond du christianisme est bel et bien impliqué dans cette institution ecclésiale qui n'advient pas par hasard même si elle prend la forme que nous lui connaissons en partie par hasard.

Comment comprendre le phénomène ? Il faut le rapporter à la construction d'un pouvoir spirituel qui est, à y bien réfléchir, une chose absolument originale, et dont les termes, qui plus est, sont antinomiques. Spirituel et pouvoir ne vont pas spontanément ensemble. Il a fallu des conditions transgressives par rapport à la norme pour que se forme cette bureaucratie de l'esprit et du salut dont la constitution n'a pas été sans lourdes tensions, tensions que l'institution a absorbées et disciplinées comme elle a pu, selon une dynamique qui l'a nourrie.

Il y avait pourtant déjà un pouvoir spirituel chez les Juifs. Et il y a eu aussi, dans l'histoire juive, un travail interprétatif sur les textes ; tout cela sans Église.

Certes. Mais voisinage n'est pas identité. Les notions sont à préciser. Quel type d'interprétation ? Quelles modalités de pouvoir ? Le travail interprétatif dans le judaïsme est d'une nature très différente de celui qui va avoir cours dans le christianisme. Il s'agit d'un travail fondamentalement juridique, dans le sens très particulier d'une loi religieuse. L'exégèse se développe sous le signe de l'application d'une loi par des savants qui suppose, naturellement, la mise au jour du sens de cette loi jusqu'à ses prolongements moraux. Quant au pouvoir spirituel, oui, il y a des prêtres d'Israël, et un Temple. Ces prêtres ont un pouvoir religieux, ils sont les sanctifiants désignés, les gardiens du texte, les connaisseurs initiatiques du divin. Mais cela ne leur donne pas directement le pouvoir sur les esprits des fidèles. Ils les instruisent de leurs devoirs, ils définissent les obligations qui encadrent leurs conduites, mais ils ne gouvernent pas leur accès à Dieu. Or c'est là le point crucial de l'ambition ecclésiale : elle n'est pas seulement une institution religieuse dotée d'autorité dans le domaine du rite, de la pratique, des comportements, mais une instance médiatrice à l'égard de l'ensemble des fidèles pour ce qui concerne leur salut et le sens intime qu'ils peuvent donner au message religieux. On a affaire là à un pouvoir exorbitant, extraordinaire et tout à fait spécifique.

Comment se met-il en place ?

En gros, il faut faire intervenir quatre éléments, trois intrareligieux — qui existaient déjà dans la culture ancienne et que le christianisme reprend à son compte en les fondant en un seul — et un quatrième d'ordre civique. Premier élément : le rite. Celui-ci prend dans le christianisme une force particulière puisque, dans son rite central, son rite par excellence, le rite eucharistique, est réinvesti tout le sens de la religion, la présence-absence du Christ qui est venu sur terre une fois pour toutes. Ce rite a une particularité supplémentaire, qui est d'appeler une figure institutionnelle représentant cette présence-absence. Le prêtre n'est pas seulement un exécutant du rite, il est d'une certaine manière l'attestation de cette absence, un spécialiste du sacré qui est à la place de l'absent et atteste en permanence de la possibilité, en le commémorant, de le rendre présent.

Sur cet élément qui participe de son originalité primordiale, le christianisme greffe un deuxième élément qu'il emprunte à la culture antique en fusionnant deux démarches qui y avaient leurs lettres de noblesse : la conversion philosophique et l'ascèse pénitentielle. La pureté est une notion qui n'appartient pas en propre au christianisme ; mais elle reçoit de son mélange avec l'idée de péché une accentuation très particulière. La recherche de la pureté personnelle passe désormais par un intercesseur, parce qu'elle vise un salut futur qui requiert la remise des péchés par quelqu'un d'autorisé. Cet élément d'intercession vient s'ajouter à l'élément purement cultuel et renforce singulièrement le rôle du prêtre qui se retrouve ainsi dans la position de médiateur à

l'égard du fidèle désireux de se laver de la souil-
lure terrestre.

Troisième élément, l'élément philosophique.
Il s'agit non seulement d'interpréter les écritures — dans toutes les religions d'après l'invention de l'écriture il y a des spécialistes des textes
sacrés — mais de délivrer la bonne interprétation
de la venue du Christ. Tel est le défi herméneutique que doit relever l'institution ecclésiale. Elle
y est du reste immédiatement confrontée du fait
que la donnée fondatrice est aussitôt l'objet de
disputes. L'expérience même des querelles sur
la nature du messager à part qu'est le Christ
montre la nécessité de s'accorder sur la bonne
façon de comprendre le mystère.

Très vite, le mystère — le défi à l'intelligence,
l'absurdité logique de l'incarnation — devient
un aspect de la foi chrétienne. Le sommet de
l'exercice rationnel est la confrontation à l'incompréhensible, de telle sorte qu'il enclenche
une dialectique serrée du recours à l'autorité et
de l'encouragement à la transgression intellectuelle. La vérité du plan divin est trop forte pour
les esprits ordinaires ; il faut pourtant qu'il y
ait des virtuoses pour affronter cet ineffable où
se cache la suprême vérité. Face à la difficulté
constitutive du message chrétien pour les
moyens de l'homme, on a besoin d'un guide et
d'une garantie institutionnelle ; ce ne peut être
que la tradition d'une Église qui, petit à petit, va

élaborer une sagesse humaine à la mesure du mystère divin dont elle participe puisqu'elle a été instituée en mémoire du Christ.

Voilà comment coagule une figure de l'inter- cession, de la médiation et du pouvoir spirituel dont le fidèle dépend non seulement pour le rite, mais pour la remise de ses péchés et pour le sens qu'il peut donner à la venue du Christ et au salut qu'elle lui ouvre. Il faut des intermédiaires avec le sacré, des docteurs du sens et des spécialistes de la conduite des âmes. C'est le fait de mettre tout cela ensemble qui fait émerger un type de personnage et d'institution religieuse sans équi- valent.

Ajoutons à cela le quatrième élément, extra- religieux lui, l'organisation communautaire — je veux dire par extra-religieux ne découlant pas directement du contenu de la croyance, mais il va de soi que la constitution d'une communauté de croyance est toujours un aspect essentiel du religieux. N'oublions pas que le christianisme est une religion nouvelle, qui s'établit à l'intérieur des structures de l'empire, et qui est de surcroît persécutée. Pour survivre, elle s'organise com- munautairement et se singularise par rapport aux communautés ambiantes au moyen de deux traits où l'on retrouve la spécificité chrétienne : la pratique de l'aumône — c'est-à-dire le don sans réciprocité, qui choque tant les Romains ! Faire l'aumône, ne pas se soucier du retour de son geste, c'est montrer la transcendance de Dieu par rapport aux liens de la cité —, le célibat du personnel spirituel, qui implique la rupture avec les liens familiaux, autre contrainte lourde d'une société structurée par les liens du sang. Le chrétien par excellence que doit être le clerc, celui qui est digne de guider la communauté des croyants, se délie du monde et de ses obligations.

Mais l'institution du célibat des prêtres est beaucoup plus tardive.

L'exigence elle-même est très ancienne. Pour autant qu'on sache, à titre d'idéal, elle remonte aux premiers temps du christianisme. Pas forcément sur le mode de personnes qui seraient d'emblée hors du monde charnel, mais d'individus qui, à un moment de leur parcours, alors même qu'ils sont mariés et chargés d'enfants, renoncent à leur famille. C'est à l'âge adulte qu'ils quittent leurs liens familiaux et embrassent l'état de pureté. Le principe du célibat travaille l'institution très anciennement, même s'il ne prend tout son relief qu'avec la désagrégation des structures de l'Empire romain : à ce moment-là, on se trouve dans un contexte où l'Église l'a emporté, où elle est devenue la religion de l'empire. L'affaissement de l'autorité politique propulse l'évêque, en particulier, au premier plan. Il devient le conducteur du peuple, en plus

de son rôle de détenteur du pouvoir spirituel.
La hiérarchie des clercs est amenée à prendre
en charge l'administration de la communauté.
L'évêché est la structure de base par où l'administration romaine perpétue une partie de son
esprit. D'autant que ce sont souvent des familles
de l'oligarchie sénatoriale, par exemple en Italie,
qui fournissent le personnel spirituel dans le
cadre de l'Église constantinienne. C'est du reste
un des éléments clés dans la différenciation entre
l'Orient et l'Occident. L'Église de l'empire de
Constantinople, devenu l'Empire byzantin à partir de la fracture de l'islam, reste partie intégrante d'un ordre impérial qui existe par lui-
même et où jamais l'évêque n'aura ce relief
extraordinaire qu'il va prendre en Occident.

*Il y a aussi l'abbé de monastère, qui n'est pas moins
une figure de pouvoir.*

D'autant plus que le monastère est le lieu où
le pouvoir spirituel trouve à s'accomplir le plus
parfaitement. Là, on a affaire à une institution
totale, où la gestion de la vie quotidienne et du
travail de tous les jours est placée sous le signe
d'une expérience spirituelle conduite de part en
part en vue de la perfection.

Deux textes, du VIᵉ siècle, codifient très bien
cette figure du pouvoir spirituel abouti : la règle
de saint Benoît et la règle pastorale de Grégoire

le Grand. Deux textes qui donnent leur nom au pouvoir pastoral, ce pouvoir qui est spirituel mais apte aussi à conduire le temporel quand les circonstances l'exigent, tant il engage ce qu'il y a de plus important. Pouvoir qui n'est jamais directement temporel, puisqu'il est d'abord religieux ; tout au plus prétend-il se subordonner le temporel, jamais l'absorber. Dans cette configuration, le spirituel prend le dessus sur le temporel qui peut apparaître comme l'une de ses subdivisions occasionnelles.

Dans la montée en puissance de l'institution ecclésiale, avec son pouvoir temporel, faut-il voir une conséquence de l'effondrement de l'Empire romain ?

La décomposition politique joue évidemment un rôle clé, y compris par l'occupation de l'espace qu'elle appelle, et le déplacement de l'accent vers la christianisation des campagnes. À côté de l'évêché urbain, le monastère rural est ici en première ligne. Il permet une emprise totale sur la société avoisinante, à la différence du lieu de culte urbain où certes les fidèles se rassemblaient aussi, mais dont ils vivaient ordinairement assez loin. La possibilité de ce maillage au niveau micro est l'une des suites importantes de l'affaissement de l'empire.

On peut dire en tout cas que, à la fin du VIIIe siècle, la notion d'un pouvoir spirituel est assez établie pour que des chrétiens du côté occidental aient une idée remarquablement nette de la différence entre christianisme d'Orient et christianisme d'Occident. Je pense aux fameux *Libri carolini*. Il s'agit d'une consultation que Charlemagne demande à un théologien de l'époque, Théodulphe, futur évêque, parce qu'il a vaguement entendu parler de la querelle des images qui sévit à Byzance. Le document est prodigieux par la conscience dont il témoigne de la différence spirituelle et institutionnelle entre les deux christianismes. Du côté oriental, il voit une religion de la liturgie et des images, donc de la coprésence de Dieu et du monde dont l'empereur est le garant. L'Église est un rouage subordonné même s'il est décisif. De l'autre côté, Théodulphe voit une religion du livre, d'un texte à interpréter, lequel requiert des herméneutes qualifiés. Il faut donc un pouvoir spirituel pour garantir la bonne lecture des saintes écritures qui sont notre seul accès à Dieu.

C'est vrai ; mais, comme vous savez, on se trouve alors en pleine recomposition impériale. Cela n'a pas dû jouer un mince rôle dans le surgissement de ce que vous appelez pouvoir spirituel.

Je crois au contraire que ce contexte n'explique rien de l'idée du pouvoir spirituel qui est désormais constituée. Il lui donne tout au plus l'occasion de se révéler. Je ne vois pas comment comprendre cette idée autrement que comme l'aboutissement d'une construction multiséculaire. Construction à laquelle les circonstances, au moment du décollage de l'an mil, vont donner une ampleur supplémentaire. Dix siècles de lente fabrication d'une autorité spirituelle d'un genre tout à fait nouveau trouvent alors leur consécration dans l'Église grégorienne. Entre la pulvérisation totale de l'autorité politique et une économie qui décolle, l'institution sacerdotale s'engouffre dans la brèche pour affirmer son unité, sa cohérence et sa place absolument singulière comme médiatrice entre la société chrétienne et Dieu. Il y a un millénaire de tâtonnements pour définir en pratique ce que veut dire parler au nom du ciel derrière cette cristallisation qui va libérer toutes les virtualités de la fondation chrétienne.

Dans ce long processus, finalement, quel est selon vous l'élément décisif ?

Le fait que la médiation du Christ appelle une autre médiation pour être efficace ; c'est le statut même du Christ qui rend nécessaire un travail interprétatif. Un christianisme « vrai » ne peut pas être seulement une réunion de fidèles en mémoire de lui. C'est nécessairement une réunion où sont posées les questions : « Qui est cet homme grâce auquel Dieu nous a parlé ? » et :

« Quel est ce Dieu qui nous est devenu accessible par le truchement de son fils ? » L'interposition du Christ entre Dieu et les hommes demande à se prolonger dans une seconde médiation, pas seulement commémorative, mais proprement spirituelle portant sur le contenu même de la foi. En cela, je pense que la duplication du Christ en Église du Christ n'est en rien une déviation du message originel, mais une de ses propriétés structurelles. Comme toutes les propriétés de structure, elle aurait pu aussi bien ne jamais s'actualiser et le christianisme se limiter à une secte juive un peu particulière, quelque part au fin fond de l'Irak ! Mais l'Église n'est pas née par hasard, et elle n'est pas non plus un pur produit de l'Empire romain même si celui-ci a infiltré ses structures mentales dans la lecture du message chrétien. S'il a aidé l'institutionnalisation de l'Église, c'est parce qu'il fabriquait avec son oligarchie civique un personnel idoine, celui dont la pastorale chrétienne avait besoin pour prendre conscience de ses ambitions. C'est en ce sens que l'esprit de Rome se prolonge dans l'Église chrétienne, mais il n'en épuise pas la définition, loin s'en faut...

Vous avez employé à plusieurs reprises, pour qualifier le Dieu chrétien, l'expression « de tout à fait ail-

*leurs ». Mais n'est-ce pas déjà le cas du Dieu
d'Israël ?*

C'est même la définition du monothéisme : un
Dieu séparé du monde qu'il domine. Mais une
chose est la définition de Dieu sous le signe de
l'altérité radicale, autre chose la relation de
l'homme à cette altérité, en fonction de la
manière dont elle est pensée et pensable. Les
trois monothéismes sont très proches, de prime
abord. Les différences qui les séparent sont sub-
tiles. Et pourtant, ces petites différences produisent de très grandes divergences. C'est cette portée des nuances quant au statut du Dieu qu'il
s'agit de comprendre. L'essentiel à cet égard me
semble résider dans le mode d'accès. Dans les
trois cas, on est en face d'une Révélation. L'altérité de Dieu est dans le fait même de la Révélation : il faut qu'il se manifeste aux hommes pour
qu'ils se sachent ses débiteurs, au-delà de leurs
faux dieux. Mais tout est dans la manière dont
cette Révélation se donne. Le Dieu juif parle à
son peuple en direct, et il le suit de près, tout en
se tenant dans une altérité radicale qui fait que
le peuple ne sait pas ce que Dieu veut de lui. Il
est inscrutable dans ses desseins. D'où les prophètes. En ce sens, en effet, le Dieu juif peut être
dit « de tout à fait ailleurs ». Mais métaphysiquement il reste associé au monde au travers de la
Révélation qu'il communique au peuple élu. Il

ne fait qu'un avec lui d'une certaine manière quand il lui parle : Yahvé habite son peuple. Sa transcendance n'empêche pas sa présence. Le Temple de Jérusalem consacre cette inscription du séparé.

Ce qui est singulier dans le cas du christianisme, c'est que Dieu ne parle pas directement. Dans un premier temps, il a parlé aux Juifs, mais ce n'était, chose étrange, qu'une préfiguration. Dans un second temps, quand il a voulu vraiment communiquer sa volonté et sa promesse de salut, il a envoyé son fils. C'est bien le comble du mystère. Quand je dis que le Dieu chrétien est d'ailleurs, c'est par rapport à ce qui est signifié de lui dans l'Incarnation. Ce qu'il y a de spécifique dans l'altérité chrétienne est entièrement inscrit dans le fait de la venue du Christ. Il implique une étrangeté et une extériorité de Dieu le père que ne comporte pas la Révélation directe par la parole. Dieu s'est fait homme ; cela veut dire qu'il fallait qu'il prenne une autre forme que sa forme intrinsèque de Dieu pour que son message nous soit intelligible. La raison de Dieu, sa sagesse sont incommensurables à tout ce que nous pouvons nous représenter en tant qu'hommes.

Rien de pareil dans le judaïsme, où la conaturalité de Dieu et des hommes est de règle, ce qu'exprime parfaitement l'Alliance. Si celle-ci comporte un sens philosophique, c'est pour exprimer une certaine affinité ultime dans la création entre Dieu et l'homme. Le dieu chrétien, en revanche, est venu, puis il s'est retiré et nous n'avons qu'une série de témoignages à son propos pour nous restituer ses paroles. Paroles précaires, car le principe de sa divinité mine en quelque sorte sa parole humaine et nous oblige à y chercher un sens non apparent. Non seulement il y a distance incommensurable de Dieu, manifestée par le dédoublement du père et du fils, mais ce monde, qui est d'un autre ordre que le divin, en tant que théâtre de l'incarnation, doit être aménagé à part. C'est très exactement cette place à part que l'Église va, la première, figurer en se posant comme médiatrice. L'une des plus fortes attestations de cette façon différente de comprendre l'altérité divine va être l'existence d'une Église médiatrice qui perpétue la médiation du Christ sous la forme d'une institution. Celle-ci définit une sphère terrestre qui a besoin de se constituer dans son unité spirituelle pour se rapporter à ce qui est absolument au-delà d'elle.

On entrevoit sans difficulté l'espace ainsi ouvert dans le christianisme à l'imagination métaphysique.

Elle n'a pas le même motif de se déployer dans le judaïsme, avec l'exception hautement instructive, *a contrario*, de la Kabbale, qui est une méditation sur le retrait de Dieu — comment un Dieu qui commande le monde peut-il ne pas s'y livrer ? Dans l'inspiration centrale du judaïsme, il n'y a pas de mystère ; c'est même le contraire : le vrai croyant vit dans l'assurance des commandements de Dieu, en conformité avec sa Loi et dans l'Alliance avec lui. À l'opposé le christianisme tire le monothéisme dans le sens d'une religion du mystère et donc de l'hérésie : la possibilité de l'interprétation et la nécessité de l'autorité institutionnelle pour confirmer l'interprétation confèrent une tension formidable au statut de la vérité.

Et dans l'islam ?

L'islam offre une occasion supplémentaire de vérifier ce que je vous disais à propos du judaïsme et du christianisme : tout tient dans les conditions de la révélation et dans la manière dont elle est interprétable. Le cas particulier de l'islam est d'être une religion historique — entendons, une religion qui se définit par rapport à des religions antérieures. Le monothéisme musulman vient après les deux autres. C'est déjà le cas du christianisme, qui est un judaïsme au second degré. Il se pense comme un accomplissement du judaïsme. La volonté d'intégrer l'histoire juive à sa propre histoire est l'une de ses dimensions constitutives ; il est évident que le christianisme eût été très différent s'il s'était purement et simplement coupé du judaïsme. L'islam répète l'opération, à un degré supplémentaire, mais avec une différence d'inspiration notable : s'il y a une religion où la catégorie de la rationalisation wébérienne s'applique, c'est celle-là. Qu'est-ce que l'islam en effet, sinon la rationalisation de l'idée monothéiste par un homme simple et solide qui n'était en rien un profond théologien mais un bon esprit, rigoureux, un patriarche de bon sens soucieux de remettre les choses « à plat » ? Qu'y a-t-il d'important dans le monothéisme ? semble se demander Mahomet. Et il répond : l'unicité divine ; tout est là, tirons-en les conséquences. L'essentiel de l'islam découle de cette arrivée après coup et de la possibilité de simplification et de rationalisation qu'elle autorise. Il en résulte un monothéisme plus radical et plus rigoureux que celui des juifs croyant au peuple élu ou que celui des chrétiens croyant en l'incarnation.

La même rationalisation drastique s'applique aux conditions de la Révélation. Si Dieu est un, éternel et tout-puissant, il ne saurait y avoir de loi valable que celle exprimée par lui directement et complètement, le Prophète n'étant qu'un scribe inspiré qui transcrit sous sa dictée. Nous avons cette fois la parole même de Dieu, éternelle et incréée, en son absolue perfection. Le sceau est mis au cycle de la prophétie abrahami-

que. La façon d'entendre la Révélation s'en
trouve complètement changée, aussi bien que la
conception du divin. Croire, suivre la parole du
Prophète, c'est entrer dans la volonté de Dieu,
qui est la raison des choses. Dieu a beau être le
Tout-Puissant absolument séparé, les hommes
sont enveloppés dans sa présence, maintenant
qu'ils disposent de son message définitif. L'intelligence humaine se meut dans l'unité et l'accord
avec le séparé.

Les règles de l'interprétation du livre s'en
voient tout aussi strictement déterminées. Il y a
dans l'islam une exégèse, une science des docteurs, parce qu'on est en présence d'un texte
complexe qu'on ne saurait scruter avec trop de
soin. Non seulement il faut s'assurer de ce qu'il
dit à la lettre, mais il faut savoir appliquer avec
discernement la loi qu'il définit. Pour autant, il
n'y a pas de place pour une herméneutique telle
que le christianisme va être amené à la mettre
en œuvre, au sens d'un déchiffrement du divin
au-delà de l'humain.

De nouveau, nous retrouvons sur ce terrain
une exception qui confirme la règle. Il va se développer une herméneutique musulmane, mais
dans le chiisme, à la faveur du grand schisme originel de l'islam, celui des sectateurs d'Ali. On va
avoir dans le chiisme, d'ailleurs, à la fois un clergé
et une science du sens caché du Texte sacré, dans
une association révélatrice. Le scandale auquel il

faut répondre ici est celui du triomphe apparent des réprouvés. Comment Dieu qui est tout-puissant peut-il tolérer la défaite des vrais croyants et la victoire de l'imposture ? Pour faire face à cet incompréhensible majeur, le chiisme a élaboré, à partir des premiers siècles de l'hégire, une riche tradition de recherche des sens secrets de la Révélation divine, dans l'attente de leur manifestation complète — une herméneutique eschatologique de nature ésotérique.

Il faut ici préciser un point. Le christianisme, bien que le sens du surnaturel y soit toujours médié et non lisible immédiatement, n'est pas une religion ésotérique. Il n'y a pas de secret de Dieu ; il y a une révélation problématique, ce qui est fort différent, et un mystère de la nature et du plan de Dieu pour la raison humaine. La nuance est décisive. La gnose est une tentation que le christianisme a toujours écartée. La limite de la raison n'est pas le retranchement objectif du vrai et sa dissimulation sous un vêtement indéchiffrable pour le commun des esprits. Ce n'est pas du tout la même chose de dire que les Écritures exigent une lecture attentive à ce qui s'exprime au-delà du langage humain, et de dire qu'elles ont un sens caché, un sens occulte appelant une technique initiatique de déchiffrement. Si le sens spirituel du Texte chrétien pose problème, il est susceptible d'être rendu accessible à tous les esprits par l'intermédiaire d'interprètes qualifiés et avec l'aide de la tradition. Ce que nous montre l'islam est d'une autre nature. On a d'un côté, courant majoritaire, un sens obvie devant lequel il n'y a qu'à s'incliner — ce qui ne veut pas dire qu'il n'exige pas attention, précaution, érudition. Et on a de l'autre côté un sens secret ou bien cultivé par la cléricature de l'Imam caché (le chiisme), ou bien réservé à des initiés dans des confréries (le soufisme). Le christianisme est, au contraire, une religion publique, en dépit du poids de la cléricature : certes, ce sont des oligarques qui ont l'autorité du sens, mais ils sont faits pour le communiquer au peuple.

Si l'islam était bien une religion de la rationalisation du principe monothéiste, on comprendrait qu'il ait fait la part belle à la philosophie.

L'islam a manifesté, ô combien ! sa vocation philosophique. L'idée d'un Dieu unique et tout-puissant, dès lors qu'elle est tacitement visée sous l'angle de sa rationalité intrinsèque, se prête éminemment à une élaboration philosophique d'envergure, et il y a eu une riche palette de penseurs musulmans pour l'illustrer. Mais cette philosophie, qui est une pure métaphysique, s'est assez vite épuisée, après un admirable flamboiement. Il y a à cela des raisons qui tiennent au contexte, à l'intolérance d'un légalisme et d'un littéralisme qui sont une autre possibilité inscrite dans la Révélation coranique. Mais il y a probablement aussi des raisons internes. La comparaison avec la situation chrétienne peut aider à le comprendre. Ce qui a été moteur, dans son cadre, c'est la relance conflictuelle permanente entre le mystère et l'évidence, la raison et la foi, l'indépendance et l'autorité. La pensée chrétienne est davantage fidéiste, pourtant, à la base. La foi conteste la raison, l'outrepasse, elle désigne un au-delà qui ne s'accommode pas des limites de l'entendement humain. Mais en creusant de la sorte l'écart des choses divines par rapport au domaine qui nous est intellectuellement accessible, elle fait apparaître un secteur indépendant, un ordre du monde, qui doit bien relever de la sagesse divine, mais qui est accessible à notre entendement, lequel peut dès lors spéculer sur la raison divine à partir de cette raison à l'œuvre dans la nature. Plus la foi s'affirme au-delà de la raison, plus elle ménage une place importante à la raison. Le volontarisme occamien détruit la synthèse thomiste entre foi et raison, mais c'est finalement pour ouvrir le domaine des phénomènes naturels à la science moderne.

La pensée islamique est davantage rationaliste en ses prémisses. Les choses divines se présentent d'emblée pour elle sous le signe d'une essentielle rationalité. Mais cette raison va vers la foi, elle reconduit à la contemplation mystique du donné de la Révélation. Cela ne veut pas dire qu'il ne faut pas faire de philosophie, mais que la philosophie s'accomplit dans plus qu'elle, qui la rend inutile. On trouve maintes formulations analogues dans la philosophie chrétienne, du reste, mais ce qui compte, c'est le dispositif qui la renvoie au travail de la raison malgré elle. En forçant le trait, on pourrait dire que le dispositif fonctionne dans l'autre sens pour la philosophie islamique. Elle est poussée vers le fidéisme mystique et l'abîme du divin en dépit de sa confiance dans la raison humaine.

On dit beaucoup que dans l'islam, théologie et politique sont confondues. Et on en tire argument pour « montrer » que les musulmans ne peuvent pas entrer dans la modernité.

Même si la proposition comporte un élément de vérité, à la lettre, elle est fausse. Ne fût-ce que sociologiquement : il y a des docteurs de la loi religieuse et des hommes de pouvoir, et ce ne sont pas les mêmes. Rien dans le Coran ne permet d'établir une autorité politique qui serait en même temps une autorité religieuse. Au contraire, dans une « logocratie » comme celle qu'il instaure, selon l'excellent terme proposé par Jean-Paul Charnay, il n'y a pas de place pour un pouvoir qui prétendrait capter à son profit l'autorité d'une Révélation par essence livrée à tous. Ce qui est vrai, c'est qu'en fonction de la même logique, il n'y a pas d'institutionnalisation possible d'une puissance spirituelle distincte. Aussi la Révélation de la Loi peut-elle bien avoir ses spécialistes, ses docteurs et ses juges, ceux-ci ne se constituent pas en une instance indépendance. Ils restent épars dans la société, et donc exposés à l'emprise du pouvoir politique — lequel, pour autant, encore une fois, n'est pas fondé à s'arroger un pouvoir sur le religieux. L'idéal suprême est celui d'un pouvoir unique commandant l'ensemble des croyants en intime accord avec les commandements de la parole divine. Il se concentre dans la figure du califat. Celle-ci unit ou plutôt conjoint, si l'on veut, « pouvoir politique et pouvoir religieux », mais dans un sens et sur un mode qui n'ont rien à voir avec les catégories chrétiennes. Il faut se garder de projeter là-dessus l'image du pontife romain ! Il faut commencer par mesurer, à l'inverse, les limites de la notion de « pouvoir religieux » qu'implique la logocratie coranique. Les circonstances des premiers siècles de l'islam, son expansion guerrière ont consacré la suprématie du pouvoir politique en le faisant sortir, pour ainsi dire, de la religion. C'est en ce sens que l'islam est dit « religion et gouvernement », selon la formule consacrée. Mais ce n'est que vu de loin, et avec des lunettes trompeuses, que cette situation s'apparente à une fusion du politique et du religieux.

Le pouvoir n'est pas l'intermédiaire de Dieu, mais Dieu est tout-puissant ; gouvernant le monde, il gouverne aussi — indirectement bien entendu — les choses politiques. Les pouvoirs sont forcément de Dieu, sans être pour autant investis de Dieu. Aucun pouvoir traditionnel, détenant une légitimité intrinsèque de par sa provenance, n'est reconnu. Aussi cette religion de la toute-puissance divine contient-elle un puissant ferment d'anarchie. L'islam porte vers des sociétés politiques instables et contentieuses. Celui qui gouverne le fait au nom de Dieu et ne tient sa légitimité pour le faire que de Dieu. Mais il n'a aucune légitimité par lui-même, Allah gardant le principe du pouvoir par-devers lui. Qu'un opposant s'élève et l'abatte, et il ne sera pas moins autorisé de Dieu par sa victoire. Toute légitimité terrestre est irrémédiablement fragile, dans un tel cadre, à la mesure paradoxalement de l'écrasante puissance dont elle se réclame. La soumission que les pouvoirs sont fondés à exiger ne les empêche pas d'être exposés en permanence à une contestation également fondée en religion. Cette situation va être formalisée par la théorie de l'émirat. À la différence du calife, l'émir est l'usurpateur qui règne par la force ; d'une certaine manière, il est légitime car c'est forcément Dieu qui autorise son usurpation, mais c'est quand même un usurpateur.

Le cas du christianisme occidental, en regard, ressort dans sa différence. Il nous fait assister à l'invention d'un pouvoir sacré, c'est-à-dire hautement légitime. La mutation s'opère au VIIIᵉ siècle : le pouvoir sacré est dans l'ordre politique l'homologue structurel du pouvoir de médiation de l'Église ; il tient son charisme de sa relation au transcendant. Autrement dit, le roi est reconnu par l'Église comme un médiateur sacral ; à preuve, le fait qu'elle le sacre. Les commencements de l'institution sont des plus modestes et contingents, mais elle répond à quelque chose de très profond : la nécessité de trouver quelque chose de stable dans un monde où règne l'instabilité. L'Église en a besoin pour elle-même ; et elle y parvient en sacralisant la légitimité traditionnelle, ce que l'islam ne peut en aucune façon faire : il la ménage, mais il ne peut pas la rendre religieuse, elle reste radicalement extérieure et à la merci des avatars de la société. Tandis que dans le christianisme d'Occident, l'autorité religieuse est étendue au pouvoir politique par le biais de la valeur sacrée qu'il donne à la tradition royale. Le modèle de l'institution royale est dans la Bible, les Juifs ont eu des rois et c'est avec cette royauté que le christianisme du haut Moyen Âge va inventer un modèle nouveau de pouvoir. L'extériorité en est reconnue, en ce sens que l'Église ne *désigne* pas les pouvoirs ; elle les sacre et c'est ainsi qu'elle va fabriquer un pouvoir extraordinairement solide, un pouvoir chrétien légitime, qui peut donc revendiquer auprès de l'Église elle-même la primauté. C'est quelque chose de vraiment singulier et de décisif dans notre histoire.

Maintenant, en ce qui concerne la relation entre l'islam et la modernité, il faut bien poser le problème. La question n'est plus de savoir si la vision musulmane du religieux et du politique poussait spontanément vers la dissociation institutionnelle des deux ordres. Nous pouvons tenir qu'un tel développement endogène était improbable en terre d'islam, non pas à cause de l'union supposée du religieux et du politique, mais de la façon de comprendre leur séparation. La vraie question désormais est ailleurs. Elle est celle des ressources que comporte l'islam pour s'adapter à une modernité politique qui s'est construite en dehors de lui. Je ne vois aucune incompatibilité théologique de principe entre l'islam et la démocratie. Il me semble qu'on peut concevoir sans peine, sur le fond, une vision musulmane de la démocratie. Il y a, en revanche, la difficulté générale pour le monde non occidental d'assimiler un système de règles qui arrive de l'extérieur, difficulté spécialement douloureuse, peut-être, pour l'orgueil des fidèles du « sceau de la prophétie ». Et puis il y a le plus important, qui est l'enracinement social de la légitimité électorale, auquel leur histoire a peu préparé les sociétés musulmanes. L'ethnocentrisme occidental est très mauvais conseiller à cet égard. Comme si des processus qui ont pris des siècles chez nous pouvaient s'accomplir par miracle dans des sociétés brutalement requises du dehors de changer de cap par rapport à leur tradition !

VI

LA BIFURCATION OCCIDENTALE

*Vous faites ressortir la puissance des ressources ins-
crites dans la manière dont se présente la révélation
chrétienne et dont elle s'institutionnalise au travers
de l'Église. En même temps, vous soulignez le caractère non nécessaire de l'histoire qui a donné naissance
au christianisme comme de l'histoire qui est sortie
de lui. Vous insistez sur la timidité des expressions
de cette dernière. Comment, dans ces conditions,
l'exploitation de ces ressources de structures s'est-elle
opérée ?*

Pour le principal, elle est suspendue à la rup·
ture qui intervient en Europe de l'Ouest autour
de l'an mil. Il se produit à ce moment une bifurcation décisive au sein de l'histoire chrétienne
qui va déterminer le destin singulier de l'Occident. C'est de cette discontinuité majeure, qui
n'était inscrite dans aucun programme, que nous
sommes issus. C'est avec elle que le déploiement

des possibilités que recelait le christianisme s'engage en grand.

Prenons le christianisme au moment où il est devenu la religion dominante, sinon exclusive, de la partie occidentale de l'Europe et la religion d'État de l'empire d'Orient, c'est-à-dire à l'époque de Charlemagne. L'ensemble compose une formation religieuse très différente de ce que l'on connaissait, mais cela ne conduit pas encore au monde où nous sommes. Pas plus que cela ne représente l'explicitation en bonne et due forme des virtualités contenues dans le christianisme. Si on en était resté là, rien de ce qui va ressembler à l'histoire moderne de l'Europe occidentale depuis l'an mil ne se serait produit. Pour y venir, il a fallu une réorientation fondamentale, y compris sur le plan religieux. Il a fallu des conditions particulières pour que s'exprime le possible chrétien le plus original, jusqu'alors resté latent. Pourquoi cette longue latence ? En quoi a consisté ce passage à l'expression ? Telle est la double question.

Ce possible chrétien qui entre si tardivement en scène ne peut être convenablement formulé que de façon très abstraite. Il se résume dans le passage de l'Un ontologique à la dualité ontologique. Qu'est-ce que j'entends par là ? Le geste fondateur du religieux consiste dans le partage des ordres de réalité : il y a un monde visible et un monde invisible. À partir de là, il se pose encore la question de l'articulation de ces deux ordres de réalité — c'est en fait la question décisive. De deux choses l'une : ou bien visible et invisible forment ensemble, en dernier ressort, un seul et même monde, l'Un de l'être, ou bien ils représentent deux mondes à concevoir en extériorité ultime l'un par rapport à l'autre. Toute l'histoire des religions s'enferme dans ce dilemme. L'originalité chrétienne est d'ouvrir la porte à cette dualité au sein de ce qui est. Mais le christianisme des origines est une religion qui n'en continue pas moins d'obéir à l'économie de l'Un, à l'instar de l'ensemble des religions qui précèdent. C'est que ce choix qui paraît innocent quand on le ramène ainsi d'une phrase à sa teneur théorique engage les plus lourdes conséquences en pratique. La structuration religieuse de l'établissement humain en dépend. La conjonction du visible et de l'invisible en un seul monde est la condition de l'hétéronomie, c'est-à-dire de la subordination de l'ordre temporel à l'ordre divin qui le domine par sa loi. Plus l'union du visible et de l'invisible est serrée, plus l'assujettissement religieux est radical, et pas seulement en pensée. Cela veut dire que l'union des hommes entre eux est plus fortement assurée, socialement parlant, dans l'union à tout ce qui est. Cette attraction de l'Un, grâce à la conjonction avec l'Autre surnaturel, est le cœur de l'expérience religieuse de l'humanité sur sa plus longue durée. Le miracle de l'histoire chrétienne occidentale est d'être parvenu à s'en extirper, très lentement, très laborieusement, avec des soubresauts effroyables jusque tout près de nous — les totalitarismes du XXe siècle en sont la dernière expression tératologique.

Le parcours que nous avons évoqué doit être lu à la lumière de cette force de résistance de l'Un. La forme pleine de l'Un, c'est dans l'indivision des sociétés sauvages qu'on la trouve, c'est là qu'elle règne complètement. À partir de la surrection des États, elle est entamée. Mais elle se restaure au travers de ce qui la conteste, au point de s'opposer efficacement à l'émergence du monothéisme au sein des grandes formations impériales, en dépit de la fermentation spirituelle qui pousse dans cette direction. Le surgissement du monothéisme juif ouvre une brèche décisive. Mais l'économie de l'Un trouve à se recomposer néanmoins, à la faveur de la soudure entre le peuple, sa loi et l'alliance avec le Dieu qui l'a élu, et grâce à sa projection dans le futur sous les traits de l'espérance messianique. L'Incarnation apporte le dispositif structurel à partir duquel le hiatus entre ici-bas et au-delà va véritablement pouvoir prendre consistance. Le fils de Dieu, qui ne formule pas une loi, mais délivre un exemple, donne à concevoir un Dieu d'ailleurs et, chose plus importante encore, permet la création de l'institution qui atteste de cette distance : l'Église. Mais ce levier est loin de suffire. Il n'empêche pas la reconstitution de l'Un. Le régime de l'unité ontologique se rétablit une nouvelle fois au travers de la conjonction de l'autorité spirituelle et de l'autorité temporelle, sur fond d'attente eschatologique de la seconde venue du Christ qui réalisera ce qui demeure en suspens dans l'histoire. L'Empire se propose comme cadre de cette conjonction, la perspective de la fin des temps lui apportant sa teneur chrétienne. Elle le justifie dans sa mission temporaire avant le règne du Christ en majesté.

Le dispositif de l'Incarnation ne suffisait pas à lui seul, même après l'institutionnalisation de l'Église. Les facteurs de stabilisation étaient aussi puissants que les facteurs d'innovation. L'Empire carolingien donne l'idée de ce compromis du christianisme selon l'Un. Dans le cadre de l'empire d'Orient, ce sont les facteurs de stabilisation qui l'ont emporté pendant un millénaire.

En Europe, il y a eu une rupture. C'est cette bifurcation des parages de l'an mil qui constitue le vrai point de départ de l'histoire moderne. Elle nous a arrachés à l'orbite de l'Un. Cela se passe à l'intérieur du christianisme, mais grâce à des conditions qui ont permis aux virtualités originales du christianisme de jouer, et d'enclencher le passage vers la dualité ontologique. De lui-même, il faut le redire sans se lasser, le christianisme primitif ne menait pas vers l'histoire qui est la nôtre. Un faisceau de circonstances exceptionnelles a déterminé l'invention d'un autre christianisme à l'intérieur du christianisme installé, et ce christianisme inédit a permis en retour la coagulation d'un nouveau monde. Le choc et la relance sont venus du dehors du religieux. Le tournant de l'an mil relève d'un autre ordre de causalité, économique, social, civilisationnel. Mais nous mettons là le doigt dans un guêpier redoutable, vu la véhémence du débat entre les historiens.

Tout le monde ou presque s'accorde pour reconnaître que sur deux siècles (950-1150), tout change : le cadre politique, les liens sociaux, l'occupation du sol. On a en revanche bien plus de mal à qualifier la nature de ce changement, ses causes et ses facteurs. Le cœur du débat porte sur le point de savoir s'il faut donner une explication qui ferait intervenir une véritable « révolution féodale » ou se contenter de transformations graduelles.

Je n'ai pas les compétences pour me prononcer là-dessus. Je suis cette discussion avec intérêt. Je suis très étonné, toutefois, par l'absence de référence à l'Église chez les contestataires de l'idée de « mutation » autour de l'an mil. Car il est au moins parfaitement attesté qu'en 1073 arrive à la tête de l'Église, en la personne du moine Hildebrand, un pape des plus surprenant, entouré de théologiens qui ne le sont pas moins. Je ne pense pas que l'on puisse comprendre la révolution grégorienne autrement que comme un réajustement de l'Église en face d'une mutation de la société qui engage les aspects les plus fondamentaux du fonctionnement collectif. Comme effectivement on ne sait pas grand-chose de ces transformations, je propose de les regarder au miroir de leurs incidences spirituelles. Méthodologiquement, ce révélateur indirect est délicat à manier, certes, mais il a l'avantage d'être documenté. Sur ce versant, on dispose de textes parlants et on connaît mieux les protagonistes et les événements. En outre, l'histoire de la philosophie offre des indications convergentes. Autour de la réforme grégorienne s'invente le philosophème-source où va puiser la modernité : la toute-puissance de Dieu. Idée dont on a tiré les conséquences les plus inattendues parfois, mais les plus révolutionnaires, de l'an mil jusqu'à nous.

Que voulez-vous dire lorsque vous proposez de décrire ce mystérieux tournant de l'an mil à partir des transformations de l'Église ?

L'institution ecclésiale réaménage de fond en comble le rapport de l'ici-bas à l'au-delà. C'est alors qu'elle devient pleinement le pouvoir spirituel et le pouvoir médiateur dont nous avons vu les éléments se mettre en place petit à petit au cours des premiers siècles de l'ère chrétienne. Elle s'érige en intermédiaire sacramentel et pastoral obligé entre le ciel et la terre. L'Église se constitue pour ce faire en appareil unifié et centralisé, à part de la société, composé de spécialistes détachés par le célibat des liens du sang. La vieille aspiration chrétienne à la pureté et à la virginité trouve son emploi rigoureux dans la définition d'un personnel sacerdotal que sa déliaison sociale met en mesure de se dévouer corps et âme à l'institution et de se consacrer à l'encadrement des fidèles sans autre considération que celle de leur salut. On voit ainsi émerger en quelques décennies la première bureaucratie occidentale, qui se trouve être une bureaucratie du sens. Il s'agit de se demander ce qui a pu enclencher cette « révolution papale ». Seule une révolution dans la manière d'être et dans les orientations de l'ici-bas me semble avoir été capable de déterminer une pareille révolution du rapport à l'au-delà. Je ne vois pas comment la comprendre autrement que comme une réaction au mouvement social, politique et économique de l'époque, mouvement dont nous pouvons peut-être ainsi saisir la cohérence et la portée en synthétisant les faibles indices qu'il a laissés. On devine les contours d'un investissement de l'ici-bas en vue de sa transformation et de sa constitution en une sphère indépendante, derrière l'occupation de l'espace, l'enracinement des hommes, la redéfinition des liens sociaux. Les débuts de la croissance démographique, agricole, urbaine, renvoient, dans cette lumière indirecte, à quelque chose comme une façon inédite d'agir en ce monde et de s'y inscrire. Pour la première fois dans l'histoire, très prosaïquement, très matériellement, à partir de la base des terroirs et des villages, ce bas monde devient un horizon par lui-même, un horizon pour le labeur des hommes. C'est cette réorientation inchoative, mais déjà bouleversante, qu'enregistre la sensibilité religieuse, nous en avons de multiples témoignages depuis le début du XIe siècle. Si l'ici-bas peut être occupé comme un domaine possédant sa consistance propre, en pratique, alors son articulation avec l'au-delà exige d'être repensée et refondue. La réforme grégorienne prend acte de cette autonomisation commençante, c'est elle qui lui permet d'affirmer l'ambition médiatrice de l'Église. En lui répondant, elle la révèle. Ce que la mise en mouvement du religieux fait apparaître, c'est ni plus ni moins une rupture dans les horizons de l'existence. Une rupture avec ce qui constituait l'immémoriale sagesse de l'humanité : il n'y a lieu de travailler que pour subsister. L'extorsion du surplus par les États l'avait ébranlée sans la changer. Et voici qu'elle fait place à un autre rapport au monde,

une place minuscule, au départ, à peine percep-
tible, mais qui ne cessera plus de grandir. La
perspective de quelque chose comme une croissance matérielle est étrangère à l'humanité
jusque vers l'an mil. Tout ce qu'elle connaît en
fait de dynamisme, c'est la grandeur impériale,
dont les réalisations peuvent être impressionnantes — voir l'exemple chinois. C'est autre chose
qui s'introduit dans l'obscurité des campagnes
occidentales : une dynamique de la société,
ancrée dans la relation du paysan à sa terre, de
la communauté humaine à ce qui l'environne.

*Oui, mais cette transformation du rapport au monde,
à quoi la rattachez-vous ?*

Elle sort d'un concours de circonstances,
d'une conjonction de facteurs, aussi improbable
que celle qui a rendu possible l'émergence du
monothéisme juif. L'effondrement de l'Empire
carolingien, en particulier la désagrégation des
structures néo-romaines qui s'étaient mainte-
nues jusque-là avec le grand domaine et l'économie esclavagiste, joue un rôle évidemment
capital. En même temps, il faut des conditions
positives : l'arrêt des invasions qui étaient un facteur perturbateur, la fermeture relative d'un
espace politico-social à l'intérieur duquel des
évolutions endogènes peuvent courir. Des conditions climatiques semblent intervenir, relative-

ment favorables pour une économie agricole. Et puis, une christianisation en profondeur. Les mille ans d'inculcation et d'acculturation n'ont pas servi à rien.

Dans le collapsus de l'empire apparaît un type de rapport social nouveau. Le phénomène capital de la période est le renouvellement de la société, par un travail de recomposition depuis la base, à partir des cellules villageoises, et de refonte du lien de pouvoir au plus humble niveau, « d'homme à homme ». Mais il engage aussi bien le rapport avec les morts.

Avec l'apparition du cimetière associé à l'église au centre de ces villages.

Quelle meilleure façon de s'enraciner que de faire société avec ses défunts ? C'est l'aspect le plus incontestable de la mutation de l'an mil, l'ancrage dans le sol. Les paysans se fixent sur un carré de terrain et l'exploitent à fond. Ils dessinent les terroirs tels que nous les connaissons. Sans doute le mouvement vient-il de plus haut et certaines innovations remontent-elles à l'époque carolingienne, comme la technique de l'assolement des cultures, qui permet l'accroissement des rendements. Mais il y a clairement un changement de logique, le passage d'une agriculture extensive avec une main-d'œuvre servile et une population vagante, à une agriculture de production dont le ménage paysan est l'unité. Pour cette raison, la monnaie se met à intervenir plus largement. La ville renaît, sous la forme d'un marché où les paysans apportent leur surplus. Elle dépend alors de la campagne, puisqu'elle doit acheter ce qui lui permet de vivre. La formule classique de la domination de l'arrière-pays par les villes se trouve potentiellement renversée au profit d'une division dynamique du travail.

Le phénomène se passe à bas bruit, il est très mal documenté, et ses proportions nous sont inconnues. Mais ses résultats sont incontestables. Il engendre une phase d'expansion décisive, entre 1000 et 1300, au terme de laquelle on aboutit à ce que Pierre Chaunu appelle un « monde plein », pour désigner l'aspect démographique d'un monde dont tout l'espace est occupé. Je reprends l'expression pour lui donner un sens plus fort, qui n'est pas seulement factuel. Il y a eu d'autres épisodes historiques de mondes démographiquement pleins, atteignant les limites de leurs capacités. En Occident, il est plein en ceci qu'il est non seulement rempli, mais exploité pleinement, et surtout organisé à la base, dans la paysannerie au premier chef, pour un type de travail qui vise à une plénitude intrinsèque. D'une certaine manière, se trouve ainsi mise en application, dans le domaine matériel, une signification fondamentale que véhiculait le christianisme au travers de son dogme central, l'Incarnation : la vie en ce monde possède une signification par elle-même et pour elle-même. Ce monde existe pour l'homme et doit être approprié par l'homme dans sa totalité, et l'homme doit le rendre humain dans toutes ses parties.

Il y aura à tout jamais des controverses sur la manière dont l'inflexion s'est jouée, sur les canaux qu'elle a empruntés, sur les modalités exactes qu'elle a revêtues. Mais je tiens pour acquis qu'autour de 1050, elle est déjà suffisamment concrétisée dans les dispositions et les orientations collectives, pour que l'institution religieuse réagisse à cette situation en se redéfinissant complètement. Lue en fonction de cet arrière-fond, la réforme grégorienne devient intelligible. On comprend pourquoi elle est la clé de l'histoire chrétienne et de l'histoire moderne.

Quel est pour vous le trait le plus significatif de cette réforme ?

Elle peut se décrire extérieurement comme une prise de pouvoir par les moines à l'intérieur de l'Église, contre les prélats corrompus, associés aux grands de ce monde selon les principes éternels de l'oligarchie et du patriciat. Les moines sont les gens du dehors du monde, de ce dehors très particulier situé à l'intérieur du monde. Ils arrivent au centre de l'institution, pour se poser comme le pivot du rapport entre l'ici-bas et l'au-delà, comme ceux qui commandent la médiation entre les deux sphères. Ce faisant, ils transforment de l'intérieur l'entente de la foi. Là est le point de départ de l'histoire occidentale comme histoire chrétienne, et comme réalisation du christianisme. La société ancienne, même largement christianisée, n'était pas pénétrée dans son être le plus profond du possible chrétien. Celui-ci acquiert désormais une consistance, qui n'est pas seulement religieuse et spirituelle, mais qui devient sociale et politique.

Mais ne pourrait-on pas dire aussi, pour comprendre comment se constitue ce « monde plein » dont vous parliez, que les hommes de l'an mil tirent toutes les conséquences du dogme de l'Incarnation ?

La révolution matérielle qui s'atteste au début du XIᵉ siècle est indissolublement une révolution spirituelle. En Christ, l'humain et le divin sont conjoints en même temps que séparés. La tentation permanente est de mettre l'ici-bas sous la coupe de l'au-delà, hiérarchiquement parlant, et de les réemboîter comme une unité. À partir du moment où l'ici-bas apparaît comme une sphère consistante par elle-même, Dieu se conçoit comme inconnu par rapport à cette sphère et la figure du Christ connaît aussitôt une métamorphose spectaculaire. Toute cette histoire pourrait être écrite à partir des transformations de l'image du Christ, avec l'apparition du Christ souffrant. Le Christ de l'iconographie chrétienne de la période précédente est le Christ en majesté de l'Église triomphante et régnante. Le crucifix, cette image typique de l'Occident, est une création du Xe-XIe siècle. C'est le Christ envoyé de Dieu qui a souffert sur la croix, qui témoigne de la réouverture du sens de l'Incarnation.

La dialectique entre l'institution de l'Église et la société nouvelle en train d'émerger va être la source du dynamisme occidental. Elle fait advenir pour de bon une société chrétienne, une société d'hommes qui, même lorsqu'ils sont loin d'être de parfaits chrétiens dans leur tête, ce qui doit être le cas de beaucoup des acteurs de cette époque, est néanmoins chrétienne dans les significations qu'elle véhicule, par la manière dont elle aménage les horizons de l'ici-bas et leur articulation à l'au-delà. Des chrétiens approximatifs dans un cadre collectif qui, lui, matérialise ce qu'il y a de plus original dans l'inspiration chrétienne : voilà qui crée les conditions d'une réorientation historique de grande ampleur. Surtout à partir du moment où l'institution religieuse s'avise du changement et s'embarque dans l'explicitation de ses tenants et aboutissants. Elle introduit un ferment de conscience dans le processus qui ne contribuera pas peu à l'amplifier.

Que voulez-vous dire ?

La thèse que je tends à soutenir est que cette mutation sociale, qui n'est pas directement spirituelle, est néanmoins religieuse dans son essence. L'inspiration fondamentale du christianisme, ce qu'il porte intrinsèquement comme possibilités d'interprétation de la condition terrestre et de la nature de l'ici-bas, en rupture avec toutes les traditions religieuses antérieures, trouve un débouché dans la pratique, dans les structures du monde humain : politique, religieux, social, et dans le statut des personnes pour commencer. S'il faut faire commencer quelque part l'individualisme occidental dans ce qu'il a de spécifique, ce doit être là. Il ne se confond pas avec l'individualisme chrétien des origines, que l'on trouve déjà dans le judaïsme. Le fait que chacun possède une âme de dignité égale à celle de quiconque ne dit rien sur les conditions de l'individu concret dans le monde.

Or c'est cette détermination qui change. Au sein de ce monde tourné vers sa plénitude l'individu se dessine comme un acteur du monde, comme une personne en charge d'une tâche. Chaque être reçoit en lot non seulement de faire son salut, mais d'accomplir une mission dans l'ici-bas qui compte dans le destin de l'ensemble. La signification ultérieure du travail trouve là sa racine. Encore une fois le phénomène n'est pas directement religieux, mais le christianisme était cette religion qui, par la nature de son message et la figure symbolique du Christ, ouvrait la possibilité de s'incarner, de recevoir une traduction dans les articulations du séjour terrestre et les perspectives de l'action en son sein. C'est ce qui fait, du reste, que notre monde, tout post-chrétien qu'il est, reste encore profondément pénétré des significations chrétiennes dans ses structures et ses horizons pratiques. En un mot, c'est l'organisation collective qui se pénètre du christianisme, plus que les consciences qui la peuplent, même si celles-ci n'y restent pas indifférentes. Pour cette raison, le tournant de l'an mil est d'une autre nature que les coupures spirituelles majeures dont nous avons parlé. L'aspect intellectuel est second par rapport à l'aspect matériel et institutionnel.

Est-ce qu'il ne se produit vraiment rien de tel dans le christianisme d'Orient, même un peu plus tardivement ?

C'est une question très compliquée à laquelle il faut se garder de répondre de façon tranchée. Il y a une synchronie des deux histoires, et il se passe en effet dans l'Empire byzantin des changements importants, de façon parallèle. Mais dans de tout autres conditions, dans le cadre d'un empire.

Et c'est ce qui explique que la mutation ne se fait pas ?

Oui, parce qu'il ne s'y produit pas ce collapsus de l'autorité qui oblige les individus à se demander comment agir dans le vide de contraintes et qui élargit automatiquement le champ des virtualités. Mais aussi du fait de la société, qui reste très classique, dans la parenté, le mariage, le statut des femmes, les horizons religieux. Les moines restent en dehors du monde et ne pèsent pas du tout de la même manière sur la société de tous les jours.

Vous avez parlé de la mutation sociale ; vous avez parlé de la révolution ecclésiale. Mais la structure politique elle-même ne se transforme pas moins.

Bien entendu. C'est en fonction du même moule qu'apparaît, déjà bien dessinée à la fin du XIᵉ siècle, cette nouveauté qu'est le « royaume ». Ce n'est pas la notion qui est nouvelle — les rois ont des royaumes ! — mais ce qu'elle se met à recouvrir. En Angleterre, en France, en Castille, en Aragon, ces monarchies territoriales, minuscules et misérables au départ, représentent quelque chose de tout à fait singulier, dans la mesure où elles ne jouent pas sur le même plan que l'Église et l'empire. L'Église est universelle, mais les royaumes ne le sont pas. Ces dominations territoriales d'intérêt local ne gênent pas l'Église dans son ambition universelle. Au contraire, les papes les plus théocrates savent qu'ils ont besoin de relais à l'échelon local. En même temps, ces pouvoirs sont suffisamment étendus pour se concevoir comme de grandes puissances, sans toutefois avoir de prétentions à la domination universelle — il est vrai qu'il leur arrivera d'avoir quelques tentations à cet égard ! Les royaumes se veulent des entités politiques de premier plan, mais dans le cadre d'une extension restreinte, ne serait-ce que parce qu'ils sont plusieurs et qu'ils se bornent les uns les autres.

Leur force va être, dans cet intervalle, de donner sa transcription politique à l'économie de la complétude terrestre. Celle-ci se déploie, donc, en trois temps : dans l'ordre de l'économie, de la société et du travail, d'abord, puis dans l'élément de l'Église, enfin dans le registre de la politique. Le troisième moment est constitué par cette nouvelle unité politique, absolument singulière par ce qu'elle a de fort dans sa faiblesse. Elle peut ambitionner un pouvoir complet à l'intérieur d'une sphère d'application limitée.

Oui, mais tout de même, le pouvoir universel que vise la papauté ne peut pas ne pas rencontrer celui des royaumes.

Les prétentions théocratiques de la papauté sont toujours grevées par une limite interne. Elles relèvent de l'aspiration à un pouvoir impossible. L'Église grégorienne est devenue l'unique pouvoir médiateur, le pouvoir qui peut prétendre à l'exclusivité de la médiation. À ce compte-là, elle revendique naturellement le pouvoir impérial. Mais cette ambition de se substituer à l'autorité temporelle, de la dominer complètement, ne peut aboutir, compte tenu de ses prémisses mêmes. L'autonomisation de la sphère terrestre qui justifie la prétention médiatrice de l'Église invalide dans le même temps sa prétention politique. Elle porte l'irréductibilité de pouvoirs temporels fondés à exciper de l'indépendance de leur tâche.

Mais cette ambition en éveille d'autres, du côté de l'empire.

C'est incontestable. L'Église construit une machine de pouvoir qui donne des idées aux amateurs de pouvoir. Elle fait revivre l'idée d'empire, mais en lui donnant un contenu nouveau. Elle y infuse un rayonnement spirituel et une mission surnaturelle qui ouvrent au souverain universel la possibilité de prétendre à un degré de pouvoir auquel aucun pouvoir terrestre antérieur n'avait seulement pu songer. Mais on ne peut être fondé à exercer cette plénitude de pouvoir qu'au nom des fins dernières et de la destination du salut. Le pape pourrait se passer d'empereur, en se subordonnant d'autres formes de pouvoir temporel. Pour sa part, l'empereur ne peut pas prétendre se passer du pape, ni se le subordonner, puisqu'il est celui qui donne du sens à son pouvoir. Cette opposition crée une sorte de fermentation spirituelle, en plus du choc pratique des ambitions. Elle provoque une montée aux extrêmes des deux côtés. À l'arrivée, cette escalade aura pour principal effet d'établir indirectement que le vrai pouvoir chrétien est ailleurs. Elle produit une délégitimation politique de l'Église et une délégitimation religieuse de l'empire ; cette double disqualification crée, de manière invisible, un extraordinaire appel d'air pour un autre pouvoir politique qui se trouvait sur les rangs, celui des royaumes. Parce qu'il n'ambitionnait pas l'universalité du pouvoir du pape, lui seul pouvait parvenir au final à incarner un pouvoir politique dominant le pouvoir religieux dans sa sphère limitée. C'est uniquement à l'échelle du royaume que le dessein impérial d'appropriation du principe chrétien avait la possibilité de prendre un sens effectif. Son souverain ne pouvait prétendre dire l'universelle vérité à l'échelle de la chrétienté tout entière. Mais dans les frontières de son territoire — la territorialisation fait partie de cette logique de l'enracinement — le royaume pouvait servir de réceptacle à la réalisation du christianisme dans la politique, de l'au-delà dans l'ici-bas, sous la forme de l'ordonnancement d'une communauté terrestre distincte. À la mesure de cette mission, le roi pouvait requérir de se subordonner l'appareil d'Église, en fonction des nécessités de cette sphère autonomisée, sans prétendre se prononcer sur les fins surnaturelles. Ce qui était insoluble dans l'affrontement du Sacerdoce et de l'Empire s'est résolu en empruntant un défilé sur un plan moins grandiose.

Dans ce que vous dites du rapport entre le théologique et le politique, on entend lointainement, en écho, les thèses fameuses d'Ernst Kantorowicz et particulièrement son livre sur les deux corps du roi ; livre à la traduction duquel vous avez prêté la main.

J'ai lu Kantorowicz très tôt, autour de 1971 ou 1972, mais je m'y suis intéressé, au départ, à un titre qui n'était pas celui pour lequel il est justement connu. J'y avais cherché, à l'époque, un échantillon de la dualité d'aspect du pouvoir. Le pouvoir se présente toujours double : il est pacificateur et destructeur, solaire et nocturne,

« mitral » et « varunal », pour reprendre les termes de la description de Dumézil. C'est l'une de ses rares propriétés anthropologiques invariantes. Il est souvent attaché à la symbolique des jumeaux. Il est quelquefois dédoublé fonctionnellement. Je m'étais efforcé de mettre cette ambivalence en lumière, dans un article, à propos de ce que Benveniste dit de « la royauté et ses privilèges » dans le *Vocabulaire des institutions indo-européennes* [1]. C'est dans cette perspective que j'avais rencontré le livre de Kantorowicz, dont, à l'époque, je n'avais pas perçu le véritable intérêt. J'ai mis beaucoup de temps à le comprendre pour ce qu'il est, un livre sur l'alchimie du pouvoir chrétien. Il faut dire que c'est un livre très troublant, très étrange, devant lequel on finit par se demander si l'auteur a vraiment réalisé l'enjeu de ce qu'il a si profondément et si finement restitué.

Car il a saisi des choses essentielles, avec un génie intuitif exceptionnel et une capacité trop rare chez les historiens de pénétrer ce qu'il y a dans la tête des gens auxquels il s'intéresse. Il décrit la façon dont, à partir du XIe siècle, la logique chrétienne de l'incarnation investit le pouvoir et le transforme. Il éclaire la fabrication d'un roi chrétien sur le modèle pontifical et en affrontement avec lui, un roi tellement chrétien

---

1. « Figures de la souveraineté », *Textures*, n° 2-3, 1971, pp. 131-157.

que la religion royale va finir par prendre le pas, du dedans, sur la religion de l'Église. Il a reconstitué un maillon clé de l'histoire occidentale ; son livre est un des livres d'histoire les plus importants écrits au XXe siècle. Pour ce qui me concerne, il m'a permis de comprendre ce qui se passe entre l'an mil et 1500 dans la politique, et qui est la fondation du pouvoir occidental.

Cette lecture semble avoir été plus importante pour vous que celle de Max Weber.

Oui, par ce que j'en ai tiré. Elle m'a permis de résoudre un problème stratégique qui demeurait pour moi complètement obscur. Avec Weber, c'est autre chose. Je me sens tout à fait wébérien par l'esprit, fidèle disciple même, jusque dans la manière de prendre les choses. En outre, c'est un auteur qui a tellement marqué qu'un certain wébérianisme est passé dans nos façons de faire et de voir à tous — quand on parle de bureaucratie, par exemple, on n'a pas besoin de se vouloir wébérien pour l'être sans le savoir. Mais en ce qui concerne l'interprétation des religions, je pense qu'il se trompe de bout en bout sur le fond, même si c'est un lecteur de textes extraordinairement pénétrant. Sa perspective générale me paraît erronée. Il me semble égaré par deux idées qui ne peuvent mener l'une et l'autre qu'à des impasses : l'idée de rationalisation, d'une part, extrêmement tentante car elle permet de tenir ensemble le spirituel et le matériel, et ainsi de contourner le marxisme qui est son autre grand problème. Cette notion de rationalisation a une vertu descriptive considérable à l'égard de nos sociétés, je ne songe pas à le nier, mais elle a l'inconvénient majeur de masquer la source métaphysique de la dynamique occidentale. Il s'agit d'interroger ce qui pousse la raison en avant, qui n'est pas rationnel. D'autre part, Weber doit beaucoup plus au marxisme qu'il ne le voudrait en donnant à l'éthique économique une place démesurée. Il se met dans sa dépendance en le réfutant. Il partage son obsession de la centralité explicative du capitalisme, tout en attribuant à celui-ci une racine religieuse dont il ne tire pas les conséquences jusqu'au bout. Si on met le capitalisme au centre, on s'interdit de voir la dynamique d'ensemble dont il est un fruit tardif et la logique religieuse qui préside à cette dynamique. Ce n'est pas seulement qu'elle a un point de départ religieux, dans tel ou tel courant radical de la Réformation, c'est qu'elle sort de la religion chrétienne, dans tous les sens du terme : elle est issue de la transformation interne du christianisme occidental et elle fait advenir un monde extra-religieux sur la base d'une motivation religieuse.

Mais que deviennent alors la fameuse éthique calvi-
niste et son rôle dans l'avènement du capitalisme ?

Il y a deux choses à distinguer dans l'analyse
wébérienne : sa validité locale, si je puis dire, et
sa validité globale. Dans sa version restreinte,
elle est d'une pénétration admirable, en tant
qu'analyse de la genèse d'un esprit spécifique, et
en tant que caractérisation de cette spécificité.
Je trouve tout à fait convaincant le rapport de
dérivation établi entre un certain activisme ascé-
tique déterminé par la certitude du salut et ce
qu'il y a de propre au comportement capitaliste
type — la poursuite en quelque sorte désintéres-
sée et par là même indéfinie de l'accroissement
des richesses, hors du désir primordial d'en pro-
fiter. La thèse dit quelque chose de profond et
de juste à la fois sur l'originalité historique de
l'orientation capitaliste et sur ses origines religieuses. Weber met en lumière un chaînon sail-
lant du processus d'investissement du siècle
enclenché par la transformation du christianisme
occidental.

Maintenant, si l'on essaie de tirer de cette
reconstitution précise une explication globale du
développement du capitalisme, et en particulier
du capitalisme que nous connaissons, c'est-
à-dire le capitalisme industriel, les choses se
gâtent. La thèse est carrément controuvée. Sans

parler même de l'écart de deux siècles qui la sépare de la Réforme, la révolution industrielle commence en terre anglicane, sans que ses liens avec les *dissenters* puritains soient établis. Sur le continent, elle gagne en premier lieu la Wallonie, terre de catholicité flamboyante. On connaît la controverse ; elle est pour finir stérile. La problématique n'est pas la bonne. Ce qu'il y a de pertinent dans la thèse wébérienne se perd lorsqu'on la généralise. Elle conduit à durcir les oppositions entre les confessions chrétiennes, catholicisme et protestantisme, luthéranisme et calvinisme à l'intérieur du protestantisme. Elle suscite ce faisant une grille de lecture où les faits ne rentrent plus. En réalité, il eût fallu replacer ce que Weber dégage à propos d'une variété de calvinisme à l'intérieur d'une histoire plus large de la métamorphose chrétienne, dont l'activisme de provenance calviniste représente une pointe avancée, mais nullement un fruit à part. C'est l'ensemble des terres sous l'emprise du christianisme occidental qui vont se révéler propices à l'accueil et au développement de l'accumulation capitaliste et de la transformation industrielle, avec des décalages significatifs, des inégalités importantes, mais pas d'hétérogénéité dernière. Ces différences s'expliquent largement, de surcroît, par l'intervention d'autres paramètres que religieux. Il n'en demeure pas moins qu'il existe une inspiration commune par-delà les divergences confessionnelles et qu'elle puise dans une certaine conversion de la foi chrétienne à l'activisme intra-mondain, dont Weber saisit le principe sur un échantillon grossissant, mais sans le replacer dans l'histoire globale où il prend sa source et où il va trouver son application.

Pour autant, faut-il selon vous réviser à la baisse la signification de la Réforme à l'intérieur de l'histoire chrétienne ?

Non, certainement pas. Elle en constitue évidemment une scansion capitale, y compris par les effets en retour qu'elle va avoir sur le catholicisme. Elle marque l'entrée dans la modernité comprise comme révolution moderne. Elle en donne le coup d'envoi avec la crise révolutionnaire de la médiation — la médiation par excellence, la médiation ecclésiale, telle qu'elle s'était déployée depuis le XIe siècle. Le retour à l'esprit de la médiation du Christ met en accusation la médiation institutionnelle qui avait prétendu la prolonger et la compléter. Le salut passe par la « foi seule » du croyant face à Dieu. C'est que vers 1515-1520 la concrétisation du domaine terrestre comme domaine religieusement consistant par lui-même a fait du chemin, suffisamment pour alimenter la remise en question à laquelle procède Luther. La relation entre terre et ciel est devenue définitivement problématique. Le fait que le problème ait été ouvertement posé, qu'un christianisme nouveau en vienne à se définir en fonction de lui va naturellement avoir de considérables effets multiplicateurs. La crise de la médiation atteint le pouvoir politique. Il est contraint de trouver une autre légitimation religieuse que la sacralité médiatrice. C'est de là que va surgir notre notion d'« État » autour de 1600.

L'éloignement du ciel trouve parallèlement une expression majeure dans la science moderne de la nature, qui consacre la dissociation de celle-ci d'avec l'ordre surnaturel — il est possible d'expliquer les phénomènes physiques de manière purement interne, sans la moindre référence à une métaphysique. Pour autant, tout n'est pas réglé une fois pour toutes avec la Réformation et tout de la modernité n'en sort pas. Pas plus que les confessions protestantes ne vont d'emblée au bout de la remise en question de la médiation, le catholicisme ne reste imperméable à l'ébranlement. Il se redéfinit profondément à son tour, au contraire, en fonction de ce caractère problématique de la médiation. Il tire de la distance de Dieu un renouvellement de l'autorité pastorale. Il ne faut pas surestimer les différences. Tout le monde est embarqué — différemment — dans la même histoire. Une histoire qui se nourrit à la base des avancées du travail d'autonomisation concrète de ce bas monde en

tant que théâtre d'un accomplissement autosuf-
fisant. Ce ne sont pas les protestantismes comme
tels ou le catholicisme comme tel qui vont le plus
compter pour la genèse de la modernité aux XVIIᵉ
et XVIIIᵉ siècles. Ce sont les divisions qui vont se
déclarer à l'intérieur des divers courants confes-
sionnels entre des religiosités traditionnelles cris-
pées sur l'unité ontologique et ses attestations,
et des religiosités qui s'ouvrent à la dualité ontologique, en combinant la séparation de Dieu et
l'amélioration du séjour terrestre. Le site de
l'accomplissement de l'homme en rapport avec
Dieu devient le progrès. Ce sera bientôt l'histoire, l'autoconstitution du monde humain dans
le temps. Le capitalisme industriel prend sa place
et son essor dans ce cadre, à partir des années
1760 en Angleterre. C'est l'ensemble de ce processus qu'il faut prendre en compte, avec ses
étapes et sa multiplicité de facteurs. Le vrai problème est celui de la cohérence globale du mouvement moderne. Protestantisme et capitalisme
en constituent des manifestations éminentes,
mais partielles.

VII

DE *TEXTURES* AU *DÉBAT*
OU LA REVUE COMME CREUSET
DE LA VIE INTELLECTUELLE

Nous avons fait allusion à la présentation que vous aviez faite du livre de Kantorowicz dans Le Débat *en 1981. C'est peut-être l'occasion de revenir sur l'une des particularités de votre parcours, le fait que vous avez toujours investi une part essentielle de votre travail dans des revues. Au début des années 1970, c'est* Textures *; trente ans après, vous êtes rédacteur en chef du* Débat. *Quelles sont les circonstances, ou les raisons, qui vous ont poussé dans cette voie ?*

Textures, la première revue à laquelle j'ai collaboré, existait déjà quand j'y suis arrivé. C'était une petite revue d'étudiants de l'université de Bruxelles, fédérée autour d'un enseignant charismatique, Max Loreau. Ses centres d'intérêt traduisaient toute l'effervescence et la perplexité de la période : politique, philosophie, littérature, laquelle occupait beaucoup les esprits à l'époque. J'ai fait la connaissance de Marc Richir, qui était un peu plus âgé que moi, et plus mûr,

durant l'été 1970. Je l'ai mis en rapport avec
Lefort. Richir m'a embarqué dans l'entreprise,
qui battait de l'aile à ce moment-là. Nous avons
inauguré une nouvelle série. L'élargissement
vers Lefort s'est fait tout seul. Lefort de son côté
a suggéré de faire appel à Castoriadis qu'aucun
de nous ne connaissait et la revue est repartie
pour quelques années. Elle s'est métamorpho-
sée. La perspective politique s'est mise à prendre
une place centrale. C'est comme cela que je suis
tombé dans le bouillon de culture « revues », par
le plus grand des hasards. J'y ai pris goût.

Le travail d'une petite revue n'est pas qu'intellectuel. C'est un artisanat. Il ne s'agit pas seulement de fabriquer les numéros, il faut les distri-
buer. Nous faisions les colporteurs. Notre point
de vente principal était un endroit étonnant, le
sous-sol de « La Joie de lire », rue Saint-Séverin.
Il était consacré entièrement aux revues. Il offrait
un marché héréroclite de publications du monde
entier. Heureuse époque où le genre foisonnait,
et où on se bousculait autour des tables pour ne
pas rater les dernières nouveautés !

Textures s'est arrêté en 1976, pour cause de
bisbilles entre la fraction française et la fraction
belge. Entre-temps Miguel Abensour s'était
agrégé au groupe. Il se trouve qu'Abensour dirigeait une collection chez Payot. C'était la grande
époque du livre de poche intellectuel. D'où
l'idée de faire *Libre* dans la « Petite Bibliothèque

Payot ». J'ai attiré Clastres afin d'étoffer et d'élargir le spectre (il est mort très peu de temps après). Je me suis retrouvé secrétaire de rédaction par acclamation, étant le plus jeune et le moins occupé universitairement. *Libre* a explosé à son tour, au bout de quatre ans et de huit numéros. Cela fait partie du rythme fatal de ce genre d'entreprises, conduites dans le cadre d'un groupe de pensée relativement soudé où les divergences d'appréciation prennent vite un caractère dramatique. L'explosion a eu lieu sur la question de l'Union soviétique. Castoriadis avait eu l'idée en 1980 de proposer une nouvelle analyse du régime soviétique en termes de « stratocratie », croyant déceler dans les événements de l'époque — nous étions au lendemain de l'invasion de l'Afghanistan — une prise de pouvoir par l'armée. La question de savoir si c'était le parti ou l'armée qui commandait en URSS a provoqué l'interruption de la revue, parce que, entre gens qui ne sont pas d'accord sur un point aussi fondamental, il n'y a plus moyen de se parler, n'est-ce pas ?

Quelle était la ligne éditoriale ou politique de Textures *?*

Nous n'avons pas eu besoin de beaucoup discuter pour nous entendre sur un double refus face aux orientations à la mode de l'époque. Politiquement, nous avions en commun d'être une extrême gauche très critique à l'égard des groupes qui tenaient le haut du pavé à Paris, tels que le maoïsme délirant de la Gauche prolétarienne. Intellectuellement, nous nous retrouvions dans le rejet du structuralisme philosophique en train de se « post-structuraliser » et, pour tout dire, de dégénérer. Nous en avions assez des pseudo-pensées qui proclamaient la fin de la philosophie à des titres variés. Le programme de travail en découlait naturellement : renouer avec l'exigence philosophique, en même temps que reprendre l'analyse politique et sociale à la racine. La revue a été très théorique, avec peu de considérations politiques immédiates. Il en a été de même à *Libre*, avec davantage d'ouverture sur davantage de domaines et d'auteurs — une ouverture que j'aurais souhaitée, personnellement, plus grande encore. L'objet n'était pas de constituer un énième groupuscule de plus proposant sa juste ligne à l'édification des masses, mais de contribuer à l'éclaircissement de fond de la situation. C'est de pensée consistante qu'il y avait d'abord besoin. Nous étions tous d'accord là-dessus. J'ai trouvé dans ce milieu un prolongement des convictions que j'étais en train de me former par ailleurs et un stimulant pour mon travail.

En cours de route l'atmosphère s'est mise à changer. En 1971, nous étions complètement isolés. Nous écoulions tant bien que mal nos mille exemplaires dans un silence de mort et sans le moindre retour. Vers 1974, s'esquisse ce qui va devenir la percée antitotalitaire. *L'Archipel du goulag* a été accueilli par un tir de barrage extraordinaire, mais il est passé au travers — c'est une des rares occasions où la revue est sortie de sa réserve théoricienne pour entrer dans la bataille de l'actualité. Les travaux des uns et des autres, des aînés surtout, comme il se doit, ont commencé à recevoir un écho. *L'Institution imaginaire de la société*, de Castoriadis, a été bien accueilli, par exemple, en 1975. Les gens d'*Esprit* ont découvert notre existence. C'est cette petite notoriété qui a permis la création de *Libre* chez un éditeur ayant pignon sur rue et dans une collection de large diffusion. Quand la revue s'est lancée, en 1977, les « nouveaux philosophes » avaient imposé médiatiquement la thématique antitotalitaire. La cause était jugée, du point de vue du chic parisien, et au-delà. Le marxisme stalinien pur et dur avait pris un coup de vieux dont il ne se remettrait pas, le gauchisme délirant s'était évaporé, une grande partie de ses adeptes parmi les plus tonitruants avait viré de bord. Cela n'en rendait que plus nécessaire, à nos yeux, un travail d'élucidation et de reconstruction rigoureux.

Quand vous êtes passé à Libre, *y a-t-il eu rupture dans le mode de fonctionnement ?*

Dans les deux cas, le fonctionnement interne était aussi informel que possible. Indépendamment des rapports que nous avions les uns avec les autres, nous nous réunissions régulièrement pour discuter et trancher sur les articles à publier. L'ambiance était détendue en général, personne n'avait envie de rejouer le groupuscule politique. En même temps, elle restait marquée, à l'arrière-fond, par les relents de la culture polémique, scissionniste, autoritaire de l'ultragauche antiautoritaire. Je m'y suis définitivement vacciné contre cette manière de fonctionner.

En revanche, il y a eu rupture avec l'équipe antérieure, notamment avec Claude Lefort.

C'est en fait son petit succès d'estime qui a fait exploser *Libre*. On serre les rangs dans l'adversité ; la reconnaissance éveille les rivalités, en revanche. Castoriadis et Lefort ont acquis l'un et l'autre pignon sur rue ; ils ont alors redécouvert leurs vieilles incompatibilités ; ils ont eu envie de se mettre chacun à leur compte. En ce qui me concerne, j'ai eu à prendre conscience douloureusement de ma naïveté juvénile. Je m'étais dévoué à la cause d'une pensée que je

croyais juste, tout content de voir mes sugges-
tions, mes informations, mes propositions bien
accueillies. Et j'en suis venu à me rendre compte,
petit à petit, que je ne serais jamais payé de
reconnaissance. J'ai compris que Lefort n'était
pas décidé à me faire le moindre crédit de mon
apport. J'ai l'outrecuidance de croire qu'il
n'avait pas été négligeable, pourtant. Je me suis
éloigné.

Il s'est mêlé une raison politique à ce motif
personnel. Disons que je suis devenu un démocrate conséquent en rompant toute amarre avec
l'extrême gauche. J'étais resté jusque-là fidèle à
mes accointances premières, identitairement
parlant, tout en développant une réflexion qui
m'emmenait dans une autre direction, je le sentais bien. La philosophie de la démocratie et
l'imaginaire de la radicalité subversive font mauvais ménage, en dernier ressort. L'incohérence a
fini par me sauter aux yeux. La démocratie est
bonne fille, il est vrai. Elle admet par définition
une grande variété de positions. Il est possible
de rationaliser cette combinaison de démocra-
tisme et d'ultracritique. Cela donne ce qu'on
peut appeler le « révoltisme ». Certes, la démocratie constitue un cadre indépassable, en cela
on brise avec la révolution, mais pour encourager
la révolte, puisque dans ce cadre, ce sont les
revendications radicales, l'impératif utopique,
les protestations des marges qui sont le vecteur

authentique de l'invention collective. Miguel Abensour a théorisé cette vision, dans la ligne de Lefort, sous le nom de « démocratie sauvage », en allant chercher chez Merleau-Ponty une caution philosophique pour ce concept qui me semble très douteux.

Je ne partage pas, en effet, cette foi dans l'effervescence créatrice des marges. Je ne parviens pas à voir dans cette radicalité irresponsable autre chose qu'une corruption de la démocratie. Les vieux révolutionnaires avaient au moins l'esprit de suite d'ambitionner une prise en charge de la société dans son ensemble. Ici, la spontanéité protestataire consiste à réclamer des droits ou à émettre des revendications dont on charge l'oligarchie en place de se débrouiller, en se lavant les mains des suites. L'esthétique de l'intransigeance et le culte de la rupture dissimulent une attitude profondément démissionnaire. Il n'est pas faux que des mouvements de ce genre ont pu avoir de grands effets de transformation sociale. Ils ne constituent certainement pas pour autant un idéal pour la démocratie. L'aspiration au gouvernement en commun suppose à l'inverse d'assumer jusqu'au bout les suites de ses démarches. La démocratie justement comprise passe par la confrontation de conceptions d'ensemble de la vie collective. Ne pas vouloir le pouvoir est sympathique ; il n'empêche que c'est chez ceux qui se donnent les moyens de l'exercer que ça se passe.

En m'éloignant de Lefort, j'ai pris mes distances aussi avec ce qui en était venu à m'apparaître comme une inconséquence politique. J'ai « viré à droite », en somme, en me ralliant à la politique normale. Cette divergence se lit en filigrane des textes que Lefort et moi avons consacrés à la question des droits de l'homme en 1980[1]. Il défend leur vocation inspiratrice. J'exprime mes premiers doutes sur les effets de la démarche qui en découle.

Avez-vous entretenu à cette époque des rapports avec les « nouveaux philosophes », André Glucksmann, Bernard-Henri Lévy ?

Non, nous avons eu tout de suite la plus mauvaise opinion de ces personnages. Quant à leurs livres, nous n'avons pas eu besoin de débats théoriques pour conclure qu'ils ne valaient rien. Je me rappelle encore de notre lecture en commun de *La Barbarie à visage humain* de Bernard-Henri Lévy, qui oscillait entre le fou rire et l'indignation devant le grotesque de la rhétorique et l'indigence du propos. Il ne pouvait pas y avoir

---

1. Claude Lefort, « Droits de l'homme et politique », *Libre*, n° 7, 1980, pp. 3-42 ; Marcel Gauchet, « Les droits de l'homme ne sont pas une politique », *Le Débat*, n° 3, juillet-août 1980, pp. 3-21.

de front commun antitotalitaire. Il était impensable de se commettre avec des histrions de ce calibre. Politiquement, il y avait certainement lieu de se féliciter de leur virage de cuti et du bruit fait autour. Intellectuellement, leur production était encore pire que les délires gauchistes de l'avant-veille.

Quelle est votre philosophie en ce qui concerne le genre « revue » ?

Le genre est ingrat : ce qu'on y publie se voit faiblement et n'a qu'un écho modeste. Les revues touchent par définition, désormais, un public limité. Il n'empêche qu'elles constituent des laboratoires irremplaçables et des outils de travail en profondeur sans équivalent. Leurs effets se jugent dans la durée. Ils ont beau être peu perceptibles, ils sont déterminants.

Je crois l'instrument plus nécessaire que jamais. Il est un des rares remèdes dont nous disposions au phénomène catastrophique du dépérissement de la critique. J'entends par là l'activité de jugement et de tri qui permet au public de s'y retrouver dans la masse de la production intellectuelle. C'est une banalité de constater qu'il va mal. Il s'ensuit un problème d'organisation de la scène intellectuelle qui me semble de plus en plus aigu. Elle est illisible. Dans cette confusion, les revues fournissent des pôles d'identité, des repères, des moyens d'orientation.

C'est que le travail intellectuel ne se résume pas à la production intellectuelle par-devers soi ; il passe en outre par un travail de mise en scène et de mise en forme de la vie intellectuelle. Cela commence dès l'allure de l'objet imprimé, qui compte dans la manière dont il va s'inscrire dans la circulation publique. Cette mise en forme s'effectue pour une partie dans le cadre des institutions académiques ; je ne me sens pas beaucoup de goût pour ce versant-là. Elle s'opère pour une autre partie au travers de l'édition et des revues. Nous avons la chance en France d'avoir un secteur d'édition générale relativement large où les éditeurs sont eux-mêmes des intellectuels et non des professionnels plus ou moins extérieurs au domaine des idées. D'où une liberté assez exceptionnelle par rapport aux pesanteurs du pouvoir universitaire d'un côté et par rapport à la stricte logique du marché médiatique et commercial de l'autre côté. C'est un intervalle précaire à préserver. Le travail de revue s'y inscrit en plein. Il consiste à lancer des idées dans l'espace public d'une manière aussi adéquate que possible à leur bonne intelligence, par la présentation qu'on leur assure, par l'environnement qu'on leur ménage, par le projet d'ensemble où elles s'insèrent. Mon expérience m'a persuadé du caractère salutaire de l'exercice, politiquement et intellectuellement. J'ai vu comment une petite revue marginale comme *Textures* pouvait assurer le rayonnement souterrain d'un courant critique qui n'avait aucune place visible dans l'espace public. Et j'ai vu par la suite comment des revues plus installées pouvaient faire vivre des orientations intellectuelles minoritaires qui trouvaient très mal leur place à l'université. Je reste attaché à ce rôle de créateur de liberté. C'est ma façon d'être citoyen de la république des lettres. Je suis récompensé du temps qu'elle me fait perdre par la haine qu'il m'arrive de rencontrer chez des mandarins exaspérés par l'existence de ces enclaves soustraites à leur législation.

Et puis, en 1980, vous participez à la fondation du Débat, *aux éditions Gallimard.*

À *Libre*, je m'étais piqué au jeu et j'avais pris goût, pour de bon, au travail de revue. Pierre Nora, pour qui je travaillais déjà comme lecteur chez Gallimard, avait décidé de son côté de lancer une revue. Il avait flairé le changement en train de s'opérer et puis aussi la relève générationnelle qui se dessinait. Il m'avait proposé de travailler avec lui, mais pas dans le poste que j'en suis venu à occuper. Initialement, il avait fait appel à Jean Lacouture, en même temps qu'à moi, afin d'élargir le spectre de la revue vers le journalisme supérieur ; je devais m'occuper plus spécialement de la partie livres, qui aurait été un peu un équivalent de la *New York Review of Books*. Nora, au départ, voulait faire une revue bien plus ambitieuse que ce qu'a été *Le Débat* : un vrai mensuel, visant un public plus large, qui aurait pu prendre éventuellement la forme d'un journal ou d'un magazine. La maison, forte d'une certaine tradition, a préféré la forme revue classique. Lacouture a renoncé pour des motifs personnels ; peut-être aussi a-t-il jugé le projet trop intellectuel pour lui. Je crains d'avoir contribué à le dissuader sans le faire exprès ! Du coup, mon périmètre de responsabilité s'est élargi. J'ai connu ainsi, en dix ans, trois cas de figure très différents : une revue d'étudiants avec *Textures*, une revue de chapelle intellectuelle avec *Libre*, et enfin une revue générale classique, une sorte de *NRF* des idées, avec *Le Débat*.

Il s'agissait pour moi d'abord de saisir l'occasion de travailler avec quelqu'un dont j'admirais le travail d'éditeur, au sein d'une très grande maison d'édition, dans un style généraliste et ouvert où je me retrouvais de plus en plus. Mais ce qui m'a déterminé par-dessus tout, c'est le sentiment que nous avions affaire à une nouvelle conjoncture. Le problème n'était plus politique. La bataille antitotalitaire était gagnée. Il était devenu celui de la vie intellectuelle elle-même. La débâcle du communisme se révélait être aussi celle de l'intelligence et de la curiosité, comme s'il avait fallu la foi dans des folies pour mobiliser les esprits. Le reflux de la mode bartho-derrido-lacano-foucaldienne se traduisait en repli de l'université sur ses routines et ses citadelles spécialitaires. Ajoutez à cela la montée en puissance des médias, et cela donnait l'invasion de la scène par des sous-produits dont la camelote des nouveaux philosophes avait fourni l'échantillon avant-coureur. À l'heure de l'intellectuel médiatique, la priorité des priorités, c'était le maintien d'une tradition de qualité, d'exigence et de culture. C'est ce qui fait à mes yeux l'âme et le sens du *Débat*. On nous reproche rituellement notre rupture avec la tradition de l'engagement. Mais nous sommes des intellectuels engagés ! Sauf que le véritable engagement politique aujourd'hui, c'est l'engagement pour la chose intellectuelle ! Parce qu'il ne va plus de soi que nos sociétés soient capables de se penser. L'entretien de modestes contre-pouvoirs de la réflexion et du savoir, face à la pente du renoncement et de la démagogie généralisée, est un objectif en soi. C'est le nôtre. Ce dont il s'agit, c'est de sauvegarder la présence active des idées dans la vie publique, comme modèle. Peu importe qu'il soit minoritaire dès lors qu'il est suffisamment identifiable.

En vingt ans, hélas, le contexte ne s'est pas arrangé. C'est la raison pour laquelle je suis toujours attelé à la tâche. Je pensais raisonnablement qu'une fois la machine lancée, je passerais la main à de plus jeunes et que je retournerais à mes chères études. La relève n'est pas venue. Je ne l'observe nulle part, d'ailleurs, c'est l'un de mes principaux sujets d'inquiétude pour le présent. Où est passée la nouvelle génération qui aurait dû surgir dans l'intervalle ? Elle était très repérable en 1980. Nous avons publié dans un des premiers numéros du *Débat* une enquête sur l'avenir intellectuel. À peu près tous les noms qui se sont confirmés depuis y sont. L'équivalent n'est pas discernable aujourd'hui. En même temps, la nécessité de l'entreprise me semble chaque jour plus certaine. Je persévère, par conséquent, non sans nostalgie pour le temps que je pourrais employer autrement.

Il y a un personnage dont on n'a pas parlé jusqu'ici, c'est François Furet : est-ce qu'il a joué un rôle dans vos rapports avec Pierre Nora, est-ce que c'est au moment de la fondation du Débat *que vous l'avez connu ?*

J'ai connu Furet au travers de Pierre Nora. J'avais beaucoup apprécié *Penser la révolution française* mais nous n'avions pas de rapports personnels. C'est en 1980 que j'ai commencé à le fréquenter et à nouer un rapport amical direct avec lui.

Est-ce que son interprétation de la Révolution a été un événement qui a compté pour vous ?

Honnêtement, je ne le crois pas. Je ne connaissais pas bien la Révolution, je n'avais jamais trouvé de motif déterminant de m'y plonger, et son livre m'a appris quantité de choses. Mais, sur le fond, je l'ai plutôt vu comme une sorte de ralliement à des positions qui m'étaient familières, que comme une proposition de nature à bouleverser mes idées. Ce qui m'a le plus intéressé est l'application d'une perspective de moi connue à un objet que je cernais mal, en revanche. La démonstration, à cet égard, a été un trait de lumière. Elle m'a donné envie d'aller y voir de première main.

Par la suite, vos relations sont devenues franchement amicales, n'est-ce pas ?

Nous n'avons jamais été proches à proprement parler, mais je crois pouvoir dire qu'il y a eu entre nous une connivence profonde. J'avais en commun avec Furet ce goût de l'organisation de la vie intellectuelle, qui s'est manifesté chez lui surtout par ses responsabilités universitaires, mais aussi par son activité dans l'édition. C'est un aspect qu'on connaît peu de lui. Ce travail le passionnait ; il avait des idées mais il n'aimait pas la réalisation. On ne voyait pas qu'il était derrière beaucoup de projets dont il confiait ensuite l'exécution à d'autres. Il donnait la ligne directrice et laissait à ses hommes de confiance le soin de l'appliquer. Il a ainsi joué un rôle très important dans l'animation latérale et sous-jacente de la vie intellectuelle. S'il n'a pas participé directement au *Débat*, il nous a énormément encouragés. Cette sensibilité à l'animation de la vie intellectuelle a toujours été le centre de nos conversations : qu'est-ce qui est intéressant, qu'est-ce qu'il faut faire, qu'est-ce qu'il faut appuyer, où est-ce qu'on peut aller chercher des forces, quelles sont les questions à mettre en avant ?

Il existait entre nous cette chose mystérieuse qu'est un accord de fond spontané, comme je l'ai avec Pierre Nora. Depuis vingt-cinq ans que nous travaillons ensemble, lui et moi, nous n'avons jamais été en désaccord sur un texte ou sur un livre en dépit de l'écart d'âge, de génération, d'origine, de formation. Il y a mille nuances dans l'appréciation, mais il ne nous est jamais arrivé de nous diviser sur une option à prendre. C'est une convergence dans le jugement de cet ordre que j'avais avec Furet.

En plus, il aimait travailler intellectuellement avec d'autres ; il était étonnamment réceptif et il avait une formidable capacité de remise en question, y compris vis-à-vis de choses qu'il pensait depuis trente ans. Sa bonne foi était totale. Cela rendait son commerce d'un agrément rare.

Il y a eu au Débat *un troisième homme, Krzysztof Pomian.*

C'est le cas exemplaire des rencontres qu'une revue permet. Alors que je ne le connaissais ni d'Ève ni d'Adam, j'avais été frappé par un article qu'il avait publié dans les *Annales* au sujet de l'histoire de l'histoire [1]. Je n'avais eu de cesse de le faire lire à mes associés, comme un exemple des textes que nous nous devions de rechercher pour *Libre*. Lors d'un colloque organisé en 1976, en commémoration de la révolte hongroise et de l'octobre polonais de 1956, j'avais eu l'occasion de le rencontrer. C'était quelqu'un de très ouvert, avec qui j'ai sympathisé immédiatement. J'ai été sensible à la rigueur de son raisonnement politique, ancré dans l'expérience de l'opposition en régime communiste, par rapport aux séquelles du révolutionnarisme et de l'ouvriérisme, toujours si présentes dans mon milieu naturel.

Nous avons commencé à discuter, il m'a passé un article sur les collections qu'il venait de rédiger pour l'*Enciclopedia Einaudi,* qui m'a enthou-

---

1. Krzysztof Pomian, « L'histoire de la science et l'histoire de l'histoire », *Annales ESC*, 30/5, 1975, p. 935-952.

siasmé. J'ai imposé un texte de soixante-dix pages dans *Libre*. C'est la première fois où je me suis comporté en éditeur ayant à défendre un projet intellectuel ; j'ai plaidé la cause et emporté le morceau.

J'ai trouvé chez Pomian « un type dans mon genre », comme eût dit Louis Jouvet, chez qui l'expérience de la dissidence nourrissait un regard politique particulièrement aigu et averti. Il était par ailleurs un homme de discussion, doué pour l'échange à un point que je n'ai pas souvent rencontré ; avec une immense culture qui ne cesse de m'émerveiller. Bref, le genre d'homme avec qui on a envie de travailler.

Quand Pierre Nora m'a parlé du *Débat*, il ne connaissait pas Pomian. Je lui ai dit : « Il y a exactement l'homme qu'il nous faut pour ce qu'on veut faire, par son ouverture de compas, par sa culture polyglotte. » Et nous y sommes toujours ! Et toujours substantiellement d'accord. Un étudiant est venu me voir il y a quelques années, avec un projet de thèse sur *Le Débat*. Il avait cru identifier à l'intérieur de la revue un courant Nora et un courant Gauchet, entre lesquels il voulait faire des dosages subtils. Il se demandait à quelle ligne attribuer tel ou tel article qui paraissait plus ou moins déviant, et je lui avais suggéré de l'attribuer à un sous-courant Pomian, qui passait des alliances tactiques tantôt avec les durs, tantôt avec les modérés du bureau politique... Ce n'est évidemment pas de cette façon que les choses se passent !

Comment situez-vous Le Débat *par rapport aux grandes revues concurrentes, notamment* Esprit *et* Commentaire *?*

Ce sont de très bonnes revues avec lesquelles nous avons des rapports confraternels, parce que nous sommes tous embarqués dans le même bateau. Si l'une d'entre elles venait à disparaître, ce serait mauvais signe pour les autres. Nous évoluons dans le même espace, entre droite et gauche, plutôt droite pour *Commentaire*, plutôt gauche pour *Esprit*, mais avec la même indifférence significative pour les clivages politiques. Le pluralisme est entré dans les mœurs intellectuelles. *Le Débat* est moins déterminé par la sociologie d'un milieu de référence. *Esprit*, qui a su gérer son héritage, reste très lié au mouvement social catholique de gauche, entre la CFDT, l'univers associatif, le travail social, etc. *Commentaire* est une revue liée à la fraction libérale éclairée de la haute fonction publique et des enseignants de Sciences Po, des facultés de droit, des facultés de sciences économiques. C'est l'organe de l'establishment cultivé avec un souci politique prioritaire. Nous sommes plus extraterritoriaux et nous avons voulu l'être. Le souci du *Débat* est d'abord intellectuel, et c'est ce qui fait notre démarcation principale. Ce qui nous intéresse dans la politique, c'est l'analyse et l'observation des tendances de fond. Notre fonction propre, c'est le laboratoire des idées, avec du coup une ouverture encyclopédique plus large. Notre idéal est d'embrasser tout ce qui apparaît de pertinent et de neuf dans la production savante, de manière à l'inscrire dans la culture vivante, qu'il s'agisse de science, d'art, de sociologie, de philosophie ou d'histoire. Nous cherchons à décloisonner les disciplines et les domaines, au meilleur niveau, en même temps que nous nous efforçons d'insérer le renouvellement intellectuel dans le débat public, ne serait-ce qu'en le rendant accessible. Nous n'hésitons pas à publier de longs articles, même techniques parfois, s'ils nous paraissent introduire des notions ou des perspectives importantes, la seule condition étant qu'ils soient lisibles pour des non-spécialistes. Pour le reste, notre curiosité est sans limite de principe. Il y a loin, naturellement, d'un tel idéal encyclopédique à ce qu'on peut en pratique publier mois après mois mais c'est lui qui nous guide.

L'un des traits marquants du projet initial du Débat, *que perdure encore, tient à son souci d'ouverture sur la vie intellectuelle internationale. Cela passait notamment, dans les premières années, par la for-*

mule du « livre-montage » visant à présenter des ouvrages classiques non traduits en français. En la matière, la conjoncture s'est considérablement transformée depuis vingt ans.

Sans vouloir nous attribuer le premier rôle, nous avons contribué à notre manière à ce mouvement. La France s'est ouverte sur la production étrangère comme elle ne l'avait jamais fait depuis vingt ans. Cet élargissement des références a concerné les États-Unis au premier chef. Quoi qu'on pense de l'université américaine, c'est elle qui domine désormais. Il est indispensable d'être au courant de ce qui s'y passe. Il faut connaître pour être valablement en désaccord. Le désenclavement a joué dans toutes les directions. Regardez, par exemple, la façon dont la sociologie allemande est entrée dans une tradition qui lui était restée largement imperméable. Le CNL a mené une politique d'aide à la traduction très efficace qui a comblé les grosses lacunes. S'il y a un motif raisonnable d'optimisme à moyen terme, c'est dans ce travail d'appropriation que je le verrais. Digestion faite, il sera un facteur de renouveau. C'est cette évolution qui nous a conduits à abandonner la formule du livre-montage. Cela dit, de nouveaux problèmes surgissent, qui tiennent au coût élevé des traductions et à la contraction du marché universitaire. Il va peut-être falloir repenser la question.

Avez-vous des regrets ou des remords en regardant ce qu'a publié Le Débat *depuis vingt ans ?*

Au total, pas tellement. Nous n'avons pas raté de choses évidentes, rétrospectivement, même s'il y a pas mal de sujets importants pour lesquels nous n'avons pas trouvé d'auteurs. Il y a des choses dont nous aurions pu nous passer, mais je ne vois pas de choses dont nous aurions à rougir, qui seraient aujourd'hui indéfendables. Nous avons prêté de l'attention à des choses qui paraissaient importantes, et qui se sont révélées ne pas l'être. Mais ce sont les effets d'optique inexorables de l'existence historique. On apprend à les mesurer, de ce poste d'observation. Du reste, ces évolutions du regard font partie de la sédimentation d'une revue, par rapport à l'oubli des autres moyens d'information liés à l'actualité. Elles sont instructives. Une bonne analyse politique, à sa date, devient un document irremplaçable lorsqu'elle est dépassée. Un texte qui se révèle à côté de la plaque, après coup, alors qu'il est solidement étayé, nous apprend encore quelque chose. Comprendre l'histoire, c'est comprendre pourquoi il a pu paraître vrai, ou du moins plausible.

Mais le satisfecit rétrospectif est très mauvais

conseiller, je le sais. Il ne garantit rien pour l'avenir. La période qui s'ouvre devant nous s'annonce singulièrement difficile à déchiffrer, sur tous les plans.

VIII

FREUD ET APRÈS

Parallèlement à vos travaux sur le politique, vous avez mené une recherche non moins novatrice sur l'histoire du psychisme humain et de la psychiatrie. Comment y avez-vous été conduit ?

À partir d'une réflexion sur Freud. Il faut resituer celle-ci dans son environnement générationnel. Pourquoi s'intéressait-on tellement à la théorie psychanalytique dans les années 1960 ? Pas seulement pour son aspect langagier et structuraliste avant la lettre. L'idée était largement partagée à l'époque qu'un lien fort unissait Freud et la politique. Lequel ? Une réponse était disponible : le freudo-marxisme de Reich et de ses épigones. Réponse aussi peu satisfaisante que possible à mes yeux et aux yeux de beaucoup, en raison de son simplisme. Mais cette fausse fenêtre refermée, la question demeurait entière. Elle travaillait sans vraiment se dire. J'en reste persuadé, Freud a été un auteur politique extrê-

mement important, de façon souterraine. Je
pense que des gens comme Castoriadis ou
Lefort, par exemple, se sont beaucoup occupés
de tirer une leçon politique de Freud chacun à
leur façon. Chez Lefort, la référence à Freud
n'apparaît pratiquement pas, mais son rôle sous-
jacent n'est pas douteux.

Probablement l'intermédiaire a-t-il été Lacan,
sur ce terrain-là aussi. D'une façon générale,
Lacan a beaucoup contribué à attirer l'attention
sur la dimension politique de Freud ; jamais sous
une forme théorique expresse, mais par des allu-
sions permanentes et passablement provocatri-
ces, dans son style. Dans le cas de Lefort, je suis
certain que cette influence a joué un rôle considérable. Elle s'observe jusque dans le vocabulaire. Le terme de « division » qu'il applique à la
politique vient en droite ligne d'un texte bien
précis de Lacan, « La science et la vérité », prononcé à son séminaire de l'École normale de
1964, publié par les *Cahiers pour l'analyse* et
repris dans les *Écrits*. Lacan y parle de « division
constituante », et Lefort reprend la formule pour
la transposer dans le domaine politique. Ici, ce
n'est plus Freud avec Marx, mais Freud contre
Marx. En regard de Marx, Freud est l'auteur qui
donne à concevoir une certaine irréductibilité de
la conflictualité humaine. Certes, pour Freud,
cette conflictualité est purement intra-psychi-
que ; et ce qu'il dit sur la politique ne va pas très

loin ; sa psychologie collective est d'un réductionnisme peu soutenable. Il reste que le modèle
latent du caractère irréductible de la division
psychique, fortement accentué par Lacan, fournit un levier efficace pour échapper aux philosophies de la réconciliation. Il a permis à nombre
d'auteurs de sortir du marxisme. Freud permet
de penser le caractère constitutif et indépassable
de la contradiction et de la conflictualité à
l'échelle de la psyché humaine. Ce que le déplacement du terme de contradiction à celui de division, chez un auteur aussi averti que Lacan, met
vigoureusement en relief. Par extrapolation, on
peut se demander si les contradictions sociales
ne sont pas justiciables du même schéma d'analyse, comme Lacan ne se prive pas de le suggérer.
Ce qui vaut pour le psychisme humain ne vau-
drait-il pas plus largement pour la société
humaine ?

Ces interrogations ont fait leur œuvre de
manière implicite. Mais je pense qu'elles représentent un des courants souterrains les plus
importants des années 1960. Le freudo-laca-
nisme a joué un rôle déterminant dans la déprise
du marxisme.

Mais Lefort lisait-il Lacan ?

Non seulement il le lisait, mais il le fréquentait
personnellement. Il le rencontrait dans le cadre

du milieu amical dont Merleau-Ponty avait été le centre.

Vous pensez donc que Lacan est un acteur politique caché des années 1960.

En un sens bien particulier, oui, négativement. Si l'on se reporte au projet d'une science générale de l'homme articulant les apports de Marx, de Freud et de la linguistique, il faut bien reconnaître que le Freud de Lacan est le seul qui soit susceptible de s'intégrer dans une telle entreprise. Le Freud de la Société française de psychanalyse ne se prêtait pas à l'opération ! Le Freud de Lacan fait entrevoir un lien entre le psychisme et la société qui ne tombe pas dans les impasses de la projection du psychologique sur le social. Il fournit même la perspective d'un traitement de la question du politique que le marxisme laisse échapper.

C'est dans cette optique que je lisais Freud, autour de 1968, en fonction de l'idée que la philosophie politique ne se sépare pas d'une anthropologie fondamentale et que la théorie de l'inconscient détient les clés de cette dernière. À quoi il faut ajouter la réinscription de Freud dans la tradition spéculative qu'opérait Lacan. C'est l'apport le plus durable de Lacan, indépendamment de la construction doctrinale à laquelle il a procédé. Il a irréversiblement désenclavé le freudisme. De cela, nous lui sommes tous redevables, même si nous nous refusons à le suivre. Il a montré que Freud est un auteur qui a besoin d'une traduction. Il ne parle pas, ou pas complètement, au premier degré. Pour des raisons aisément compréhensibles : Freud est un médecin dont la première tâche est de soigner des malades et qui construit sur cette base une théorie d'autodidacte, de bric et de broc, avec des matériaux empruntés à la neurologie et à la psychologie de son temps. Lacan arrache Freud à cet isolat médical ; il le rattache à un bain culturel infiniment plus vaste, en relation avec la philologie, la poétique, la linguistique, voire les mathématiques de son temps ; il le réinsère dans l'histoire de la pensée, entre Hegel et Heidegger. Le Freud d'après Lacan n'est plus le même, quoi qu'on pense du lacanisme.

À la même époque, Ricœur fournissait aussi une « traduction » du freudisme, ou encore un désenclavement, certes d'une tout autre nature. Mais qu'en pensiez-vous ?

J'avoue à ma honte que je partageais le préjugé du milieu où je vivais et que je considérais que l'excommunication dont il était l'objet devait être fondée ! Je me souviens en particulier d'un article ravageur de Michel Tort, commandité par le premier cercle lacanien, sur « La machine her-

méneutique », dont j'avais eu la stupidité de penser qu'il était convaincant ; le mot même d'herméneutique m'apparaissant comme absurde et
recouvrant un spiritualisme exsangue. Je suis
passé majestueusement à côté, à ce moment-là,
du travail de Ricœur. Péché de jeunesse ! J'ai le
sentiment, Dieu merci, d'être devenu un peu
plus capable aujourd'hui qu'autrefois de juger
par moi-même, d'être moins sujet à ces phénomènes d'entraînement qui étaient du reste typi-
ques de l'époque.

Ce sont en somme les Écrits *de Lacan qui ont joué*
pour vous le rôle de déclencheur.

Certainement. Les propositions de relecture de
Freud par Lacan m'ont paru tellement convain-
cantes que j'ai eu envie de le reprendre extensive-
ment, afin d'expliciter ce qui restait latent chez
lui. C'est ainsi que j'ai commencé mes études
freudiennes et que j'ai fait, avec Lefort, ce qu'on
appelait alors le diplôme d'études supérieu-
res (l'équivalent de la maîtrise ou du DEA
d'aujourd'hui) sur Freud. J'avais choisi une série
de textes que je jugeais cruciaux pour cette opération de traduction philosophique de Freud
dans le langage spéculatif qu'il mobilise sans le
dire : le chapitre sur « Le travail du rêve » dans
L'Interprétation des rêves, un des *Trois essais sur la*
théorie de la sexualité, « L'inconscient » dans la

Métapsychologie, puis « Pour introduire au concept de narcissisme » et *Au-delà du principe de plaisir*. La tâche était démesurée. Mon mémoire avait pris des proportions tellement invraisemblables que je l'ai soutenu sur la seule introduction !

Je marquais d'emblée un écart important avec la lecture de Lacan puisque, dans le sillage de Merleau-Ponty, j'avais intitulé l'ensemble « Une psychanalyse ontologique ». J'essayais d'explorer méthodiquement les vues de Freud sur le corps, la représentation et la pulsion, ou, si l'on veut, l'articulation du biologique et du psychique, et de leur donner leur portée ontologique. D'où la sexualité infantile, évidemment, qui pose le problème de savoir comment un corps biologique devient un corps psychique, érotique, celui du principe de plaisir. D'où le narcissisme aussi bien, l'investissement libidinal de soi sur soi. Il s'agissait d'un travail philologique, au plus près des textes, essayant de mettre en lumière du dedans le travail de pensée qui les anime. Prenez *L'Interprétation des rêves*. Vous avez affaire à première vue à une psychologie associationniste. En réalité, la démarche sous-jacente est complètement différente. J'ai publié la partie la plus aboutie, celle sur la sexualité infantile [1].

---

1. « Freud : une psychanalyse ontologique. Lecture du second des *Trois essais sur la théorie de la sexualité* : la sexualité infantile », *Textures*, 4/5, 1972, pp. 115-156 ; 6/7, 1973, pp. 69-112.

Dans tout cela, il n'était pas encore question d'histoire de la psychiatrie.

Non, mais j'y suis venu assez vite dans le cadre de ce travail sur Freud, en fonction de l'inévitable interpellation du mystère que représente la naissance de la psychanalyse : est-ce que l'empirisme simple d'un homme intelligent, confronté à des problèmes spécifiques de pathologie mentale, peut rendre compte de son invention ? C'est difficile à croire. J'ai essayé d'en savoir plus sur ces névrosés dont il parlait, ces hystériques, etc. J'avais lu comme tout le monde l'*Histoire de la folie* et *Naissance de la clinique*, ne doutant pas que Foucault eût raison en tout.

À cela s'ajoute un élément biographique contingent : c'est que j'ai commencé à travailler avec Gladys Swain, dont j'avais fait la connaissance en mai 68. Elle était à l'époque trotskiste et faisait même plus ou moins partie des instances dirigeantes de la IVe Internationale. Nous avons commencé par nous engueuler avant de tomber amoureux. Elle achevait ses études de médecine dans l'idée de devenir psychiatre. Sa fréquentation et notre vie commune ont eu une influence absolument déterminante sur l'orientation de mon travail. Elle m'a appris l'existence de la clinique psychiatrique, dont j'ignorais tout et pour laquelle elle avait un talent unique. En

outre, nous étions dans les années de la contestation antipsychiatrique fervente. En bonne militante, elle était en première ligne, s'agissant de
lutter contre les aberrations carcérales de l'asile
d'alors. En même temps son sens clinique la rendait d'emblée extrêmement sceptique à l'égard
de la doctrine antipsychiatrique en bonne et due
forme. Il n'était pas question pour elle de dire
que la folie n'existe pas, qu'elle relève d'un complot de la bourgeoisie pour mettre une partie du
prolétariat derrière les barreaux, ou bien qu'elle
dissimule une expérience libératrice réprimée
par notre société au lieu d'être reconnue dans sa
portée spirituelle initiatique.

À un moment donné, toutes ces lignes se ren-
contraient. À rebours du discours antipsychiatrique qui servait de discours d'escorte à la psychanalyse de l'époque — la psychanalyse, c'est
la rupture avec la psychiatrie de type clinique
objectivante, c'est l'écoute de l'autre —, j'ai pris
conscience qu'en réalité la psychanalyse s'insé-
rait pleinement dans la lignée de la compréhension clinique de la folie. La psychiatrie constituait l'un de ces langages cachés à partir desquels
le surgissement de la psychanalyse pouvait devenir intelligible. Derrière ce discours officielle-
ment sans racines ni tenants et aboutissants, je
découvrais l'enracinement secret dans une histoire. Freud était bel et bien l'héritier. Il devait
se comprendre dans la continuité d'une disci-

pline et du développement de ses problèmes. Nous nous en sommes convaincus petit à petit, Gladys et moi.

Se posaient alors des problèmes de cohérence. Il fallait faire tenir ensemble, d'une part, une certaine critique de l'antipsychiatrie, l'idée que la folie existe même si elle n'est pas ce que la psychiatrie dit qu'elle est — ou plutôt postule qu'elle est par le type de traitement qu'elle lui applique —, d'autre part, la découverte freudienne mais avec ses limites dans le domaine de la psychose, limitation que Lacan avait le mérite de signaler et à laquelle il entendait remédier par sa théorie assez obscure de la forclusion. Encore n'était-ce pas tout. À l'arrière-plan, il fallait sauver le noyau rationnel de l'antipsychiatrie, à savoir la critique des institutions et de la manière dont notre société traite ses fous. Où l'on rencontrait Foucault. Son interprétation était séduisante par sa radicalité. Il proposait l'hypothèse d'un coup de force de la raison contre la folie, raison qui se constitue en désignant un Autre, qu'elle s'emploie ensuite à inventorier inépuisablement, mais Autre qui est un artefact puisque c'est la raison qui l'a créé en se séparant de lui. La psychiatrie n'était rien d'autre que cette illusion en acte de la raison sur elle-même. Dès lors qu'on admettait qu'il y avait une certaine vérité pratique de la psychiatrie clinique, en prise avec un objet réellement existant, on ne pouvait plus se contenter de cette superbe déclaration d'inanité. Il fallait revoir tout cela.

*Vous y êtes parvenus assez rapidement puisque sont
en place les éléments principaux de votre interprétation dès le livre de Gladys Swain,* Le Sujet de la
folie, *en 1978.*

Non, dès 1974, date de la soutenance de sa
thèse de médecine. *Le Sujet de la folie* reprend le
texte de sa thèse. Sa préparation a été l'occasion
de discussions innombrables qui nous ont permis de mettre au point un schéma d'interprétation alternatif qui continue de me paraître le bon.
Il fallait concilier tous les paramètres que j'ai
énumérés : l'inscription de Freud dans l'histoire
de la connaissance de la folie, à travers cette
modalité très particulière et très nouvelle qu'est
la névrose ; et la fondation de la psychiatrie clinique dans un geste pratique qui repose sur une
véritable découverte relativement à la nature de
la folie, geste qui a des implications théoriques
considérables — discernées par le plus grand
philosophe de l'époque, Hegel. Cette découverte
est celle du sujet de la folie. La folie, comme la
psychanalyse nous l'a appris après coup, est une
altération de la fonction subjective, un ébranlement de ce qui constitue le sujet humain. C'est
dans cette mesure qu'elle excède la médecine en
ce qu'elle touche à l'humanité dans l'homme et

pas simplement au fonctionnement de la machine humaine. Mais cette altération de la fonction subjective n'est pas une abolition du sujet. Le fou reste sujet de la folie qui le met en cause dans sa puissance de sujet. La prise en compte de cette dimension est le point de départ de la connaissance psychiatrique. Sa découverte est purement pratique, à certains égards. Elle se résume dans la découverte qu'on peut parler avec les fous. Cet échange ne va pas de soi. Il met au défi les règles usuelles du dialogue : il est aussi vain de les contredire qu'impossible de les suivre dans leur délire. Mais l'entre-deux, si l'on parvient à le trouver, se révèle riche de possibilités pratiques aussi bien que de perspectives de compréhension. Il autorise à s'adresser au « reste de raison » conservé chez l'aliéné. Il permet d'espérer le soigner par la parole : c'est le fameux traitement moral de Pinel et d'Esquirol, sur lequel on a écrit tant de bêtises. Il est vrai qu'il a connu de rudes vicissitudes par rapport aux espérances initiales. Des vicissitudes avec lesquelles nous n'en avons toujours pas fini. Car cet intervalle entre le sujet et son aliénation, qui rend possible le traitement par la parole, demeure l'espace problématique de nos psycho-thérapies. On peut effectivement traiter les fous de l'intérieur, on peut les aider à faire d'immenses progrès dans leur rapport à leur propre folie, sans pour autant parvenir à les en délivrer.

Vous dites volontiers que la découverte, par la première génération d'aliénistes, du « sujet de la folie », est un événement considérable dans notre histoire.

C'est le genre d'événements discrets, à peine perceptibles sur l'instant, qui changent à long terme l'entente de l'humain en dévoilant une face cachée de son fonctionnement. Au moment où Hegel amène la spéculation philosophico-théologique sur le principe de subjectivité à son point culminant, à bas bruit, parallèlement, s'ouvre une autre scène pour la pensée du sujet, en fonction d'un tout autre support, à partir de la pratique même de l'esprit humain et de la confrontation à ses limites. Car la découverte de la distance intime de l'aliéné à son aliénation est bouleversante par la série de conséquences qu'elle emporte. En premier lieu, donc, elle autorise une prise thérapeutique d'un genre inédit. Ce n'est pas qu'auparavant on n'avait pas tenté de traiter les fous, mais on ne pouvait l'imaginer qu'en passant par l'extérieur : par exemple en les plongeant brutalement dans l'eau froide avec l'idée que le choc allait peut-être les réveiller ; les démarches se ramenaient toujours à des stratégies de réveil. Ce qu'il y a de révolutionnaire dans la découverte du sujet de la folie, c'est la découverte d'une prise par le dedans sur la nature même du trouble. À partir d'un tel point d'appui on peut parvenir, en deuxième lieu, à une saisie *interne* des symptômes de la folie, qui ne se contente pas d'un repérage des traits généraux du comportement de l'aliéné, mais qui entre finement dans la manière dont il habite son discours et sa conduite. Il devient possible d'élaborer une connaissance clinique de l'aliénation à la fois objective et compréhensive. Or, ce qui va se découvrir en troisième lieu dans l'approfondissement de cette connaissance, à mesure qu'elle avance dans l'exploration des figures de la déraison, c'est qu'elle amène au jour un aspect inconnu du fonctionnement du psychisme humain. Derrière les formations psychopathologiques se révèle quelque chose comme des structures qu'aucune expérience naturelle de l'esprit normal ne laisse apercevoir. La folie devient le miroir de ce que nous ne sommes pas capables de discerner spontanément en nous-mêmes. C'est le pas supplémentaire des parages de 1900 dont Freud est le plus illustre acteur, mais pas le seul.

De ce point de vue, le cadre épistémologique dans lequel Freud opère n'est pas mystérieux : c'est celui de la révision des rapports du normal et du pathologique proposée par Claude Bernard dans la seconde moitié du XIXᵉ siècle. Si ça marche pour la glycogenèse, pourquoi pas pour les autres fonctions ? Un médecin au fait de la science de son temps peut penser le normal à partir du pathologique, y compris dans le domaine de la psychopathologie. Freud radicalise une démarche ébauchée par d'autres.

Nous tenions ainsi, de Pinel à Freud, une perspective d'interprétation capable de rendre compte plausiblement de l'émergence de la psychanalyse à un moment donné, dans une conjoncture précise, et non pas une invention pure, du dehors de l'histoire, comme il y avait des gens pour le soutenir sans sourciller. S'ouvrait la possibilité d'une historisation vraie du freudisme.

Pour vous, concrètement, quel programme résultait de cette découverte du sujet de la folie ?

Cela voulait dire immédiatement trois choses : d'abord, une lecture politique de l'histoire de la folie comme histoire d'une inclusion et non d'une exclusion, avec ce que cela impliquait de rupture par rapport au schéma heideggériano-foucaldien quant à la dynamique de la modernité ; ensuite une relecture interne de l'histoire de la connaissance psychiatrique incorporant la découverte freudienne comme un de ses moments ; enfin, l'ouverture d'une interrogation philosophique renouvelée, trouvant dans l'expérience de la folie au sens le plus large les bases d'une théorie du sujet susceptible d'être fondée dans le roc de l'observation.

Si on sait les déchiffrer, les pathologies mentales, grandes et petites, extrêmes ou banales révèlent des structures du sujet. Elles font surgir un envers du décor qui permet d'entrevoir l'intérieur de la machine psychique. Elles permettent de remonter aux conditions qui rendent possible l'existence d'un sujet. C'est précisément cette possibilité qui est remise en cause dans la folie qui acquiert dans cette lumière — Lacan a de fortes pages là-dessus — toute sa portée d'énigme *humaine*.

Pourriez-vous illustrer en ce point votre propos ?

Prenons des phénomènes comme la paranoïa et la schizophrénie. Ils sont extraordinairement éclairants quant à la manière dont fonctionne le sujet humain au quotidien. Car ils grossissent de manière paroxystique des dispositions qui sont discrètement à l'œuvre dans l'expérience normale et que le dernier Merleau-Ponty, par exemple, retrouve par une tout autre voie dans son analyse de la perception : le fait que dans la moindre opération perceptive, il y a un double mouvement d'exclusion et d'inclusion vis-à-vis du monde environnant. Je m'en sépare pour l'objectiver et je m'y incorpore jusqu'à la dépersonnalisation. Si je n'étais pas moi-même une chose parmi les choses et me sentant coapparte-nir aux choses, je ne percevrais pas. C'est très exactement ce que *vit* le schizophrène, au point d'avoir le sentiment d'éclater, de se dissoudre, de vivre des expériences terrifiantes de disparition de lui-même dans les choses. À l'autre extrémité du spectre psychique, le paranoïaque s'efforce désespérément de s'extirper du monde afin de le maîtriser, dans l'angoisse d'être maîtrisé par les forces qui le mènent — c'est sa fondamentale ambivalence. Et en effet, si nous ne nous posions pas d'une certaine manière hors monde, il n'y aurait pas pour nous de monde objectif. Sauf que, dans l'expérience normale, nous vivons cela sur le mode d'une circulation entre des pôles, en étant capables de faire le pont entre les deux extrémités. C'est cette liaison qui se brise dans la pathologie. La pathologie correspond à la dissociation explosive de virtualités opposées qui normalement fonctionnent ensemble et ne se développent pas jusqu'au bout. Dans les psychoses, elles se disjoignent, l'une ou l'autre prend le dessus en allant à son extrémité.

À un niveau beaucoup moins dramatique, on peut aussi donner en exemple la structure du comportement sous l'angle du désir. Ce que le désir humain a de spécifique, c'est d'être capable d'application réflexive. C'est en cela qu'on peut dire que l'homme n'a pas d'instinct : ses appétits ne sont jamais nus, ils sont habités par le rapport à eux-mêmes, ils sont constitués autour de la capacité de les différer et de la représentation des moyens de les satisfaire, au point qu'on peut préférer la représentation de l'objet — ce dont les perversions sexuelles offrent d'abondants témoignages. Cela donne à une extrémité la pathologie de la maîtrise du désir, qui interdit la possibilité de s'y abandonner et de le satisfaire, et cela donne à l'autre extrémité la pathologie de l'impossibilité de supporter la frustration, la défaillance du recul représentatif vis-à-vis de son propre désir.

À mes yeux, nous n'avons qu'à peine commencé à tirer les leçons de la folie. La psychanalyse n'a été qu'une première tentative en ce sens, un modeste commencement. Si nous devons un jour avoir une pensée éclairée du sujet humain, c'est dans la clinique des maladies mentales qu'elle trouvera l'un de ses appuis les plus sûrs. Rien ne révèle davantage ce que nous sommes en fin de compte que ces états de souffrance indicible où nous avons l'étrange faculté de tomber.

N'est-ce pas une spécificité du sujet humain ?

Je le crois. J'irais jusqu'à dire que l'essence de la psyché humaine est la souffrance ; c'est la marque distinctive de sa constitution que son incroyable vulnérabilité. Ce qui n'empêche pas l'espèce humaine d'être hantée aussi par la recherche d'un plaisir pour lequel elle dépense une énergie démesurée ! Ce potentiel exorbitant de souffrance est ce qui saute aux yeux dans les pathologies mentales, qui sont les formes extrêmes de la souffrance humaine. Ce n'est pas seulement une souffrance que l'on ressent objectivement dans son corps, mais quelque chose qui engage votre existence en tant que sujet et qui est proprement insupportable.

Vous êtes passé bien rapidement sur le renversement du modèle foucaldien de l'histoire de la folie, auquel vous avez procédé à la fin des années 1970. Était-ce délibéré de votre part, cette mise à terre de celui qui était, à l'époque, une idole incontestée ?

Pas du tout. Nous songions en priorité à nous dépêtrer de nos propres perplexités. Ces choses se nouent toujours d'une manière contingente. Tout est parti d'un article critique sur l'*Histoire de la folie* qu'on nous avait demandé d'écrire, à Gladys et à moi. Nous pensions faire un texte très général en montrant simplement qu'il est possible d'interpréter d'une autre manière le matériel exploité par Foucault. Nous restions très dépendants de sa problématique. Mais, en relisant de près son livre, nous nous sommes aperçus qu'il comportait des lacunes invraisemblables et des erreurs impressionnantes. Il nous a fallu surmonter notre intimidation : quand vous avez vingt-cinq ans, et que vous décelez de grosses distorsions des faits et des sources dans un livre où Monsieur Canguilhem n'a rien vu à redire, vous vous demandez si vous lisez bien ! Nous nous sommes sentis déliés de nos scrupules lorsque, ayant fini par nous procurer la première édition du traité de Pinel sur l'aliénation mentale — celle que citait Foucault —, nous nous sommes aperçus que les références que celui-ci donnait renvoyaient à des pages qui ne figuraient pas dans cette édition, mais dans la seconde. Foucault citait tranquillement la seconde édition comme si c'était la première...

Mais enfin, est-ce que ça avait une réelle importance, que ce soit la première édition ou la seconde ?

Une importance certaine ! Les deux textes sont sensiblement différents. La seconde édition efface les traces discernables dans la première. Qui plus est, en cherchant le fameux récit de la délivrance des aliénés, autour duquel Foucault construit un de ces morceaux de bravoure dont il a le secret, nous nous sommes aperçus qu'il ne se trouve nulle part chez Pinel, que l'épisode est rapporté trente ans après par le fils du supposé libérateur.

En revanche, nous découvrions en lisant de près Pinel un matériau extraordinairement parlant, nullement exploité par Foucault ni du reste par personne. La thèse de Gladys apporte la démonstration qu'à partir d'une analyse très fine du *Traité médico-philosophique sur l'aliénation men-*

tale de Pinel, et en se basant sur les versions primitives des mémoires qu'il rassemble, il est possible de reconstituer un itinéraire de pensée hautement révélateur. Il laisse apparaître le travail de la découverte. On voit comment le sujet pratique de la folie devient le sujet de la connaissance clinique — ce qui ne se voit plus dans la seconde édition. Encore le traité de Pinel est-il loin d'être le seul document sur lequel on puisse se fonder. Nous avons exhumé la thèse d'Esquirol sur les passions, texte quelquefois invoqué mais jamais lu. C'est un texte saisissant par la systématisation qu'il opère de ce qui s'ébauche chez Pinel. Il y a aussi une quantité de documents vierges aux Archives nationales, au Conseil général des hospices et dans les Archives départementales. Nous n'avons exploré qu'une petite partie de ce fonds.

C'est de cette façon que je me suis fait historien, je veux dire que j'ai trouvé la manière qui me semble la bonne d'écrire l'histoire. Je ressentais une frustration, souvent, à la lecture des historiens, sans me l'expliquer. J'ai compris pourquoi en essayant d'aboutir à un résultat plus satisfaisant. Il s'agit de combiner des démarches que les historiens répugnent à mêler : l'établissement des faits et l'analyse des textes. Les historiens n'aiment pas se frotter aux textes théoriques, d'abord parce qu'ils ont, à juste titre, la religion de l'archive et du document inédit, mais surtout parce qu'ils ont la foi dans la portée explicative de l'objectivité des faits. Qu'importe ce que peut raconter un auteur, on en saura toujours beaucoup plus en interrogeant les données du contexte, les contraintes de sa carrière, les réalités de son milieu. Ils se privent ainsi d'un matériau documentaire de première valeur. Si l'on replace les textes par lesquels les acteurs s'efforcent de penser ce qu'ils font au centre d'une histoire que l'on s'attache par ailleurs à reconstituer aussi précisément que possible dans son objectivité matérielle, on accède à un niveau d'observation de l'histoire se faisant incomparablement plus éclairant, à mon sens, que celui auquel on se situe d'ordinaire. On arrive au plus près de l'histoire telle que les acteurs la réfléchissent, je ne dis pas la vivent — c'est le niveau qu'on n'atteint évidemment pas. Dire « la réfléchissent », cela veut dire aussi bien que les acteurs se trompent à son sujet, forment sur elle des jugements erronés. Néanmoins, le fait qu'ils la réfléchissent apporte des lumières qu'aucune étude objective, quelle que soit sa sophistication, ne peut obtenir. Il y a un niveau réflexif de l'histoire où elle se rééclaire toute.

Nous n'avons publié qu'une petite partie de ce que nous avons étudié. Nous y avons aussi consacré plusieurs séries de séminaires. Nous avons refait la même opération de détail pour Charcot, à l'autre bout du XIXe siècle, parce que c'est aussi un épisode privilégié, pour lequel on dispose d'une masse de documents de tous ordres : institutionnel, politique, social, idéologique, médical et clinique. On pourrait l'entreprendre pour Falret, pour Griesinger, pour Kraepelin, et d'autres.

Travail immense dont vous n'avez donné que des fragments, même s'ils sont considérables, avec La Pratique de l'esprit humain *puis* Le Vrai Charcot. *Il resterait à réécrire l'histoire de la folie sur le même mode. Envisagez-vous d'y revenir ?*

La mort de Gladys a modifié mes plans en ce domaine. Dans un premier temps, je me suis senti découragé de me retrouver seul devant la tâche et je me suis dit que je n'y reviendrais pas. Et puis, après avoir publié le *Charcot*, j'ai retrouvé un peu de goût pour elle. Je crois avoir trouvé une manière de m'en tirer et de tirer quelque chose de ces matériaux accumulés. Je voudrais reprendre cette histoire dans une perspective globale, autour de quelques moments clés dûment approfondis, mais replacés à l'intérieur d'une histoire générale, l'histoire de ce que j'appelle le principe d'individualité. Suivre ce fil est une bonne manière de s'introduire à l'histoire du complexe individu-personne-sujet dans la modernité.

Il y a deux parcours éminemment révélateurs

du point de vue d'une telle histoire du principe d'individualité : l'histoire de l'affectivité et l'histoire de la folie. L'association des deux éclaire au mieux la révolution anthropologique que représente l'avènement de l'homme moderne. Le dégagement de l'individu se traduit, on le sait, dans l'émergence de la psychologie. Avant d'être une discipline, celle-ci est une expérience pratique, une modalité du rapport à soi et aux autres. La psychologie a fonctionné comme un levier de l'autocompréhension, de l'autoconstitution des individus comme tels. Dans cette entente psychologique de soi et de ses pareils, la place de l'affectivité est primordiale. Ses évolutions en disent très long sur le sens de la singularité individuelle. En longue période, l'individu s'affirme comme un être de plus en plus affectif, mais avec des transformations dans les modalités de ses émotions, de ses sentiments, de ses passions qui correspondent à autant de mutations de l'individualité.

Le problème de la folie est d'un ordre différent. Il relève non de l'expérience courante, mais de l'expérience-limite. Il éclaire plus spécifiquement cette autre dimension, liée à l'individualité, mais distincte d'elle, qu'est la subjectivité. En quoi l'individu est-il un sujet ? Qu'est-ce qui le constitue comme sujet ? La folie est une des grandes découvertes de la modernité. Non qu'on ait attendu l'époque moderne pour savoir qu'on pouvait être fou. Mais cette expérience de la sortie de soi a pris une portée sans commune mesure avec celle qu'elle revêtait auparavant à partir du moment où elle est apparue comme mise en question de l'être soi. C'est elle qui détient ultimement notre secret de sujets. Son histoire donne à comprendre le devenir du principe de subjectivité.

Cette méthode a un inconvénient, c'est qu'elle est très coûteuse en place et en temps. Il faut donc bien choisir les points sur lesquels on l'applique car il est exclu d'écrire de cette façon une histoire continue, sauf à empiler les volumes. Elle ne se contente pas de l'espèce de restitution moyenne où l'on combine un peu tout sans entrer vraiment dans rien. Elle demande un investissement sur des micro-objets stratégiques. Elle exige autrement dit de combiner l'emploi du télescope et du microscope. Il faut replacer ces nœuds significatifs dans des perspectives longues pour les mettre en relief et, en même temps, il faut les faire parler au maximum du dedans, en n'hésitant pas à descendre dans le plus fin détail de leurs expressions.

Est-ce là votre programme de travail ?

Je suis en train de travailler à un livre sur l'idéologie qui constitue la suite du *Désenchantement du monde*. Si l'on prend au sérieux l'idée de la sortie de la religion, on doit en effet se demander : qu'est-ce qui succède à la religion ? J'en dis quelques mots dans *Le Désenchantement du monde,* mais c'est la partie qui me semble la moins satisfaisante du livre. Ce qui succède à la religion, c'est l'idéologie, dont il s'agit de construire une notion rigoureuse. L'idéologie est le cadre intellectuel et l'univers mental des sociétés d'après la religion. Retracer sa genèse et analyser son fonctionnement suppose de mettre en perspective l'histoire des deux derniers siècles sous l'angle de ce qui se passe dans la tête des acteurs de cette histoire. Ce travail est naturellement intriqué avec un autre projet, consistant à retracer l'histoire de la démocratie depuis deux siècles, dans ses développements et ses crises. La démocratie, c'est le gouvernement des communautés humaines après la religion. Cette politique de l'autonomie ne peut se saisir comme une essence arrêtée une fois pour toutes. Elle ne se comprend que dans son processus de déploiement et d'approfondissement. C'est après ces deux ouvrages que je voudrais revenir sur l'histoire de l'individu, afin de compléter le tableau, en considérant le statut de l'acteur après le cadre intellectuel et la dynamique politique. Mon idée serait d'introduire une dimension supplémentaire en prenant ce parcours du dedans, ou du moins en connectant l'histoire externe de l'individu aux étapes de son expérience et de son idée de lui-même. C'est ici que je compte retrouver l'histoire de la folie.

Revenons, si vous voulez bien, sur la période où vous publiez La Pratique de l'esprit humain, *en 1980. Trois ans plus tôt, vous avez publié votre article sur « la dette du sens » ; cinq ans après, vous allez publier* Le Désenchantement du monde. *Est-ce à dire que, au moment où vous travailliez sur la folie, vous n'aviez pas cessé de vous intéresser à la religion ?*

J'ai continué de lire, de prendre des notes, de travailler très régulièrement sur la religion. En plus, dans mon esprit, les deux domaines n'étaient pas sans relations. Il est clair que la religion implique une certaine expérience de soi-même, y compris de ce qui se donne comme folie dans notre culture, et qui rend la folie « normale » dans une certaine mesure. C'est la vérité relative de la thèse de l'intégration des fous dans les cultures traditionnelles. Dans un monde profondément religieux, il est normal de penser que la vérité est susceptible de parler au travers de vous en dépit de vous. Un discours incoercible qui déloge le sujet de sa propre place pour témoigner d'une vérité supérieure est une donnée de l'expérience collective. Il en va de même de la possession, qui est un invariant anthropologique remarquable et qui implique un rapport de dépossession au corps *propre* en fonction de l'invisible dont nous sommes devenus incapables. Il y a un croisement entre expérience religieuse et expérience psychopathologique que j'ai beaucoup travaillé. Inversement, un regard distancié sur la folie ne se conçoit que dans une société qui sort de la religion. On peut le montrer d'une façon très fine, à propos d'une notion dont la naissance est passionnante à suivre, l'hallucination. L'hallucination ne peut pas être reconnue dans un monde où l'apparition est commune et où le moindre paysan rentrant chez lui peut voir la sainte Vierge ou saint Mathurin venir lui faire leurs confidences. Jamais, il est vrai, le doute n'a cessé d'exister sur la santé mentale de ceux à qui de telles apparitions advenaient. Les Églises n'ont accueilli ces choses-là qu'avec prudence, y compris dans les âges où la foi était la plus intense. L'hallucination se dégage comme expérience spécifique dans une société où l'apparition devient problématique. On peut le montrer d'une façon précise dans le contexte français de la Restauration ou dans le contexte anglais des premières années du XIXe siècle. Ce sont des moments de vifs débats sur les manifestations du surnaturel. Les autorités religieuses et politiques sont saisies de perplexité devant le phénomène. L'apparition devient un miracle tellement exceptionnel que l'hallucination devient pensable, que l'irruption prétendue d'une voix d'ailleurs ou d'une vision surnaturelle sont imputées en priorité au dysfonctionnement de l'esprit.

Quand le terme lui-même apparaît-il ?

Son usage se répand dans les nosographies du XVIIIᵉ siècle. Mais il ne renvoie à ce moment-là à aucune donnée clinique ; c'est un terme classificatoire. Sa véritable apparition date de 1814-1815. La plupart des psychiatres, cela dit, y compris parmi les meilleurs, seront incapables de le *penser* pendant longtemps ; parce que le concept remet complètement en cause les repères de l'expérience subjective.

Du point de vue de l'articulation visible/invisible, extérieur/intérieur, l'hallucination est un test crucial. Ce qui se donnait sous le signe de l'objectivité de l'invisible est renvoyé vers la subjectivité, vers l'invisible de l'intériorité. C'est un point que j'espère reprendre dans le livre dont je parlais à l'instant. Il illustre à merveille le renouvellement des repères de l'expérience de soi qu'implique la sortie de l'expérience religieuse. La soustraction à l'empire de l'invisible change le statut de l'âme et du corps du point de vue de soi. L'objectivité du corps et l'objectivité de l'âme sont absorbées dans la subjectivité individuelle — l'objectivité de l'âme, parce que celle-ci relevait d'un ordre supérieur de réalité au regard du moi terrestre présent et de son attache temporaire à un corps. Un individu au sens moderne n'a pas d'« âme » au sens religieux du terme. Il est actuellement tout ce qu'il peut être, corps et esprit confondus. Il constitue une totalité indivisible. L'âme a déserté la surnature pour s'incorporer dans l'individualité.

De même, la notion d'inconscient suppose un certain stade de sortie de la religion. Il n'y a pas d'inconscient pensable dans une culture religieuse où l'ordre des choses signifie de part en part, où l'expérience commune est tissée de symboles. L'inconscient devient concevable à un stade avancé de la désinsertion de l'esprit et des choses et de la désymbolisation tant du fonctionnement social que de la marche des phénomènes naturels. Ce qui est symbole ne peut relever que de l'intériorité psychologique et prend de ce fait un autre statut. L'inconscient apparaît à ce moment-là.

Ce sont, vous le voyez, des histoires étroitement liées que celle de la folie et celle de la religion, sur un certain plan. Il y a du sens à les interroger de front.

IX

L'IDÉE D'UNE HISTOIRE DU SUJET

Pour présenter l'ensemble de votre démarche, vous avez retenu, comme intitulé de l'enseignement que vous donnez depuis 1989 à l'École des hautes études en sciences sociales, une expression qui englobe aussi bien vos travaux sur l'histoire politique de la religion que sur l'histoire des psycho-pathologies, « histoire du sujet ». Dans cette formule, la notion de « sujet » est entendue en un sens très précis, relativement éloigné de l'usage commun du terme.

Le sujet, au sens courant du terme, c'est l'être pensant, l'individualité considérée sous l'angle de l'intériorité. Et puis il y a une acception philosophique élaborée du terme, venue de Hegel et reprise par Heidegger, qui pointe dans le sujet le caractère historique propre de la raison moderne. C'est dans cette ligne de pensée que je me situe lorsque je parle du sujet et de l'histoire du sujet. En effet, la subjectivité est un produit typique de la modernité. Elle est, pour être

tout à fait exact, le résultat spécifique de la sortie
de la religion. C'est dans cette lumière que je
propose de redéfinir le sujet. Il me semble que
ce foyer permet de donner au concept à la fois
une extension et une précision où il trouve sa
pleine justification.

Nous disposons de trois termes qui se recou-
pent dans l'usage ordinaire et qui gagnent à être
distingués soigneusement : individu, personne,
sujet. L'humanité, à l'exemple des autres espèces
vivantes, est composée d'individus, au sens biologique du terme. Ces individus sont dotés de
réflexivité, de présence à eux-mêmes, ils possèdent le sens de leur identité singulière dans le
cadre d'identités collectives. Il faut les dire des
personnes, en ce sens. L'humanité, en ce qu'elle
a d'irréductible, est faite depuis toujours de personnes qui se reconnaissent les unes les autres
comme des personnes, chaque culture, chaque
civilisation aménageant et définissant à sa
manière cette donnée invariante de la personne.
Les sociétés modernes changent le statut des
personnes de l'extérieur, en tant que membres
de la société en les constituant en *individus de
droit.* Les individus biologiques deviennent des
individus sociaux, en se voyant reconnaître une
égale liberté les uns par rapport aux autres.
Parallèlement, le processus de sortie de la religion qui engendre la modernité transforme les
personnes de l'intérieur. Il les érige en *sujets,* en

changeant les conditions de fonctionnement de leur réflexivité et de leur identité. Mais ce principe de subjectivité ne se limite pas à la sphère de l'individualité, même s'il y a un point d'application privilégié. Il concerne l'établissement humain dans son ensemble et son mode de fonctionnement, sa manière de se rapporter à lui-même. Sujet est le concept qui me semble nommer de manière appropriée ce mode d'être inédit de l'humain en général qui résulte de la sortie de la religion.

Nous avons évoqué à plusieurs reprises, au cours de nos entretiens, cette idée centrale de votre travail, mais sans l'aborder de front. Pouvez-vous nous dire en quel sens vous parlez de « sortie de la religion » ?

Sortie de la religion doit se comprendre au sens de la sortie d'une manière d'être de l'humanité par laquelle elle se concevait et se posait sous le signe de l'Autre. Sur 99 % de son parcours, l'humanité s'est définie dans le miroir d'une altérité constituante. Ce qui nous constitue nous vient d'ailleurs et du dessus. Nous sommes ce que nous sommes du fait de notre dépendance envers plus haut que nous. Les modalités de cette dette sont très diverses et très intéressantes à analyser dans leurs différences, mais la structure est la même. L'identité humaine est définie par une altérité. On peut parler d'une structure parce qu'il y a une très grande logique dans les effets de cette manière de penser et de s'organiser. La sortie de la religion, en regard, est ce phénomène tout à fait prodigieux, quand on y songe avec un peu de recul, qui consiste à écarter l'altérité de la définition de l'humanité. La communauté humaine en vient à se définir à partir d'elle-même. Elle se donne ses raisons depuis elle-même : le règne de l'hétéronomie fait place au monde de l'autonomie. L'homme était séparé de lui-même, il se rejoint. Il était assujetti, il devient sujet. Mais il le devient par des chemins et sur un mode parfaitement inattendus — le contraire de la coïncidence avec lui-même. Selon le schéma feuerbachien de la réappropriation, l'humanité aurait dû acquérir la transparence à elle-même en se désaliénant. C'est l'inverse qui s'est produit. En réalité, l'altérité externe et substantielle des religions recouvrait et comprimait une altérité interne qui se déplie à mesure que l'emprise du religieux recule. Une altérité relationnelle, qui n'empêche pas que tout se joue entre les hommes et eux-mêmes, s'agissant de la définition de ce qu'ils sont, mais qui fait passer ce rapport par des séparations ou des disjonctions appelant un travail indéfini de ressaisie réflexive. C'est l'Autre surnaturel qui produisait l'identité fonctionnelle de l'homme avec lui-même. Lorsque l'identité métaphysique — l'autonomie — s'installe, le rapport de l'humanité avec elle-même devient un rapport d'altérité fonctionnelle, que ce soit au plan collectif, dans la société, dans la politique, ou que ce soit au plan individuel. Tout se joue entre soi et soi, mais moyennant une extériorité pratique à soi. C'est cela l'économie moderne de la subjectivité. Elle est la notion de cette forme générale de relation où la différence effectuante est le support d'une identité ouverte, en quête d'elle-même, inachevable.

On pourrait dire qu'en sortant de la religion, l'humanité change d'aliénation.

Le mot d'aliénation ne convient pas vraiment, puisqu'il n'y a pas à proprement parler d'étrangeté substantielle à soi — je n'attribue pas ce que je suis à un autre que moi. L'autre dont il s'agit passe entre soi et soi-même. Il s'inscrit à l'intérieur d'une identité dernière avec soi, métaphysiquement parlant — les raisons qui commandent mon comportement sont de moi, elles ne relèvent pas d'un destin extrinsèque, pas plus que les raisons qui président à la marche de la société dont je suis membre ne relèvent d'une source transcendante. Mais il suspend l'accès à ces raisons à un détour structurel, à des disjonctions irréductibles qui rendent leur possession à jamais évanescente.

La société autonome, cela va se révéler en pra-

tique, à mesure qu'elle prend corps au XIXᵉ siècle, et à l'immense surprise de ses acteurs, la
société qui se disjoint de l'État au travers duquel
elle se gouverne et la société dont les parties se
divisent. On attendait le contraire, et à juste titre
après tout. Une société où le pouvoir n'impose
plus un ordre extérieur à la communauté, mais
émane d'elle et lui ressemble promet une unité
jamais vue entre le peuple et le gouvernement.
De même qu'une société qui n'oblige plus ses
membres à partager une foi unique, mais laisse
libre cours à l'échange des arguments et à la
circulation des lumières permet d'espérer une
unité supérieure des esprits, sur la base de leur
indépendance, grâce à leur accord en raison. Or
c'est l'opposé qu'on voit se produire. Plus le
pouvoir procède de la société par la voie de la
représentation, plus il se détache d'elle pour
accomplir les missions qui lui sont confiées. Plus
la discussion collective s'étend, plus elle s'organise et se polarise autour de camps irréconcilia-
bles. Ce scandale nourrira durablement le rejet
révolutionnaire du monde bourgeois. En réalité,
on mettra beaucoup de temps à le comprendre,
il y faudra un siècle, c'est par ces scissions que
passe le processus de l'autonomie. Ces partages
sont ce qui autorise la collectivité à se saisir et à
agir dans la pure immanence à elle-même.

Ce n'est pas tout. La société autonome, cela
ne va pas être seulement, à l'usage, la société qui

se donne ses propres lois au présent, cela va être surtout la société qui se produit concrètement elle-même en se projetant dans l'avenir. L'autonomie, en pratique, c'est l'historicité, c'est la quête de soi au travers du changement conscient et délibéré, avec ce que cela implique d'ouverture sur l'inconnu du futur et d'efforts toujours à reprendre pour ressaisir et gouverner tant bien que mal l'œuvre du devenir. Là aussi, c'est cette distance à soi dans le temps qui constitue le pivot d'une intelligence immanente du monde humain. L'histoire sort toute de l'action des hommes, et c'est l'humanité et rien d'autre qui se fait au travers de ce travail collectif. Mais sur un mode qui n'a rien à voir avec la claire et calme proximité à soi-même.

S'il y a lieu de parler de subjectivité à propos de ce rapport de soi à soi médié par une altérité interne, c'est en raison de la réflexivité d'un type nouveau qui lui est inhérent. Il impose de se rendre compte à soi-même de ce qu'on est et de ce qu'on fait, sans pouvoir supposer de donné ou d'acquis, ou de moins en moins. On voit cette exigence autocompréhensive et autojustificatrice se développer à tous les niveaux. L'action historique en offre une illustration particulièrement saillante. Plus elle s'amplifie, plus elle s'effectue en conscience, moins il lui est permis d'être naïve ou spontanée ; plus elle appelle de s'expliquer avec le passé, le présent et le futur. Mais on peut en dire autant du processus politique ou de la conduite des personnes. Celles-ci se donnent des raisons d'agir comme elles le font depuis toujours. Mais elles sont de plus en plus requises en outre, à leurs propres yeux et aux yeux des autres, de s'expliquer avec elles-mêmes, de s'interroger sur leur identité véritable, sur leurs désirs authentiques, sur leurs motivations, sur leurs ressources, sur ce qui leur permettrait d'être pleinement elles-mêmes. C'est en cela qu'elles deviennent des « sujets ». Il vaut mieux dire : qu'elles participent d'une subjectivité qui ne s'arrête pas à elles, mais qui introduit dans leur expérience un impératif de réflexivité sans commune mesure avec la simple présence à elles-mêmes. Non seulement il va beaucoup plus loin, mais il les détourne de la confiance naïve dans la présence à elles-mêmes : il les confronte à leur opacité constitutive. La subjectivité dans son acception la plus générale désigne ce mode de fonctionnement qui naît avec la recomposition du monde humain sous le signe de l'autonomie.

Pouvez-vous expliciter un peu, et notamment en quoi cette analyse de la subjectivité comme structure du rapport à soi peut contribuer à éclairer ce qu'a de très particulier le sujet individuel moderne ?

Elle permet, me semble-t-il, de conférer toute sa portée à la découverte de l'inconscient. Pour donner son statut à la notion du point de vue de la subjectivité ainsi comprise, il faut la détacher provisoirement de son emploi descriptif, dans le registre des pathologies de l'âme. L'inconscient relève primordialement de la découverte qu'une personne est amenée à faire par rapport à elle-même, la découverte d'une insuffisance ou d'une défaillance de la réflexion, découverte qui appelle un travail de surréflexion et d'élucidation en fait et en droit interminable. Il faut une conscience pour qu'il y ait un inconscient concevable. J'ignore quelque chose de moi, ce quelque chose me détermine, certes, il est plus fort que ma conscience. Mais encore faut-il que je sois conscient de cette ignorance pour pouvoir la penser comme résultant de l'existence d'un inconscient. La dimension de la subjectivité proprement dite se déploie, dans cette optique, avec la confrontation à cet inconnu de moi-même. Il s'ensuit une perspective et des conditions entièrement inédites s'agissant du rapport à soi-même. Je n'ai véritablement de rapport avec moi-même qu'au travers de la tentative d'éclaircissement et de réappropriation de quelque chose de moi dont je suis en dernier ressort irrémédiablement séparé. Quelque chose de moi qui n'est pas rien, puisque c'est ce qui détermine le plus essentiellement l'identité de ce moi et les comportements qui en découlent. Je suis coupé de la part qui me rend le plus singulièrement moi-même et me distingue de tous les autres. Je suis scindé, en d'autres termes, de ce qui ultimement m'individue, et c'est le sachant, me débrouillant avec cette opacité, que j'accède à la subjectivité. Dans le cadre religieux, l'altérité divine ou sacrale nous définissait de l'extérieur, elle nous constituait du dehors de l'humain. Désormais, ce qui me définit me reste extérieur, en un sens, mais ce dehors m'est en même temps interne, et qui plus est, il relève d'un ordre purement humain. C'est dans la relation entre moi et moi que s'est joué ce qui m'a constitué, et ce depuis l'origine. C'est le sens de notions comme celles de défense et de refoulement. Je me suis d'une certaine manière forgé au travers des modalités singulières et irréfléchies selon lesquelles j'ai réagi aux situations où j'ai été jeté et aux empreintes que j'ai subies. C'est cette individualisation radicale qui donne sens au projet d'une élucidation réflexive de cet irréfléchi constitutif. Qu'il s'agisse d'un irréfléchi structurel et inépuisable, d'une altérité intime irréductible change tout quant au statut de ce travail de réflexion. Il n'a plus rien à voir avec une introspection, si subtile soit-elle. Il introduit un « connais-toi toi-même » d'un genre nouveau, où le retour sur ce que vous êtes et ce qui vous meut se situe dans un registre entièrement différent de l'expérience première.

Bref, pour me résumer, la subjectivité est le

mode de relation avec nous-mêmes, d'assomption de nous-mêmes qui s'établit sur tous les plans de l'humain dès lors que nous ne pouvons plus nous penser déterminés par une altérité surnaturelle. Nous sommes sujets dans l'exacte mesure où nous ne sommes plus religieux. La théorie du sujet, dans cette perspective, est la théorie générale de cette manière d'être inédite de l'humain qui doit permettre d'en dégager les spécifications selon les différents domaines où elle opère et d'en suivre l'histoire. Car la façon dont j'ai introduit la chose indique suffisamment dès l'abord qu'on va avoir affaire à tout sauf à une essence fixe. Qui dit sujet en ce sens dit histoire du sujet. La sortie de la religion est inséparable d'un devenir-sujet multiforme dont le mouvement a été et demeure la source d'une surprise continue.

Ce mode d'être subjectif, tel que vous définissez, se trouve aux antipodes d'une conception du sujet comme doté d'une transparence à soi et d'une maîtrise raisonnable de lui-même — celui dont les philosophies du soupçon avaient proclamé le décès.

C'est pourquoi précisément il m'a paru parlant de partir de Freud. C'est chez lui, avec la destitution du sujet supposé conscient, que se lit le mieux le développement de la pensée du sujet. La naïveté est de prendre cette destitution pour une liquidation de l'idée même de sujet. Elle correspond en réalité à une étape de son approfondissement. Les philosophies du soupçon se sont complètement fourvoyées à cet égard. Elles se sont précipitées dans un panneau en prétendant remplacer la croyance obscurantiste dans la transparence du sujet à lui-même par une science de l'inexistence du sujet. La perspective est polémiquement séduisante, mais elle est à courte vue. Non seulement l'idée de sujet survit très bien à la dénonciation de la toute-présence à soi, mais elle y gagne beaucoup en compréhension. C'est évidemment ce qui se passe chez Freud. C'est ce dont relève son projet conscient, pour commencer, qui s'inscrit dans une tradition scientifico-humaniste bien répertoriée. Point plus important encore, c'est ce qui s'exprime dans la logique du dispositif psychanalytique. Toute l'entreprise freudienne est au service d'une réappropriation subjective, en pratique, comme elle est tournée en théorie vers une redéfinition du fonctionnement subjectif sur un mode incomparablement sophistiqué par rapport aux fictions de la conscience comme communication immédiate avec soi.

D'où sort cette figure-repoussoir du sujet classique, hâtivement assimilée à l'essence du sujet ? C'est en fait une créature théologique, étroitement dépendante de la relation à Dieu et de la recherche d'une union avec Dieu. L'absolue réflexivité se situe au-delà du monde, mais je trouve dans le rapport avec elle le ressort d'une coïncidence réflexive avec moi-même. C'est cette conjonction que Hegel porte à son point culminant, effectivement, en faisant descendre l'esprit dans l'histoire et en élevant l'immanence à la hauteur de la transcendance. Le sujet théologico-philosophique s'épanouit sous les traits de la pleine présence de l'esprit à lui-même dans le savoir absolu de la fin de l'histoire. On n'ignore pas, dans un tel cadre de pensée, que l'existence des personnes se déroulait assez loin, ordinairement, de cette idéale présence à soi. Mais s'agissant de dégager l'essence de l'être soi, c'est à elle que l'on était obligatoirement ramené. Il en allait de même de l'idéal moral de la possession de soi-même, ou de l'idéal politique de la conjonction de la communauté avec son principe d'ordre. La pensée du rapport interne de l'humanité avec elle-même dans ses différents registres était commandée par la perspective du rapport externe de dépendance envers le divin.

Le grand renversement qui chemine à travers le XIXe siècle, dans tous les registres de l'humain-social, c'est la recomposition de ce rapport interne indépendamment de tout assujettissement externe. Il devient petit à petit une pure relation entre soi et soi. C'est ainsi que se défait la figure de la proximité à soi déterminée par l'union contrainte avec plus haut que soi. C'est ainsi que la division d'avec soi en vient peu à peu à se dévoiler comme le pivot de la relation à soi. C'est cette découverte qui éclate en particulier chez Freud, mais elle a ses équivalents plus ou moins obscurs dans l'ensemble des domaines de l'homme. Ce n'est pas la fin du sujet, c'est à l'inverse son élargissement. C'est le dépassement d'une première figure que le sujet avait trouvé dans la modernité, à la faveur d'un certain éloignement du divin, au profit d'une nouvelle figure enregistrant l'effacement du divin. La première figure conférait un caractère constituant au rapport d'identité de l'homme avec lui-même, mais en le maintenant dans la dépendance de l'altérité divine. La nouvelle figure le délie de cette dépendance et achève de donner une portée constituante à la relation de l'homme avec lui-même, mais sous un visage entièrement inédit, puisqu'elle se révèle être une relation d'altérité avec soi. La forme subjective est la forme du rapport de l'humanité avec elle-même qui résulte du desserrement de l'institution de l'humain par l'altérité divine. La destruction de ses primes expressions qui s'engage à la fin du XIXe siècle est le signal d'une expansion décisive de cette forme subjective. La démarche freudienne en est la manifestation la plus exemplaire. Mais il faut bien voir qu'elle n'en représente qu'un commencement. L'expansion se poursuit, tous azimuts, en déplaçant continûment ses expressions. Elle nous surprend en permanence.

Le champ psychanalytique, à la mesure de ce que son irruption a eu de bouleversant, en fournit un observatoire privilégié. Un siècle après son émergence, tous les paramètres qui l'organisaient ont bougé. L'objet a continué de travailler. Les conditions de définition de l'inconscient ne sont plus aujourd'hui ce qu'elles étaient en 1900. L'enjeu d'une histoire du sujet est de parvenir à retracer ce mouvement de l'intérieur.

En quel sens, précisément, se manifeste la transformation du problème de l'inconscient un siècle après sa découverte ?

Ce n'est pas un phénomène qui se résume d'une phrase, car il tient à la conjugaison de plusieurs facteurs : le repérage des faits psychopathologiques, l'évolution des stratégies psychothérapiques, la vision de l'enfance, de la sexualité, du corps, l'appréhension de l'invisible, etc. Je ne vais pas les passer tous en revue. J'en prendrai un seul, parce qu'il illustre la transformation peut-être la plus spectaculaire. Elle réside dans la manière même dont les individus ont l'expérience de leur inconscient. Autour de 1900, quand l'idée s'introduit, elle provoque une révélation bouleversante, digne d'une conversion religieuse. Elle est vécue comme une dépossession qui trouble les patients jusqu'au vertige, comme une altération fondamentale de leur identité. Un siècle après, il est clair que les individus sont beaucoup plus prêts à admettre qu'ils sont déterminés par un inconscient. Ils ont largement intégré cette éventualité dans leur appréhension d'eux-mêmes. Elle ne les surprend pas lorsqu'ils y sont confrontés. Il demeure certes des résistances à la psychanalyse, mais ces résistances ont surtout un sens individuel. Elles ne portent pas sur le fait qu'il existe un inconscient, elles portent sur la difficulté d'en assumer le contenu dans sa propre histoire. Il y a des individus qui feront tout pour ignorer la part inconsciente qui commande leur vie, même après trente ans d'analyse, et il y en aura toujours. Pour le reste, culturellement parlant, la notion de résistance à la psychanalyse n'a plus grand sens. Ce qui me frappe, au contraire, chez les individus contemporains, c'est l'aisance relative avec laquelle ils admettent dans le principe d'être sous l'emprise de forces intérieures qui leur échappent. Cela les a beaucoup détendus, d'ailleurs. Ils sont moins déchirés que leurs devanciers. On les voit moins embarqués dans cette bataille terrible pour le contrôle d'eux-mêmes que nous rapportent les récits de cas des névrosés de la grande époque. Ils consentent plus aisément à leur dépossession consciente. Les gens se savent habités par un inconscient sans que ça les tracasse outre mesure.

Ce changement n'est pas isolé. Il a son équivalent sur le plan politique. La scission des communautés politiques sous l'aspect de l'extériorisation des États par rapport aux sociétés civiles avait provoqué la démence totalitaire. Elle avait mobilisé en retour une terrifiante énergie révolutionnaire pour se réapproprier cette puissance en train de s'extraire de la collectivité à laquelle elle était traditionnellement unie. Là aussi la fièvre est retombée. Le sentiment dramatique de dépossession a fait place à une acceptation relativement tranquille de l'altérité interne qui organise désormais la vie des sociétés. Nos sociétés politiques n'aspirent plus à la conjonction de la base et du sommet, du corps et de la tête. Elles ont acquis le sens de l'écart structurel entre État et société et du mouvement de va-et-vient permanent entre les deux dont il est le pivot. Elles admettent de fonctionner à la relation entre des pôles disjoints.

Vous dites que nos contemporains acceptent aisément le fait d'être aveugles à une part d'eux-mêmes. Mais il n'est pas certain que, dans leur représentation, cette part soit de nature psychique. Ne consentent-ils pas bien plutôt à être gouvernés par leur héritage biologique, génétique ?

Cette dernière représentation me semble concerner davantage les savants et les milieux avancés que la moyenne des populations. Je suis très frappé, ainsi, par le fait que l'idée d'inconscient est devenue accessible très tôt dans la vie à de jeunes adolescents en proie à des problèmes psychologiques dont ils perçoivent assez bien la nature. Sans être forcément capables de l'expliciter, ils en ont au moins une forte intuition. Cela fait partie des repères spontanés de l'identité personnelle, indépendamment d'une information substantielle sur la question. Un autre exemple : les cellules d'aide psychologique auxquelles ont droit les victimes de catastrophes. Les médias donnent volontiers la parole aux victimes. Cela m'a fourni maintes fois l'occasion de relever la pertinence avec laquelle des gens très simples pouvaient raconter le travail d'un traumatisme de ce genre. La fortune de la notion de traumatisme dans la culture actuelle est d'ailleurs un fait marquant qui traduit cette appropriation de masse d'une psychologie à base de ressorts inconscients.

En revanche, l'opinion savante, elle, est effectivement devenue hostile au modèle freudien, pour des raisons qui m'échappent en partie. Une remarque de sociologie des sciences élémentaires : quand un modèle a épuisé les résultats de sa première formulation, la démarche des milieux scientifiques n'est pas de chercher à l'approfondir mais de passer à un autre. Le mouvement spontané est la quête d'un paradigme alternatif.

Mais les fluctuations de la mode intellectuelle sont une chose, les évolutions anthropologiques de longue portée en sont une autre. Nous en sommes à l'heure de la psychologisation des sociétés émergentes. Grâce à Arthur Kleinman, nous pouvons suivre, par exemple, l'arrivée d'une culture psychologique en Chine, qui reprend d'une certaine manière l'histoire de la névrose en Europe : les Chinois en sont à la découverte de la neurasthénie !

De quel côté, selon vous, peut venir aujourd'hui ou demain le renouvellement de la psychanalyse ? Du cognitivisme ?

Je reste assez sceptique, en l'état actuel, sur la portée de ce qui nous est proposé sous le nom de cognitivisme. Énormément de bruit pour pas grand-chose. Je suis prêt à penser, cela dit, que ce mouvement aura d'importantes retombées. Pas celles qu'on croit. Mais la comparaison entre le cerveau humain et l'ordinateur me semble ponctuellement très féconde. Je suis sûr qu'on écrira un jour un grand livre expliquant en quoi le cerveau humain n'est pas un ordinateur et fonctionne autrement, en dépit de ses aspects computationnels.

Il y a à ce scepticisme un motif de méthode. Je ne crois pas beaucoup à la psychologie normale. L'esprit humain est une machine tellement compliquée, opaque et surprenante que, si on l'approche en bloc, on ne voit pas grand-chose. En revanche, quand on l'aborde à partir de ses défaillances, on peut entrer dans l'intimité de son fonctionnement. La voie royale pour avancer dans sa connaissance, c'est la pathologie. De ce point de vue, je crois qu'on peut fonder de légitimes espoirs sur la neuropsychologie clinique, et en particulier sur l'étude des aphasies. À côté des névroses et des psychoses, il y a là un continent pathologique qui est susceptible de renouveler profondément notre compréhension de l'architecture et des mécanismes de l'esprit. L'équivalent pour le XXIᵉ siècle de ce que le freudisme a été pour le XXᵉ peut sortir de l'analyse des pathologies du fonctionnement langagier.

Quelqu'un a d'ores et déjà fait une percée importante, dans ce domaine. Il s'agit d'un linguiste de Rennes, Jean Gagnepain. Il propose, à partir des leçons des aphasies, une décomposition de la rationalité humaine selon quatre plans : le signe, l'outil, la norme et la personne [1]. Cette déconstruction de la raison unitaire, telle que les pathologies de la mécanique cérébrale la mettent en lumière, me semble ouvrir une voie extrêmement féconde. Malheureusement, l'œuvre de

---

1. Cf. J. Gagnepain, *Du vouloir dire. Traité d'épistémologie des sciences humaines*, Bruxelles, De Boeck Université, 1993-1995, 3 vol.

Gagnepain et de ses élèves n'a pas trouvé à ce jour l'audience qu'elle mérite. Il faut dire qu'il s'exprime dans une langue sibylline qui ne facilite pas la tâche de ses lecteurs. Mais je suis convaincu que sa « théorie de la médiation » — c'est ainsi qu'il l'appelle — ouvre une voie d'avenir.

En amont de ce processus, à l'origine de la constitution du sujet moderne, quelle transformation vous paraît la plus décisive ? Politique ou religieuse ?

Le bouleversement se produit sur tous les terrains à la fois. L'histoire du sujet est une histoire longue qui se confond avec l'histoire moderne depuis 1500. À cette date, quelque chose du sujet se trouve mobilisé pour la première fois dans la religion, avec le sujet croyant. Le régime de la donation, de la Révélation — qui est l'autorité extérieure par excellence dans le christianisme — fait place à une attestation subjective constituante. Pour qu'il y ait foi, il faut un acte de foi et pas simplement une réception du transcendant. Les conditions de la croyance requièrent de faire entrer en ligne de compte une relation du fidèle à Dieu ancrée dans l'intériorité.

Autre étape, la première définition explicite du sujet dans la première moitié du XVIIe siècle. On peut prendre un repère classique et un autre qui l'est moins. Descartes, tout d'abord, à condition de le lire historiquement, comme le philosophe de la science moderne. Avant lui se dessine, avec Kepler et Galilée, une nouvelle lecture des phénomènes naturels dont il tire la première exploitation du principe de subjectivité sous la forme d'une connaissance qui se fonde elle-même et qui définit sa méthode. Le sujet, chez Descartes, ne se trouve pas tant dans le *cogito* que dans l'idée de méthode. La modernité est d'abord un régime de la connaissance, et de l'acteur de la connaissance. L'idée qui prévalait, depuis les Grecs, était celle d'une connaissance directe et passive. C'était le contact de l'âme avec l'objet qu'elle reçoit. La connaissance moderne est une connaissance indirecte, par instruments, de choses naturelles qui ne se voient pas. Aussi est-elle action. C'est en mesurant des grandeurs abstraites que l'on calcule l'orbe des planètes, pas en les regardant. Ce renversement, qui met du temps à se déclarer, est celui de l'activité intellectuelle capable de définir ses propres méthodes et ses propres fondements. Le premier sujet dans l'histoire est ce sujet de raison et de connaissance qui correspond à une modalité objectivée de la connaissance.

C'est du côté de la politique — second repère — que cette perspective révèle sa fécondité. De même qu'il y a avènement du sujet de raison en fonction des conditions de la connaissance scientifique, il y a émergence du sujet politique, dans un sens extra-individuel, correspondant à une manière d'être de la collectivité, autour de ce phénomène objectif qu'est l'émergence de l'État. Vers 1600, pour des raisons qui tiennent à la fois à un certain nombre d'événements contingents et à la dimension religieuse de ces nouvelles unités politiques, émergent les États au sens moderne. Cette notion d'« État » correspond à une réalité radicalement nouvelle de la politique dans l'histoire, qui impose une reconceptualisation radicale de ce qu'est une communauté humaine et de ce que peut être une autorité légitime en son sein. Il faut la penser sous le signe d'une subjectivité, d'une autoconstitution par un acte de fondation de soi, formellement analogue à ce qui s'opère avec le sujet de la connaissance.

Cette figure politique, où la trouvez-vous exprimée ?
C'est à Hobbes que vous faites allusion ?

Oui, c'est chez lui que cette redéfinition trouve véritablement sa formulation. Intervient ici une équivoque qu'il faut prévenir, car l'avènement du sujet politique est corrélatif de la naissance de l'individu au sens rigoureux du terme, l'individu de droit, ce qu'on appellera plus tard le sujet de droit. Il faut se garder de les confondre. La décomposition du collectif en individus est appelée par sa subjectivation. Elle est un passage

obligé de la conquête de l'idée. Une communauté humaine est composée d'êtres primitivement indépendants, d'individus définis par des
droits qui leur sont inhérents de naissance. Il
s'ensuit l'autoconstitution du corps politique, le
contrat social (avec la question de savoir ce qui
reste de l'indépendance originelle des individus
dans la communauté qu'ils forment. C'est un
débat qui reste le nôtre, et dont nous ne sommes
pas près de sortir). Quel est le statut de cette
union par contrat pour définir une communauté
juste correspondant aux droits primitifs des individus et instaurant un pouvoir légitime ? C'est
une communauté qui se donne son propre fon-
dement et qui doit être intérieurement adéquate,
dans le pouvoir qu'elle établit sur elle-même, aux
fins en vue desquelles elle est établie. C'est ce
qui permet de parler d'un sujet politique. La
modernité advient, dans le cadre des États, avec
l'invention d'un principe de légitimité et la définition d'une forme du collectif, avec la constitution d'un sujet politique, à côté du sujet de
raison. L'histoire de la politique, depuis 1650,
tourne autour de cette question : qu'est-ce
qu'une société qui se fonde elle-même et se
déploie en vue de la concrétisation des fins pour
lesquelles elle est établie ?

Sujet croyant, sujet de connaissance, sujet
politique : qu'est-ce qui fait l'unité de cette
série ? À la base, l'éloignement du divin, sa sépa-

ration d'avec la sphère où évoluent les hommes. Il en résulte que la foi ne peut s'étayer sur une institution qui nous relierait à lui, mais qu'elle doit trouver la vérité de son objet dans son acte même. C'est dans sa relation à lui-même, dans sa conversion, que le croyant accède au divin. Le même retrait de Dieu dégage un domaine de l'objectivité naturelle qui peut être appréhendé scientifiquement pour lui-même, indépendamment de sa participation au surnaturel. Il crée semblablement un domaine de la légitimité politique indépendant de l'autorisation divine et exigeant sa fondation rationnelle intrinsèque. Le desserrement de la dépendance envers l'altérité surnaturelle ouvre un champ du rapport de l'homme à lui-même et de la quête de son accord avec lui-même dans toutes les directions de son activité et de son identité. C'est ce champ et ses transformations sous l'effet de la distanciation croissante d'avec la structuration religieuse qui représentent le territoire du sujet et de son histoire.

Cela dit, s'il est indispensable de prendre en compte le facteur embryonnaire de subjectivité introduit par la Réforme religieuse, il faut souligner la différence avec ce qui se joue dans la connaissance ou dans la politique. Il y va ici d'une démarche explicite de subjectivation qui confère une portée incomparable à l'entreprise. Je veux y insister contre une généalogie « protestante » sommaire de la modernité qui veut tout faire sortir de l'individu croyant et qui rabat le sujet sur l'individu.

En réalité, l'ordre est inverse. À strictement parler, l'individu est touché après. Il est essentiellement affecté, bien sûr, par ces changements dans la foi, dans la connaissance, dans le droit et la politique. Mais il n'est pas concerné en tant que tel, dans sa singularité. Le mode de la connaissance d'un côté, le mode de définition des communautés humaines de l'autre sont les premiers points où le principe subjectif se trouve expressément incarné. C'est seulement ensuite que ce schème subjectif s'applique à l'individualité. Le sujet de connaissance, ce n'est personne en particulier. Le sujet politique, c'est la communauté dans son ensemble. L'application à l'individualité vient en dernier lieu. Ce développement, qui se joue au XVIIIe siècle pour exploser au XIXe dans la sensibilité romantique, est d'une certaine manière la partie la plus inconnue de cette histoire. Dans l'esthétique, la morale, la psychologie, l'affectivité et pour finir la conviction religieuse, on assiste à une redéfinition de la condition humaine sous le signe de la subjectivité. Le terme doit être compris rigoureusement, non pas, encore une fois, comme une simple découverte de l'individualité, mais comme une recomposition de l'expérience de soi autour de la relation de soi à soi. Le contenu sur lequel nous tendons à nous focaliser, le sens de la singularité des êtres, est commandé par l'organisation. C'est à elle qu'il faut prêter attention. Ce dont il s'agit, c'est en somme de la cristallisation de l'idée de destin individuel, qui est devenue l'occupation principale des hommes depuis lors. Il faut la comprendre comme l'entrée de la relation de l'humanité à elle-même dans la sphère de l'individualité.

Vous dites que cet épisode est le moins connu de l'histoire que vous relatez. Mais la naissance de l'esthétique au XVIIIᵉ siècle, l'importance nouvelle donnée aux arts, à la littérature, à la musique, etc., sont des phénomènes qui ont été bien étudiés.

C'est vrai, les matériaux sont là, innombrables. Mais il reste à en donner une lecture systématique, une lecture consciente de l'enjeu qui unit ces multiples renouvellements. On peut résumer le processus d'une formule : l'individualité saisie par la subjectivité. Cela change complètement la manière d'être, de vivre et de se comporter, en même temps que la manière de penser l'identité, l'existence et la conduite.

C'est probablement là que vous retrouvez le sujet psychique d'où nous étions partis.

C'est dans la même ligne, en effet, qu'il faut placer l'avènement du sujet psychique, qui relève plus directement de l'histoire de la folie. Il intervient une étape plus loin, autour de 1800, donc. S'ouvre là encore une autre scène de la subjectivité, où la mystérieuse expérience que l'humanité fait de la soustraction à soi-même se révèle comme expérience subjective : une part indestructible de subjectivité demeure dans l'aliénation. Je reste en rapport avec moi-même jusque dans ce qui met en question ma capacité de rapport à moi-même. Plus encore, cette expérience de dépossession fonctionne comme le révélateur d'une subjectivité qui n'est pas simplement la personnalité, mais quelque chose de beaucoup plus profond et organisateur : ce qui permet à l'individu d'exister dans un rapport constituant à lui-même. Si je n'avais pas d'inconscient, je ne serais pas une individualité, dans et grâce à ce qui m'échappe de moi-même.

Cela fait plusieurs lignes, dont chacune, probablement, suit sa propre histoire : le sujet de la connaissance, le sujet politique, le sujet psychique.

Ce sont en effet autant d'histoires indépendantes, bien qu'associées au sein d'une seule histoire de l'être-sujet. Il y a une histoire de la connaissance, qui est une part essentielle de l'histoire de la subjectivité moderne. Elle est indissolublement une histoire de la pratique de la connaissance et une histoire de l'idée de la connaissance. Son tournant, du point de vue théorique, est la rupture kantienne. Elle oscille depuis entre les tentatives pour revenir sur cette rupture dans lesquelles s'est épuisé le courant principal de la philosophie des XIXᵉ et XXᵉ siècles, de Hegel à Heidegger, en passant par Bergson, et les tentatives pour repenser les termes de la scission entre le sujet et l'objet, l'esprit et la réalité. Le XXᵉ siècle a apporté un renouvellement essentiel de la problématique avec la prise en compte du langage comme instrument et condition de la connaissance.

Il y a de même une histoire du sujet politique. Elle comporte deux temps bien distincts. Elle est d'abord une histoire spéculative qui court de Hobbes à Rousseau et Kant : par quel mode de définition et de fonctionnement une communauté humaine peut-elle s'élever à la subjectivité ? C'est une histoire bien connue qu'il est instructif de relire comme un approfondissement du principe de subjectivité dans l'ordre politique.

Puis, avec la Révolution française, commence une histoire pratique du sujet politique. Jusquelà, il ne s'agissait somme toute que de constructions livresques, même si elles accompagnaient des évolutions considérables. Avec 1789, s'engage une autre histoire où il s'agit de faire fonctionner pour de bon des communautés politiques selon la norme des droits de l'homme et selon la perspective du gouvernement de soi.

Une affaire qui va se révéler épineuse au-delà de tout ce qu'on avait imaginé. L'expérience révolutionnaire va se montrer si peu concluante que le programme de la fondation en raison sera écarté pour longtemps. Pourtant, l'horizon du sujet revient bientôt, mais cette fois dans l'élément de l'histoire. C'est de la totalisation réfléchie du parcours humain qu'on va attendre la réalisation de la subjectivité sociale et politique. Deux siècles après, entre la crise de la promesse historique et le retour du droit, nous sommes toujours à la recherche de la formule du gouvernement qui réconcilierait la légitimité des fondements et l'effectivité du pouvoir sur soi.

L'histoire du sujet psychique se poursuit elle aussi. Le sujet psychique, c'est ce qui se dégage à la confluence des deux courants que nous avons évoqués : le sujet de la folie d'un côté, disons le sujet révélé par la psychopathologie, et la subjectivation de l'individualité de l'autre côté. La psychanalyse fournit le principal repère de cette conjonction, qui est loin d'être assurée. Nous avons un fil rouge pour en suivre le travail : l'histoire de l'affectivité. Elle fait le pont entre la psychologie des profondeurs et les formes communes de l'expérience de soi. Il n'y a pas plus instructif en la matière que ce qui se cherche aujourd'hui autour de l'articulation entre affectif et cognitif.

Concrètement, comment faites-vous pour suivre ces trois lignes concurremment ? Car vous devez à la fois garder le souci du surplomb, ou de la vue large, et entrer dans le détail le plus fin.

C'est en effet toute la difficulté de l'entreprise, et la raison de l'écartèlement auquel une démarche de ce genre se trouve soumise en permanence, entre tentation généralisante et nécessité d'être particularisant. La seule issue est de choisir des nœuds significatifs où les différentes histoires se croisent et où leurs scansions apparaissent, vers l'amont et vers l'aval.

Mais tout cela, néanmoins, vous le pensez sur un fond commun qui est l'histoire de la sortie de la religion. C'est le sens de l'une des thèses les plus fameuses du Désenchantement du monde, *qui fait du christianisme « la religion de la sortie de la religion ».*

Je voudrais préciser un point à ce propos. Ce dont nous venons de parler, c'est de l'advenue du sujet à l'humain depuis le XVIe siècle, phase finale de la sortie de la religion. Mais le sujet existait déjà dans un autre ordre. Le sujet est venu à l'humain à partir du divin. C'est à l'intérieur des religions que s'est jouée, de très longue main, la subjectivation du principe invisible et supérieur qui commande l'ordre humain.

Il faut d'abord expliciter à quel point les religions originelles sont, par leur dispositif intellectuel même, des religions « objectives », en tant que religions de l'extériorité radicale. Elles sont des religions de la réitération de l'origine, d'une manière qui exclut la relation avec l'origine. Ce qui s'est joué, de la part des ancêtres fondateurs, dans un passé à la fois englouti, puisque d'une autre nature que le présent, et indéfiniment présent, implique une sorte d'objectivité de ce qui est, au sens fort, au regard des présents-vivants. Tout ce qu'ils peuvent faire, c'est en recevoir le don, en assumer la dette inquestionnable et en reconduire l'ordre. Cela est, cela nous précède et nous enveloppe, cela s'impose comme un en-soi qui exclut tout pour-soi, tant du côté de sa mise en ordre primordiale que du côté de ceux qui ont à se plier pieusement à sa loi. En revanche, dès qu'apparaissent des divinités *personnelles*, comme on dit assez significativement, la question des intentions de ces divinités et de leurs rapports avec les humains surgit inmanquablement. Qu'ont-elles voulu ? Que pensent-elles ? Que requièrent-elles de nous ? Que pouvons-nous faire pour percer leurs intentions ou gagner leurs faveurs ?

Pour autant ces dieux personnels ne peuvent en aucune manière être dits sujets du monde, y compris lorsque la mythologie leur attribue un rôle dans la cosmogenèse. Ils continuent d'être inclus dans l'ordonnance des choses à laquelle ils président, de sorte qu'il ne s'établit pas de rapport entre leur nature divine et l'essence de l'ordre dont ils sont les rouages suréminents. Mais on peut dire qu'une certaine subjectivation s'introduit dans le mode de conception et dans le mode de relation avec eux. L'en-soi de l'ordre des choses, qui perdure, commence à se peupler d'un pour-soi épars et diffus, qui est simultanément un pour-nous.

La grande percée du principe subjectif survient avec le monothéisme. Le Dieu unique change à la fois la façon de concevoir l'essence au divin dans son rapport au reste, la nature du monde dans son rapport du divin et la destinée de l'homme dans son rapport à Dieu et au monde. Il fait éclater l'unité, non dite, et non dicible comme telle, mais structurante, qui soudait l'ordre surnaturel, l'ordre naturel, l'ordre social, l'ordre moral. Il substitue à cette essentielle cohésion objective du donné un système de relations et d'interrogations. Tout devient problème de rapports. Qu'est-ce que Dieu, étant donné la transcendance qui le sépare de sa création et de ses créateurs ? Quels peuvent être ses desseins à leur égard, desseins qui ont forcément à voir avec son essence ? Que veut-il de nous ? Comment se conformer à son incommensurable sagesse ? Qu'en est-il de la nature qui doit réfracter d'une façon ou d'une autre quelque chose de la sagesse qui l'a conçue ? La subjectivation du divin ouvre la question de l'objectivité du monde, mais une objectivité relative à la subjectivité dont elle procède. Elle lance de la même manière une interpellation à l'adresse de l'homme qui mobilise son intériorité éthique. L'avènement du pour-soi divin disloque, au moins potentiellement, l'en-soi de l'ordre des choses. Il met en branle l'ensemble des rouages de ce qui est dans le regard des hommes.

Sous cet angle, celui non pas directement du *contenu* de la pensée, mais de ses *conditions*, on discerne le parallèle entre ce qui se joue dans la religion juive et ce qui se joue dans la raison grecque. Ce qui est déterminant, dans la sortie du mythe qu'opère cette dernière, c'est le cadre de pensée sous-jacent, c'est le mode d'interrogation de la totalité de ce qui est, de l'unité du cosmos, c'est la recherche du principe ou du fondement de toutes choses. Eh bien, ce cadre de pensée est formellement analogue à celui qui commande l'approfondissement du monothéisme juif. Il me semble justifié de parler d'une subjectivation formelle du cadre de pensée, subjectivation arrêtée, du point de vue du contenu, par son insertion à l'intérieur du cosmos, qui maintient une essentielle objectivité de l'ordre cosmique. Mais dans l'organisation de la démarche, ce qui emprunte chez les Grecs la voie de la spéculation rationnelle est rigoureusement homologue à ce qui passe dans le judaïsme par la redéfinition pratique des termes de la religion. De ce côté, ce sont les conditions sociales et politiques de cette dynamique religieuse qui empêchent d'en expliciter les prolongements spéculatifs. Il faut décidément réconcilier Athènes et Jérusalem.

Voilà qui n'est pas franchement heideggérien...

On a dit à cause de Heidegger beaucoup de bêtises sur la philosophie grecque et son rapport au sujet. Ce que Heidegger apprécie suprêmement chez les présocratiques, comme on sait, c'est qu'il n'y ait pas trace du sujet. Mais il ne voit pas que le ver est dans le fruit : le sujet n'est pas là, mais il y a tout ce qu'il faut pour qu'il advienne. Son possible est silencieusement inscrit dans le dispositif de la pensée ; il hante son économie. Il ne tardera pas à affleurer. Chez Platon, même si c'est sous la forme de formulations fugaces, on est très près de l'idée.

À quoi pensez-vous ?

Au passage fameux du *Timée*, par exemple (90 c/d), où Platon évoque le but suprême de la connaissance qui est, au terme de « l'étude approfondie des harmonies et des révolutions du Tout », de rendre « le sujet de l'intellection identique à son objet ». Évidemment, toute traduction est ici problématique et sujette à controverse. Je crois néanmoins tenable qu'un tel texte illustre, du point de vue de l'entente élargie du « sujet » que je suggère, à la fois les raisons de l'affleurement de la notion et les motifs qui l'empêchent d'émerger. C'est bien quelque chose comme un sujet de connaissance qui point, mais il n'est évoqué que dans la perspective de sa résorption, grâce à sa coïncidence avec l'objet. L'empire ultime de l'objectivité resurgit comme force de limitation. C'est sur lui que s'arrête la pensée grecque. Il n'empêche qu'elle est structurellement habitée par ce principe subjectif que son enfermement dans les horizons de l'Un-Tout l'empêche en même temps de développer.

C'est le christianisme qui va faire sauter ces points d'arrêt inhérents à la loi juive et au cosmos grec en les réunissant. Grâce à l'Incarnation, il opère la jonction du Logos et du Dieu unique. Il porte ce faisant la subjectivation qui est à l'œuvre dans le monothéisme juif et dans la raison grecque à un degré de puissance incomparable. La figure du Christ fournit la charnière qui permet d'articuler la séparation du Dieu-sujet et la consistance rationnelle de l'ordre cosmique. Le médiateur concilie la dimension personnelle du Dieu fait homme et la dimension impersonnelle du Logos, de la perfection divine soutenant l'ordonnance de toutes choses. Le

Dieu d'Israël ne laissait pas de place à la raison intrinsèque des choses. Le Logos grec ne permettait pas de dégager le pour-soi du principe de toutes choses, tant il restait empreint de l'en-soi de la donation mythique des choses. Le christianisme crée un monothéisme spéculatif, où l'idée du sujet divin s'approfondit à la lumière des instruments de la raison grecque, tandis que les pouvoirs de cette raison se démultiplient en fonction de la perspective du Dieu unique. C'est ainsi que le principe de subjectivité qui se cherchait depuis la naissance des divinités, dans le sillage de l'émergence des États, va trouver dans le cadre chrétien, et là seulement, son point de passage vers l'humain.

Encore va-t-il falloir une très longue incubation, quinze siècles, pour que ce passage commence à se concrétiser, pour que la subjectivité jusque-là concentrée dans le monde divin entre dans le monde humain et se mette à l'organiser. C'est que les obstacles qui bloquaient l'expansion du principe subjectif dans la religion juive ou dans la philosophie grecque se retrouvent dans le christianisme. Ils se résument dans l'invincible prégnance de l'Un ontologique, de la présupposition structurante de l'unité de Dieu et du monde — transcendance du Dieu unique, mais en intime association avec le monde, consistance propre du monde, mais en conjonction avec sa raison surnaturelle. C'est cette butée

qui se lève au XVIᵉ siècle. La sortie moderne de
la religion s'enclenche en fonction de la dualité ontologique qui s'installe entre la sphère
humaine et la sphère divine. Le monde humain
se met à s'organiser selon sa propre subjectivité.
Dans la durée, le processus va se traduire par
l'éclatement de son unité idéale. La présence de
l'homme à lui-même dans l'union avec ses
pareils et dans l'union à Dieu, qui est dans un
premier temps la seule façon possible de se
représenter le sujet, éclate ensuite en relations
multiples de l'homme avec lui-même et avec ce
qui l'entoure. Car si le sujet, c'est toujours
l'identité, en dernier ressort, c'est l'identité assurée par une relation d'altérité.

*Dans cette présentation du concept de sujet, l'impor-
tance de Heidegger paraît frappante. Le rôle que vous
lui reconnaissiez, à l'arrière-plan du « structuralisme
à la française », était déjà saisissant. On a ici le
sentiment qu'il est véritablement le contre-modèle de
votre démarche, bien davantage que Foucault.*

J'ai le plus grand respect pour le talent de Foucault, mais je ne crois pas qu'il soit d'une stature
comparable à celle de Heidegger. Heidegger est
un auteur exceptionnellement inspiré. L'idée
que je pouvais m'en faire a encore grandi à la
lecture de ses cours, dont nous avons maintenant
l'édition. Ils sont prodigieux. Il est impossible de

les lire sans être époustouflé par la puissance spéculative du personnage et par sa capacité d'invention. C'est le génie philosophique du siècle, il n'y a pas l'ombre d'un doute pour moi. Mais cet esprit admirable, doté d'un sens sans pareil des questions les plus profondes, est en même temps enfermé dans une problématique absolument fausse. C'est un antimoderne qui court après une chimère. Sous le nom de « pensée de l'être », il poursuit un impossible. Il est en quête, après beaucoup d'autres, d'une connaissance plus originelle que les connaissances factices et superficielles que nous livrent les sciences. Cette prétendue voix de l'être qui nous parlerait d'en deçà de toute saisie d'un sujet est une fiction nostalgique. Cette ambition absurde amène Heidegger à des absurdités encore plus regrettables sur d'autres plans, parfaitement parallèles au premier. Je ne crois pas, à cet égard, qu'il y ait un bon Heidegger philosophe et un mauvais Heidegger politique. C'est malheureusement bien du même homme qu'il s'agit. Les égarements auxquels l'amène sa posture antimoderne sont, simplement, de plus de conséquences sur le terrain politique que sur le terrain de la connaissance. Mais il faut lui reconnaître dans tous les cas un génie divinatoire pour retrouver le mode de pensée qui a précédé le mode moderne. Il a construit le monument d'une aspiration impossible à remonter en deçà du christianisme et même des Grecs.

Pouvez-vous être plus précis ?

La pensée de l'être selon Heidegger représente ni plus ni moins une traduction philosophique de la visée des religions primitives. Il s'efforce de reconstituer en termes spéculatifs ce que j'appelais le régime de la pure objectivité, de la donation radicale qui s'offre à nous dans une réception sans relation. En bon philosophe qui ne veut connaître que la philosophie, il cherche cette pensée chez les Grecs ; en quoi, dès le départ, il se fourvoie. Il en trouve des traces très affaiblies par des millénaires d'érosion. Ce qui le fascine, chez les présocratiques, c'est l'écho expirant qui s'y fait entendre, effectivement, du mode de pensée d'avant l'État. En réalité la pensée présocratique crée les moyens de s'arracher à cet en-soi du monde tel qu'il est, surnaturellement garanti dans son immuabilité extra-humaine, même si elle y reste prise. Ce que montre la fascination de Heidegger, et la fascination de tant de nos contemporains pour Heidegger, c'est que 2 500 ans après les présocratiques, quelque chose de cette disposition primordiale de l'humanité continue de nous parler, comme 2 500 ans après la naissance des États, elle pouvait continuer de commander largement la pensée des présocratiques. En elle-même, cette démarche de reconquête ne me choque pas, bien au contraire. Elle est parfaitement légitime et respectable. Mais c'est une démarche aberrante si on espère y trouver de quoi penser la modernité. En revanche, en s'y confrontant rigoureusement, on peut y trouver de quoi réélaborer les catégories sur lesquelles nous vivons sans nous poser suffisamment de questions à leur propos. À commencer par celle de sujet, dont il faut se demander ce qu'elle recouvre avant de prétendre la proscrire, comme si on avait le choix.

X

LA SORTIE DE LA RELIGION :
DE L'ABSOLUTISME AUX IDÉOLOGIES

Le christianisme, aonc, est la religion de la sortie de la religion. Reste que cette sortie ne s'est pas faite en un jour ; c'est un processus au très long cours, qui commence tôt.

C'est aussi un parcours non linéaire, dont la difficulté est de saisir la diversité d'aspects et de chemins. Il est possible de distinguer trois grandes vagues dans ce processus. Un moment proprement théologico-politique, qui va, pour prendre des dates rondes, de 1500 à 1650 ; un moment théologico-juridique, qui correspond en gros au droit naturel moderne, de 1650 à 1800 ; et le passage à l'historicité consciente et délibérée — moment le moins connu et le plus important parce qu'il nous porte encore et qu'il conditionne notre interprétation du passé : quelque chose s'est inventé là de nouveau, une orientation inédite des existences et des esprits qu'il est décisif d'élucider.

Première vague : celle qui court de la révolution religieuse du premier XVIᵉ siècle à ce qu'il faut appeler la révolution religieuse de l'État, culminant dans la formation des absolutismes en Europe. Il faut à cet égard rompre avec l'image d'Épinal, extrêmement prégnante, de la rupture protestante comme matrice unique de la modernité. Autant l'importance de la Réforme est à souligner, autant il faut dire d'emblée qu'à elle seule elle ne permet pas de comprendre la partie décisive du mouvement. Ce qui va donner toute son importance au principe de la séparation de Dieu, tel que la Réforme l'introduit, par opposition à l'édifice médiéval de la médiation, c'est sa projection dans un système institutionnel, celui de l'État moderne. Soit, la révolution strictement religieuse de la Réforme ébranle définitivement l'univers de la médiation, c'est-à-dire l'existence d'institutions humaines — l'Église du côté spirituel, le roi du côté du pouvoir temporel — qui permettaient de concevoir une unité du ciel et de la terre. La Réforme défait sans retour cette imbrication de l'ici-bas et de l'au-delà, en explicitant le principe religieux qui la rend intenable aux yeux de tous, au-delà des frontières confessionnelles.

Mais le plus déterminant, à mes yeux, est le fait que cette crise de la médiation religieuse se transporte dans le domaine politique et donne naissance à l'État moderne, cette entité dont il faut savoir identifier le statut théologique et métaphysique. Le point de basculement du parcours est le conflit politique et social ouvert par la Réforme, qui précipite la surrection de l'État.

Que voulez-vous dire au juste ?

Les guerres de Religion vont amener une révolution de la pensée et de la pratique politique en obligeant, pour obtenir la paix, à l'érection d'une instance qui se trouve dans une position métaphysique et religieuse parfaitement inédite au regard des autorités traditionnelles. Elle est religieusement autorisée, elle qui est profane, à se subordonner les autorités religieuses, quelles qu'elles soient. Non qu'elle ait à intervenir dans les contenus de la foi, mais elle a à intervenir dans les conséquences qui résultent de la foi du point de vue de la vie civile. La paix étant la valeur politique suprême — c'est la concorde de la cité —, il faut une instance au-dessus des passions humaines, fussent-elles religieuses. C'est cela la formule de ce qu'on appelle le droit divin, qui implique une véritable révolution quant au statut de l'autorité.

Le droit divin, qu'est-ce à dire ? L'autorisation directe du pouvoir descendant de Dieu. L'expression n'est pas nouvelle, mais son contenu l'est. En réalité, le pouvoir politique moderne récupère à son profit la crise de la médiation

ouverte par le protestantisme, y compris en terre
non protestante. Il entérine de fait le caractère
métaphysiquement non médiateur des Églises ;
aucune n'a cette communication directe avec
Dieu qui la mettrait en position de dire : nous
sommes fondés, de par Dieu, à remettre à tel ou
tel le pouvoir légitime. Personne n'est autorisé
de Dieu sinon le souverain qui l'est fonctionnellement, par sa position, et non pas parce qu'il a
reçu l'onction de l'Église. Il s'élève, de la sorte,
à une autorité suprême que les plus grands empires de l'histoire n'auraient osé rêver. Car cette
autorité est ce qui peut se concevoir de plus haut
à l'intérieur d'une sphère terrestre close sur elle-
même. Il n'y avait que des pouvoirs relatifs dans
l'univers des pouvoirs médiateurs : celui-là est
absolu, métaphysiquement parlant. Cette autorité est de ce fait à part des autres. Elle n'est pas
simplement la plus grande : elle est d'une autre
nature. Elle est dissociée des grandeurs établies
dans la société et fondée à s'imposer à elles. Car
elle a son ordre propre de raisons : les raisons
suprêmes de la conservation de la communauté,
ce qu'on va appeler la *raison d'État*. Des raisons
qui doivent par nature prévaloir irrésistiblement.
La fonction de l'État absolu de droit divin est
d'administrer ces raisons toutes terrestres qui
permettent au corps politique de continuer à
tenir ensemble et de prospérer dans la paix.

Telle est la révolution religieuse du politique

qui s'opère dans la séquence qui va de 1500 à 1650. Sous le nom de *souveraineté* s'invente le levier religieux et métaphysique de la sortie de la religion, levier projeté par l'enchaînement des circonstances à l'intérieur même des royaumes et définitivement incarné dans un système d'institutions. Il en sort un nouveau regard sur la nature du politique. La subsistance d'une communauté ordonnée est suspendue à l'existence d'une autorité capable de l'arracher au néant par l'exercice de sa volonté. D'où l'épouvante de certains devant l'apparition de cette instance pour laquelle Hobbes, qui est le grand théoricien tardif de ce surgissement, n'a pas été chercher par hasard le nom d'un monstre biblique, le *Léviathan*.

Mais enfin, depuis saint Paul, ne dit-on pas omnis potestas nisi a Deo *?*

« Tout pouvoir vient de Dieu », les prêtres n'ont pas cessé de le dire. Luther, Calvin le répètent à leur tour. Mais comment vient-il ? La nouveauté majeure qui s'introduit avec la Réforme, c'est la disjonction des deux ordres — l'ici-bas et l'au-delà, le visible et l'invisible. Elle est signifiée dans la formule : « La foi seule ». Rien en ce monde visible ne peut me donner l'idée du monde invisible, hors de l'Écriture par laquelle Dieu nous a parlé. Rien d'intra-mondain ne peut étayer le rapport à l'extra-mondain, à commen-

cer par l'Église visible. Seule, l'attestation intérieure me met en relation avec Dieu. Il ne peut
plus y avoir d'intermédiaires participant des
deux ordres. L'idée du droit qui vient de Dieu
s'en trouve entièrement changée. La formule est
la même, mais elle veut dire tout autre chose.
Elle n'évoque plus une incarnation sacrale, une
descente de la substance divine dans un être qui
relierait le ciel et la terre. Elle désigne le lieu du
pouvoir comme le seul lieu où une autorisation
divine soit concevable, en raison de sa surémi-
nence terrestre. Elle fait du pouvoir, en cette
élévation qui le met à part du reste des autorités
sociales, le représentant de l'absence du Dieu
tout-puissant à ce monde. Le droit qu'il tire de
Dieu ne lui vient pas d'un contact, d'une participation ou d'une désignation, mais seulement
d'une position qui le met en mesure de fournir
un équivalent terrestre de la puissance divine.
D'où la fragilité de cette légitimation, en dépit
de l'exaltation de la grandeur souveraine dont
elle s'accompagne. D'où la nécessité de renforcer par ailleurs les attestations terrestres de la
position du magistrat suprême. C'est l'explication de l'importance qu'acquiert le principe
dynastique dans ce contexte. La caution surnaturelle a besoin d'être complétée par une preuve
matérielle. La continuité du sang royal donne un
corps concret à l'impalpable appui du ciel. C'est
ainsi qu'on fabrique la loi salique, en France,

autour de Henri IV, en même temps qu'on redéfinit le droit divin.

Mais ces attestations tangibles de la vocation du souverain à se voir confirmé de Dieu ne suffisent pas. Le droit divin, au-delà de sa force immédiate de réponse à la division des chrétiens et à l'éloignement de Dieu, ouvre en vérité un immense problème de légitimité. L'aspiration qui entraîne l'autorité politique vers le haut oblige à l'enraciner par en bas. Étant donné l'incertitude de la présence du divin derrière elle, il faut la fonder parmi les hommes. C'est ainsi que l'on passe dans le deuxième moment de la sortie de la religion. Il consiste dans l'invention d'un droit politique nouveau, dans la construction d'un principe de légitimité nouveau. Ils répondent à la question que le droit divin fait apparaître et laisse béante.

Vous voulez dire, le droit des individus.

Exactement. C'est de cette façon qu'on passe de l'absolutisme au droit naturel moderne. Par un lien de consécution directe. La matrice théologico-politique du droit naturel est l'absolutisme. L'auteur clé est Hobbes. C'est chez lui que s'opère l'exploitation fondatrice des ressources de cette matrice. Il est possible d'en faire une lecture contextuelle très précise.

Qu'est-ce en effet que la révolution anglaise,

sinon une crise d'installation de l'absolutisme ?
On se trouve en présence d'un pouvoir royal qui
cherche à s'absolutiser, sur le modèle de celui du
continent, et d'une société que ses traditions par-
lementaires rendent spécialement rétive, une
société de surcroît travaillée par des divisions religieuses très profondes. Ces tensions débouchent
sur la dernière guerre de Religion. Hobbes est
l'homme qui, dans ce contexte et dans une relation très attentive à ce qui se passe en France,
donne la formule rigoureuse de l'absolutisme. Il
propose une réponse systématique à la crise de
légitimité dont la révolution anglaise a fait apparaître la gravité. Son entreprise est double. Elle
consiste, d'un côté, on l'oublie presque toujours,
dans l'élaboration rigoureuse du droit divin absolutiste — elle est contenue dans les deux dernières
parties du *Leviathan* (« De la République chrétienne » et « Du royaume des ténèbres »), seule
construction théologique en bonne et due forme
du droit divin que nous possédions. De l'autre
côté, en même temps, comme si Hobbes avouait
que cette théorie du droit transcendant ne suffit
pas, elle consiste dans une théorie de la légitimité
immanente du pouvoir absolu. C'est son aspect
bien connu. Hobbes dégage une nouvelle
méthode d'établissement de la légitimité du pouvoir. Il y a le droit divin, et il y a le droit des
hommes ; et ce dernier naît du contrat entre les
individus. Si la société ne reçoit pas transcendan-

talement, de l'extérieur, son unité, elle ne peut que la produire sur la base d'une décomposition initiale en parties. Il n'y a, au fond, que deux manières de penser la composition d'une société humaine : soit en lui prêtant une unité préalable, qui ne peut être, dès lors, que d'origine transcendante, soit en la créditant d'une unité *a posteriori*, qui ne peut donc procéder que de l'accord des éléments discrets dont toute société est composée. C'est le contrat social. Il faut donc penser un droit originaire des individus et les modalités du contrat qui instaure un droit du pouvoir à partir du droit inaugural des personnes. Tout l'art de Hobbes se déploie pour montrer que ce contrat n'a de sens qu'à la condition de conduire à « l'unité réelle de tous en une seule et même personne », comme il dit, unité obtenue par la sujétion de tous à une autorité absolue. C'est la formule pure de l'absolutisme. Mais évidemment, dès lors qu'on a posé cette logique contractuelle faisant découler l'unité de décision collective des individus de droit, d'autres solutions à la même équation deviennent possibles.

Elles ne sont pas aisées ; à preuve, le grand nombre de leurs variations, jusqu'au Contrat social *de Rousseau en 1762.*

Rousseau procédant à l'inversion méthodique de Hobbes, c'est-à-dire produisant la figure

symétrique et inverse de l'incorporation hobbé-
sienne. Là où le pacte hobbésien débouche sur la
sujétion, le pacte rousseauiste est producteur
de liberté. Toutes les volontés contractantes se
retrouvent non seulement conservées, mais
démultipliées en pouvoir collectif au travers de la
volonté générale. Là non plus, le contexte n'est
pas indifférent : c'est celui de la crise de l'absolutisme français. À la différence du cas anglais, en
effet, où l'absolutisme échoue à s'implanter pour
donner finalement le régime des libertés, avec la
Glorieuse Révolution de 1688, en France, au
XVIIᵉ siècle, il réussit. Parce qu'il n'y avait pas de
légitimité sociale alternative, pas d'enracinement
des institutions représentatives, ni l'équivalent de
l'aristocratie et des évêques anglais, et aussi parce
que le problème de la paix civile y était posé dans
des termes qui interdisaient toute autre solution
que celle-là.

*Oui, après coup. Mais fallait-il vraiment l'absolu-
tisme pour mettre fin aux guerres de Religion ?*

Il se peut que non, mais c'est ainsi que les
choses se sont passées. Les Français en sont sortis grâce à la paix civile amenée par Henri IV
puis par Richelieu ; or cette paix par l'État absolu
fait l'objet d'un consensus très profond de la part
des élites. En outre, n'oublions pas la dimension
extérieure de cette élévation de l'État. Guerre

civile et guerre étrangère vont ensemble. L'affrontement de religion se mêle à la rivalité avec l'autre grande puissance européenne qu'est l'Espagne. Les Habsbourg encerclent la France et représentent *la* menace. Richelieu veut à la fois la paix intérieure et la guerre avec l'Espagne. Guerre victorieuse du reste, qui ouvre la voie à la consécration de l'absolutisme. En Angleterre, c'est la formule du compromis qui l'emporte contre l'absolutisme ; en France, c'est l'absolutisme qui l'emporte contre le compromis, mais avec un accord populaire considérable. Louis XIV jouit bel et bien d'une légitimité indiscutée. La réussite de l'absolutisme s'est forgée dans l'engrenage de la paix intérieure et de la guerre extérieure contre la grande puissance rivale.

Rivale et catholique !

C'est capital. Il s'en est suivi un détachement précoce de la raison d'État vis-à-vis de la religion, et une méfiance durable de l'esprit politique à l'égard du « parti espagnol » constitué par les catholiques dévots. Le catholicisme ne s'en est jamais remis en tant que force politique. L'ultramontanisme a pris le relais, par la suite, pour alimenter cette image de « parti de l'étranger ». Résultat : il n'y a pas eu de parti catholique possible en France et ce ne sont pas les épisodes récents, Vichy inclus, qui ont contribué à lever cette hypothèque. Indépendamment de ce fait particulier, je suis convaincu, de manière générale, que le socle de la vie politique française s'élabore là, entre 1500 et 1650, au moment de la révolution religieuse de l'absolutisme.

Exemples de ces conséquences lointaines ?

Tous ceux, nombreux, qui, dans notre culture politique tournent autour de la religion du pouvoir et de la foi dans l'autorité rationnelle. Par exemple, le besoin d'une autorité supérieure contre les féodaux de toute espèce, qui fait que la décentralisation a beau être attendue, elle n'est pas aimée. Ou l'échec assez probable des tentatives pour fabriquer un pouvoir judiciaire contre lequel on dira toujours qu'il sort de ses limites sans être efficace. Ce type de discours possède, en France, une force de conviction qui vient de très loin, de la façon dont on est sorti de la Fronde, dont l'autorité royale a remis à leur place les roquets usurpateurs de la magistrature, au soulagement des populations.

En tout cas, cette appropriation collective du principe de l'autorité explique que la version du contrat social qui va s'imposer, en France, dans la seconde moitié du XVIIIe siècle, sera de type démocratico-absolutiste. Le coup de génie de Rousseau va être d'allier la souveraineté absolue à la française et la liberté des individus à l'anglaise. Il joue Hobbes et Locke l'un contre l'autre. Plus de liberté que Locke, mais un absolutisme plus complet que Hobbes, sauf que cet absolutisme est la réalisation de la liberté.

Vous parliez du contexte dans lequel Rousseau publie Le Contrat social, *la grande crise de l'absolutisme français qui débouchera sur 89. Pouvez-vous en dire un peu plus ?*

La crise anglaise des années 1640 est une crise de l'absolutisme ascendant. La crise française qui se noue dans les années 1750 est la crise d'un absolutisme finissant, qui a épuisé ses ressources de légitimité après son triomphe. Elle coïncide avec l'entrée du droit naturel, qu'on croyait purement spéculatif, dans la réalité. La surprise des cinquante dernières années du XVIIIᵉ siècle, c'est que le droit naturel se révèle être, non une théorie sans rapport avec les conditions sociales, mais le principe d'une redéfinition empirique de la société. Il va trouver une terre d'incarnation avec la révolution américaine. Il est vrai qu'il s'agit d'un cas tellement particulier que la portée de l'exemple est limitée. Un peuple nouveau qui accomplit plutôt une sécession qu'une révolution, cela donne une exception plutôt qu'une règle. Il n'en va pas de même, en revanche, avec la Révolution française. En entreprenant la recomposition à la racine d'un corps social vieux de dix siècles, elle confère aux droits de l'homme une portée opératoire et une vocation universelle sans limites de principe. Ils ont pour rôle de révolutionner le monde et de devenir la norme des communautés humaines.

Là-dessus, nouvelle surprise. Après la vague du droit naturel qui conduit aux révolutions modernes, le parcours change de direction. À peine les convulsions de la Révolution des droits de l'homme retombées et son échec consommé, voici que surgit un élément nouveau, que personne n'avait anticipé et qui va déplacer en quelques années l'horizon des sociétés humaines : l'histoire.

Elle ne surgit pas de rien ni du jour au lendemain, mais sur la base de l'idée de progrès qui s'était imposée dans la seconde moitié du XVIIIᵉ siècle. D'abord, à la fin du XVIIᵉ siècle, progrès des sciences. Puis progrès de l'« esprit humain », qui est déjà quelque chose de différent ; car il suppose que le fait d'acquérir des connaissances change la manière de penser, à l'échelle des individus et des collectivités. Puis progrès de la « civilisation », qui fait entrer le mouvement dans l'épaisseur concrète de la vie des sociétés.

Cependant, le progrès n'est pas l'histoire. Il suppose une communauté humaine relativement fixée dans ses traits hors du temps. Certes, elle progresse, elle se « perfectionne » : ces mots de

perfectionnement et de perfectibilité sont des
mots clés parce qu'ils indiquent une adjonction
en même temps qu'une identité. Mais avec l'histoire, on passe à quelque chose d'autre : l'idée
de la société qui se produit elle-même dans le
temps, comme une totalité, et qui, autre nouveauté, se réfléchit dans le temps. Le progrès,
c'est l'idée que l'humanité avance en lumières.
L'histoire, c'est l'idée de l'autoconstitution de
l'humanité dans le temps, qui s'accompagne de
son autocompréhension. C'est le chemin par
lequel l'humanité, en construisant ses conditions
d'existence, apprend à se connaître elle-même.
D'où la patrimonialisation du passé et son caractère obligatoire. D'où d'ailleurs aussi le flotte-
ment de la Révolution française entre deux âges
de la sensibilité en cette dernière décennie du
XVIIIᵉ siècle où le sentiment de l'histoire commence à poindre : d'un côté, un vandalisme tranquillement assumé, les lumières devant chasser
la superstition, de l'autre un commencement
d'inquiétude sur le fait qu'il y a peut-être du sens
dans ces vestiges des temps obscurs, pour l'instruction future du genre humain.

*Sans qu'on sache très bien, pour autant, fixer le
statut de ce passé dont on veut conserver des traces.*

Ce n'est plus tout à fait le progrès ; d'où le
souci de conserver y compris ce qui témoigne

des errements de l'esprit humain. Ce n'est pas encore l'histoire ; d'où la difficulté de définir les limites où s'arrêtent les monuments indispensables à l'édification des générations à venir.

Or, à partir du moment où on passe à l'histoire, l'incertitude disparaît. On devient vite convaincu que notre vérité est enfouie dans la totalité des traces laissées derrière nous. Énorme basculement, qui donne un sens absolument nouveau au passé en même temps qu'il tourne la société humaine vers l'avenir comme le temps où elle a à se trouver.

Où le faites-vous se produire, ce basculement ?

L'idée d'histoire émerge en Allemagne dans les premières années du XIXe siècle. Le premier texte où on la trouve nettement articulée est le *Système de l'idéalisme transcendantal* de Schelling, en 1800. La notion est pleinement développée sept ans plus tard, dans *La Phénoménologie de l'esprit*. Entre-temps, paraissent plusieurs livres importants, en particulier celui de Fichte, *Le Caractère de l'époque actuelle*. Il est passionnant de suivre chez le jeune Hegel l'élaboration de cette idée, de voir comment, en cherchant dans toutes les directions, il trouve les voies de cette vision nouvelle de la conscience historique qui révolutionne tout.

Mais il faut tout de suite ajouter que l'histoire,

ce n'est pas qu'une idée. C'est une orientation pratique d'ensemble des communautés humaines. La conscience historique est une chose, elle n'existe pas sans cette autre chose qu'est l'action historique, à savoir l'action délibérée de transformation de l'acquis et de production du nouveau, en direction du futur. L'idée d'histoire apparaît au moment où le fait de l'orientation historique commence à prévaloir un peu partout. Elle en tire les conséquences théoriques quant à l'idée de la destinée humaine.

On ne peut pas ne pas penser qu'il y a un rapport entre la découverte de l'histoire, en 1800, et l'événement révolutionnaire français. Mais alors, pourquoi l'Allemagne ?

L'idée d'histoire émerge en Allemagne, précisément, comme *réflexion* critique sur ce modèle d'*action* historique qu'a été la Révolution française. Le choc en retour de la Révolution française est décisif. Pour ses acteurs et partisans qui la pensent en termes de progrès, elle marque l'avènement de la raison en politique. Le continent européen, l'humanité vont changer de face parce que, au lieu d'aller chercher les règles de la vie sociale dans le passé, on va constituer la société selon la raison.

Or ce projet grandiose échoue. Pourquoi ? À partir de Thermidor, de nombreux contemporains sont persuadés que ce sont les principes et la démarche qui sont erronés. Étant entendu, y compris pour les contre-révolutionnaires les plus lucides, qu'il ne peut être question de retour en arrière. Aussi faut-il trouver une façon d'assumer quelque chose du projet révolutionnaire tout en récusant son exécution.

C'est à ce problème que l'idée d'histoire va permettre de répondre. Or le contexte allemand est favorable à sa cristallisation. L'Allemagne est en position d'infériorité victimaire par rapport à l'expansion révolutionnaire, qui accuse son retard tout en lui donnant de bons motifs d'être critique. Et, de plus, elle demeure profondément marquée de religiosité, contrairement à la France où la déchristianisation du XVIIIᵉ siècle est allée très loin : en France, on ne pensera plus jamais selon la religion ; cela ne veut pas dire qu'on n'ira plus à la messe, mais qu'il n'y aura plus de retour *intellectuel* à la religion. En Allemagne, le cadre de pensée religieux reste omniprésent. Or l'idée d'histoire va se définir à partir de schèmes religieux. L'idée d'histoire a trouvé son étayage, au départ dans une spéculation de type théologique sur l'absolu ; c'est au travers d'elle que va pouvoir être formulée la notion de réflexivité de l'esprit humain à travers le temps.

Pouvez-vous expliciter le rapport entre la prise de conscience de l'échec révolutionnaire et l'avènement de l'histoire ?

Qu'est-ce qui a échoué dans le processus révolutionnaire ? Dès 1794, l'idée s'impose que la politique a des lois qui ne sont pas celles de la raison raisonnante. Toutes ces constitutions de papier, légiférant *a priori*, restent sans prise sur une réalité compliquée, qui est celle de gouvernements et de communautés dont le fonctionnement obéit à d'autres nécessités que les axiomes du droit. C'est le thème que va orchestrer la lignée contre-révolutionnaire qui représente ici un jalon décisif. Elle produit une critique du droit naturel mis en œuvre par les révolutionnaires dans les termes de l'immanence sociale. La contre-révolution conduit ainsi à la découverte de la société et de ses lois. Je pense en particulier à Bonald, auteur génial, qui dit en gros que, si la religion n'existait pas, la société l'aurait inventée ! Parce que la société, contrairement aux affirmations du droit naturel, se livre d'emblée comme une unité qui appelle un pouvoir pour l'administrer et la conforter. C'est cette antériorité du tout sur les parties qu'explicite la religion. Par ailleurs, pour des motifs analogues, mais dans le temps cette fois, l'humanité ne peut pas s'arrêter à un moment donné et recommencer de zéro. Ce fait même du progrès, si volontiers invoqué par les révolutionnaires, montre que nous sommes faits du devenir, que nous sommes les héritiers de ceux qui nous précèdent et leurs modestes continuateurs. Double illusion, donc, de la pensée révolutionnaire du droit naturel : illusion de la table rase par rapport à la continuité des temps ; illusion de la décomposition en individus d'une collectivité qui ne peut être saisie qu'en bloc, surtout lorsqu'il s'agit du pouvoir et de son établissement.

Cette thématique va faire consensus en tant que critique de la pensée révolutionnaire. Toute la question à partir de là est de savoir jusqu'où il convient de faire porter la critique. On peut en tirer la conclusion extrême qu'il est nécessaire de rétablir une autorité absolue et la continuité pure de la tradition. On peut aussi la comprendre de manière plus nuancée. C'est là que l'idée d'histoire naît. Elle se forme quand on intègre cette critique contre-révolutionnaire du droit naturel, atomistique et rationaliste, à l'idée de progrès, ce qui oblige à élargir et à approfondir celle-ci. L'idée de progrès une fois transformée de la sorte, la critique de la révolution acquiert un tout autre statut, qui va donner le compromis libéral conservateur dont la pensée hégélienne me semble caractéristique.

Ce que Hegel reproche aux acteurs révolutionnaires, en substance, c'est leur inconséquence. Ils n'ont pas compris que leur pensée rationaliste et atomistique était elle-même un produit du progrès, et donc qu'elle s'inscrivait dans une continuité historique avec laquelle il leur était interdit de rompre. Il est vrai, en effet, que le progrès va dans le sens de la production d'individualités et de rationalité de la politique. Mais il ne peut l'emporter et se réaliser qu'à condition de respecter la continuité du processus. L'idée d'histoire fournit précisément la formule synthétique qui permet de tenir ensemble la continuité et la nouveauté, l'avancement et la conservation. Elle donne le moyen de faire place aux conquêtes de la raison et des Lumières, mais en les intégrant dans le cadre où elles se sont développées. À quoi s'ajoute enfin le schème spéculatif fourni par le religieux, qui permet de donner son plein statut à ce progrès : il s'agit de bien plus que d'un progrès ; la découverte des principes rationnels est à inscrire dans une histoire de l'esprit qui se comprend progressivement lui-même. L'essence de l'historicité est la marche vers la réflexivité, laquelle, lorsqu'elle est complètement aboutie, se révèle capable d'opérer la synthèse parfaite entre la sagesse de la tradition qui s'ignorait et la science absolue de l'esprit se saisissant lui-même. Elle fait équitablement droit à ce qu'il y avait de judicieux et de profond dans l'édifice organique, monarchique, hiérarchique de l'ancienne société, en même temps qu'à ce qu'il y a de nécessaire dans les principes modernes de la raison, compris dans leurs justes limites. L'histoire se découvre ainsi en se découvrant terminée. Nous prenons conscience de son existence parce qu'elle est finie. C'est son achèvement que signale l'avènement de cette réflexivité absolue qui nous met en mesure de rendre justice aux deux partis, aux révolutionnaires et aux contre-révolutionnaires. Ils sont à tenir à parts égales comme des *moments* de la vérité et de l'erreur, moments incomplets l'un et l'autre. Les révolutionnaires expriment justement quels doivent être les principes de la rationalité juridique de l'État moderne, mais ils ignorent leurs conditions d'exécution et d'effectivité ; symétriquement, les contre-révolutionnaires ne voient pas ce qu'il y a de vrai dans la pensée des Lumières, tout en discernant avec pertinence les impératifs d'une société politique.

*Dans ce cadre, l'*Esquisse d'un tableau des progrès de l'esprit humain, *de Condorcet, écrite en 1793, prend toute sa valeur de monument à la gloire d'une idée en passe d'être révolue, celle de progrès. Il lui manque exactement ce que vous venez de dire, l'histoire.*

Ce qui fait défaut à Condorcet, c'est ce principe de totalisation formelle du processus historique, et d'interprétation substantielle de ce qui s'y joue, que la spéculation théologique est seule à même d'apporter, dans un premier temps. Comment penser la prise de conscience qui s'opère au sein du devenir autrement que comme un événement extra-humain, tant il excède les bornes de la raison individuelle ? Il ne peut signifier que la réconciliation du divin et de l'humain, l'histoire de l'humanité se révélant dans son aboutissement une advenue de la divinité à elle-même. Toute la difficulté de la pensée de l'histoire, ensuite, sera de dissocier cette réflexivité de cette vision de la coïncidence de l'absolu divin avec lui-même qui a primitivement permis de la nommer. D'où le fait que la conquête de l'idée s'effectue en Allemagne, au départ. Celle-ci est la patrie de la philosophie, de manière générale, à la charnière des XVIIIe et XIXe siècles, parce qu'elle est le lieu de la tension maximale entre l'appropriation de la modernité et l'insistance du cadre théologique. Ces conditions la désignent encore plus spécialement pour être le foyer d'émergence de la pensée du devenir. La Révolution française lui donne l'occasion de s'affirmer à la fois politiquement et spéculativement. L'Allemagne se découvre une mission : il lui revient de penser les conditions et de réaliser effectivement, grâce à l'alliance de la religion et de la raison, ce que les Français ont tragiquement échoué à concrétiser. C'est de ce mariage philosophique de la tradition et du progrès que naît l'idée d'histoire dans son acception contemporaine.

Mais cette idée d'histoire va vite se répandre partout, à partir de son foyer germanique initial.

Il faut distinguer entre l'idée et le fait de l'historicité. L'idée explicite un changement pratique, un renversement d'axe de la temporalité collective qui, lui, est à l'œuvre partout. Il est très important de comprendre comment cette pensée du devenir comme l'élément même de l'humain social s'est fait jour, parce que ces conditions de naissance vont terriblement peser sur son destin, mais il ne faut surtout pas s'enfermer dans la pensée. Il faut la connecter avec l'immense transformation du mode d'existence et d'organisation des communautés humaines qu'elle s'efforce de traduire comme elle peut — la transformation qu'implique la réorientation générale des activités vers l'avenir. Ce n'est pas qu'une affaire de représentations. Les représentations entraînent avec elles une nouvelle manière d'être, de se conduire et de se penser. La société qui se détourne du passé de la tradition pour se tourner vers le futur de la production est une société qui se déploie concrètement petit à petit, à tous les niveaux, afin de se renouveler et de se constituer délibérément elle-même. Cela change jusqu'à la façon des individus de concevoir l'horizon de leur existence. Ils n'ont plus simplement à se demander : que dois-je faire ? mais bien : que vais-je faire de ma vie ? compte tenu de cette temporalité obligée du projet, où le parcours individuel s'associe au devenir collectif. Cela change le statut de l'activité. La société de l'histoire est une société de *travail*, de *production*, elle sera la société de l'*économie*. Le basculement du passé vers l'avenir bouleverse entièrement, de proche en proche, la manière dont les sociétés s'organisaient.

Comment cela ?

Le passage à l'histoire voulue comme histoire déclenche une transformation politique de première grandeur. Comme il y avait eu une révolution religieuse du politique, puis une révolution juridique du politique, il va y avoir une révolution historique du politique. La forme politique de la société de religion se trouve subvertie à son tour, alors qu'elle s'était maintenue au milieu des redéfinitions cruciales qu'elle avait connues depuis le XVIe siècle. L'ancienne société reposait sur le primat ordonnateur du politique. Au départ, il était de nature religieuse, le pouvoir médiateur rattachant l'ordre terrestre à sa source invisible. La société était mise en ordre par le relais politique de la transcendance. La modernité étatique a consisté à donner un contenu immanent à cette primauté, tout en la maintenant. Le pouvoir ne réfracte plus l'invisible, mais il est l'instance qui tient ensemble le corps politique par sa raison et sa volonté. Le droit naturel s'insère à son tour dans le même cadre. Il le reprend à son compte. Il s'agit seulement de donner une base juridique à cette ordonnance politique. L'orientation historique, en revanche, renverse le primat du politique au profit d'une entité appelée à un rôle toujours plus vaste : la *société*.

C'est un point capital pour comprendre pourquoi l'historicité consciente va induire assez vite des résultats opposés à ceux qu'on avait cru devoir en attendre. Elle apparaît du côté de la critique de la Révolution, en fonction du besoin de penser la continuité du devenir, la totalité politique, l'organicité du collectif. Elle paraît d'essence conservatrice. Mais en pratique, comment se comporte une société qui fait droit au mouvement qui l'emmène vers l'avenir ? Elle tend à rejeter l'idée que le pouvoir est la clé de son ordre, tout simplement parce qu'il est *statique*, comme Auguste Comte l'observe dès 1820, alors que sa vérité est *dynamique*. Or les ressorts de cette dynamique résident dans la société, comprise dans un nouveau sens, comme la sphère des rapports noués entre eux par les acteurs historiques, indépendamment du pouvoir. Sphère dont la puissance motrice et créatrice indépendante de l'État acquiert à ce moment-là les traits irrécusables de l'industrie. Qui dit orientation historique dit autonomisation de la société civile, en d'autres termes, et inversion de priorité entre la société civile et l'État. La société civile est fondée à revendiquer sa liberté par sa capacité d'initiative et d'invention. Elle est le laboratoire de la production de l'histoire et, à ce titre, le siège de la légitimité. Le pouvoir, détrôné de ses anciennes prérogatives ordonnatrices, ne peut plus être conçu que comme l'expression de la société et ne peut se voir attribuer d'autre rôle que celui d'instrument de la société, au service de sa puissance dynamique. La seule légitimité admissible est celle de la représentation d'une société distincte de l'État. Laquelle société civile, faut-il ajouter, justifiée dans sa liberté globale par sa force de mouvement, ne peut par là même être constituée que d'individus libres de leurs initiatives singulières. L'essence de l'historicité se révèle être libérale. Cette idée d'histoire, née de la polémique contre les illusions de l'individu et du contrat social, conspire en s'affirmant à légitimer les libertés individuelles et le gouvernement représentatif. Cet affrontement entre le visage conservateur et le visage libéral de l'histoire est le grand combat du premier XIXᵉ siècle. Il se termine sur le triomphe du libéralisme durant le second XIXᵉ siècle. La société de l'histoire consacre sous un jour et par des voies inattendus ces principes que la raison révolutionnaire avait échoué à concrétiser.

Ce n'est pas tout. Il faut encore souligner la portée métaphysique de cette réorientation futuriste. L'historicité s'impose comme l'élément où se réalise l'autonomie humaine. L'autonomie, c'est bien davantage que se donner sa propre loi : c'est se faire soi-même. L'humanité se produit elle-même dans le temps et elle apprend à se connaître elle-même au travers de ce parcours, en s'y réfléchissant. Aussi peut-elle se proposer pour horizon la pleine maîtrise de son destin grâce à la coïncidence réfléchie avec elle-même. C'est ce rêve que va nommer le mot magique de *révolution*. Telle est la figure entièrement renouvelée que l'autonomie humaine acquiert au XIXᵉ siècle du fait de sa projection dans l'élément historique. C'est sous ces traits-là que nous sommes voués, désormais, à la poursuivre. Nous continuons de nous y échiner, même si le caractère de l'entreprise a beaucoup évolué depuis le XIXᵉ siècle.

Oui, mais ce n'est pas en Allemagne, au XIXᵉ siècle, que les sociétés humaines acquièrent cette autonomie. Si l'idée d'histoire surgit, comme vous le dites, en Allemagne, c'est quand même en France et en Angleterre qu'elle s'incarne politiquement d'abord, par le biais du libéralisme.

Oui, c'est vrai, elle s'incarne à rebours de l'interprétation idéaliste, religieuse et globalement conservatrice qu'en avaient donnée les Allemands. C'est qu'il faut distinguer entre conscience historique et action historique, orientation de l'activité collective vers le changement et le futur. La conscience traduit comme elle peut ce travail du devenir en train de s'effectuer au présent. Elle le situe dans une représentation du passé et de l'avenir. Elle s'efforce de donner une image du processus d'ensemble. Elle suit. Mais elle va être constamment bousculée par l'élargissement du dispositif futuriste. Elle va être contrainte à un réexamen permanent par l'amplification de l'action historique. C'est ce qui se passe dès 1820-1830, par rapport aux premières expressions spéculatives de l'historicité qui avaient pu être proposées. Il se découvre de façon inexorable que la vérité en acte de la société de l'histoire, c'est l'organisation libérale, dans un sens indépendant de l'idéologie libérale. C'est le renversement du rapport entre pouvoir et société : de pouvoir d'abord, on bascule vers société d'abord, avec ce que cela veut dire de dissociation entre société civile et État, de redéfinition représentative du pouvoir et d'émancipation des membres de la société en tant qu'acteurs historiques.

Le parcours ne s'arrête pas là. Car cette imposition de l'organisation libérale en fonction de l'orientation historique se révèle à son tour hautement problématique. Les conditions qu'exige

la production de l'avenir font de la société libérale une société aliénée, une société qui ne maîtrise pas son destin, qui s'échappe à elle-même.
Elle ne sait pas où elle va, elle s'éparpille en
individus, et laisse une partie — et quelle partie,
l'économie, c'est-à-dire les forces inhumaines de
l'argent et de la machine — commander au tout,
tout dont elle est incapable de procurer une
image saisissable. D'où, à mesure que le fait libéral l'emporte, le développement d'une critique
révolutionnaire appelant au dépassement de
cette société qui trahit sa promesse, puisque, si
elle fait des hommes des acteurs conscients de
l'histoire, elle leur interdit de savoir et de gouverner l'histoire qu'ils font. L'histoire a cette
vertu qu'elle apporte le remède avec le mal, en
offrant la perspective d'un avenir différent du
présent, et pourquoi pas entièrement différent.
La philosophie de la fin de l'histoire reprend du
service dans ce cadre, non pas au présent, pour
opérer la réconciliation de la raison avec la tradition, mais au futur, pour opérer la synthèse de
la puissance de production de soi avec la science
et la maîtrise de soi. Synthèse qui serait en outre
l'accomplissement de l'autonomie humaine, et
donc l'aboutissement authentique du devenir
humain. C'est ainsi que l'idéal religieux de la
conjonction de la communauté humaine avec sa
suprême vérité et son pouvoir ordonnateur fait
retour à l'intérieur du projet d'émancipation

finale et d'autonomie intégrale. L'idéalisme allemand s'en était servi pour penser l'effectivité de l'histoire contre l'abstraction révolutionnaire ; le déploiement de l'univers de l'historicité amène le mouvement révolutionnaire à s'en saisir pour penser le dépassement des scissions et des séparations de la société libérale.

Ce que vous décrivez là sans avoir prononcé le nom de Marx, c'est, si nous vous comprenons bien, l'odyssée du communisme entendu comme religion séculière.

Le piège de la pensée de l'histoire a été de donner l'autonomie à concevoir dans une forme issue de l'âge de l'hétéronomie. Cette contradiction secrète me semble expliquer beaucoup de traits de la tératologie totalitaire. Mais il faut bien discerner d'où sort celle-ci : elle est fille de l'énorme problème posé par le développement de la société de l'histoire, qui ne consacre la liberté de ses membres que pour les priver du pouvoir de se gouverner. De là cette aspiration paroxystique à la reconquête d'une pleine ressaisie réflexive et d'un pouvoir complet sur soi. Cette aspiration ne s'est pas bornée, d'ailleurs, à alimenter l'embardée des totalitarismes. Elle a puissamment contribué à modeler nos régimes au cours du XXᵉ siècle. Elle a inspiré la solution qui leur a permis de trouver leur équilibre, à savoir la correction du fait libéral par la démocratie.

Nous sommes passés dans une autre configuration. Nous sommes sortis pour de bon, au cours des trente dernières années, de l'orbite de la conjonction religieuse. Elle ne parle plus à personne. Cette figure de la coïncidence finale avec soi dans la science totale de soi, que Hegel avait transposée du domaine de la nécessité divine dans le domaine de la liberté humaine, a perdu sa force d'attraction. La conscience historique joue désormais contre elle, elle nous détourne d'elle. Le nouvel approfondissement qu'elle a connu, en fonction d'un nouvel élargissement de l'action historique, nous pousse à l'opposé. Elle ne nous promet pas de nous réunir avec nous-mêmes, elle nous sépare au contraire de nous-mêmes dans une découverte sans cesse renouvelée. La réflexivité inhérente à l'effectuation historique est toujours là, mais elle fonctionne à l'inverse d'une totalisation terminale. Il est vrai que nous prenons davantage conscience de ce que nous sommes à mesure que le parcours avance, mais c'est pour nous découvrir en permanence autres que ce que nous pensions être, pour nous trouver confrontés à un inépuisable inconnu. La vérité de la condition historique, telle qu'elle se présente à nous aujourd'hui, ce n'est pas l'homme promis à se trouver, c'est l'humanité devenue définitivement une énigme pour elle-même.

XI

LA SORTIE DE LA RELIGION :
LA RÉVOLUTION FRANÇAISE

À plusieurs reprises, vous avez dit que le totalitarisme a été, dans votre formation, la voie royale d'accès au problème politique et à la question de la démocratie. Ce thème n'a pas cessé de vous intéresser et vous le reprenez aujourd'hui dans le cadre des recherches que vous conduisez autour de la notion d'idéologie. Aujourd'hui, comment comprenez-vous ce phénomène si déroutant ?

Il n'est pas inutile de commencer par un bref retour en arrière. J'appartiens en effet à la génération qui a « découvert » le totalitarisme dans les années 1970. « Découverte du totalitarisme » : l'expression laisse un peu rêveur ; elle illustre à la fois l'outrecuidance de l'intelligentsia française et le caractère déconcertant des aveuglements comme des désillusionnements idéologiques. Le totalitarisme était là depuis longtemps quand on s'est avisé de son existence ! Cette découverte tardive a en tout cas exercé de puissants effets sur les intellectuels et la société française, et il faut ajouter que ce retard n'a pas eu que des effets négatifs : il a fait prendre très au sérieux un phénomène qu'il ne suffit pas de rejeter pour le comprendre. L'expression signifie tout d'abord que la problématique est alors devenue légitime, y compris sur un plan politique : l'Union soviétique est définitivement jugée. Intellectuellement, un large consensus s'établit entre les personnes qui réfléchissent à ces questions, quant à la nature du problème et quant au fait que le marxisme ne permet en rien d'en rendre compte — il ne s'agit pas d'une déviation par rapport à un bon socialisme. On a affaire à une forme politique absolument inédite. Il ne s'agit pas de la corruption d'un régime classique, mais d'une forme entièrement nouvelle qui constitue un révélateur extrême par rapport à ce qu'est devenue la politique dans le monde moderne.

Sur la description du régime, l'accord se fait sur quelques traits centraux : la place motrice de l'idéologie, le rôle clé du parti, la mobilisation et l'encadrement des masses par le parti et, enfin, un type d'État visant à absorber la société. Mais cette absorption a nécessairement des limites. C'est un point qui a été la source de querelles aussi stériles qu'inévitables, tendant à remettre en question le bien-fondé de la notion. Le totalitarisme est un projet, porté par l'idéologie et ses instruments que sont le parti et l'État. Mais c'est un projet irréalisable. Un totalitarisme intégral s'effondrerait aussitôt. Tout régime totalitaire conserve des parts non totalitaires, d'une importance dont on peut par la suite discuter.

Arrive ensuite une question cruciale. Si la contemporanéité du nazisme et du stalinisme impose de penser l'unité du phénomène totalitaire, reste à comprendre les deux versions qu'il a comportées dans leurs différences. Les gens sérieux, je crois pouvoir le dire, n'ont jamais douté qu'il y avait une différence profonde entre les deux, ne serait-ce que parce que ces régimes sont radicalement antagonistes. Il doit bien y avoir une raison à une hostilité si violente. Comment peuvent-ils avoir à la fois une telle haine l'un pour l'autre, et une complicité dans la haine ?

Une fois le constat de base dressé, les questions à poser affluent. Comment un surgissement pareil a-t-il pu se produire ? Qu'exprime-t-il ? N'est-il que contingent ? Il renvoie à une contingence essentielle — sans la guerre, il n'aurait pas eu lieu —, mais ses racines se réduisent-elles au bouleversement entraîné par la guerre de 14 ? Quant à l'analyse interne du phénomène, maintenant, son caractère le plus spectaculaire réside dans le retour du politique au premier plan. Par rapport aux sociétés bourgeoises, les régimes totalitaires remettent la dimen-

sion politique au poste de commandement.
Qu'en est-il au juste de la place et du rôle de ce
politique susceptible de revenir d'une manière si
offensive et persécutrice ? Se pose enfin la question du rapport entre démocratie et totalitarisme. Pourquoi ce rejet viscéral de la démocratie, y compris lorsque le mot est repris, au titre
d'une démocratie soi-disant supérieure, comme
dans le totalitarisme rouge ? D'où vient cette
hostilité incroyable que les régimes libéraux ont
pu mobiliser contre eux ?

Ce que je voulais souligner, en déroulant ces
interrogations, c'est qu'on se trouve devant une
véritable problématique, dont les nœuds s'imposent à quiconque entreprend de réfléchir sur
le sujet. On gagne à la cartographier dans son
objectivité impersonnelle. À chacun ensuite
d'aiguiser ses réponses. C'est ce que j'ai fait.
Cette problématique continue de me paraître
d'une force d'interpellation inépuisable.

*Êtes-vous du côté de ceux qui maintiennent finale-
ment, en dépit des réserves que vous venez d'exprimer, la communauté d'appellation pour les deux régimes ou bien préférez-vous les disjoindre ?*

Je ne suis pas acharné dans la défense du
concept de totalitarisme, mais je n'en vois pas
d'autre. Et somme toute, à condition de prendre
toutes les précautions d'usage dans sa définition,

il me semble faire l'affaire. Il a l'avantage d'avoir été donné par l'histoire et d'avoir capté quelque chose de l'objet, dans le feu de la bataille, tant du point de vue de ceux qui s'en réclamaient que du point de vue de ceux qui le combattaient. Il ne s'est pas imposé pour rien auprès de tant d'excellents observateurs et analystes critiques des années 1930. Il ne faut pas être esclave de sa charge polémique, mais il résiste à toutes les objections respectables qui ont pu lui être opposées. Je ne parle pas des objections intéressées.

Parmi les multiples façons de prendre le phénomène pour essayer de le comprendre, vous en avez choisi une qui vous est propre : le long détour par la mise en perspective historique.

C'est en effet la seule façon d'acquérir un recul suffisant pour faire ressortir la singularité d'un phénomène comme celui-là, et pour en saisir les ressorts profonds. La perspective historique donne ce recul, non seulement à l'égard du totalitarisme, mais aussi du devenir des démocraties, dimension essentielle en la circonstance. Sur l'opposition entre les démocraties et les totalitarismes, Aron a dit l'essentiel dans son cours justement célèbre. Mais une telle approche ne fournit qu'un tableau instantané du contraste entre deux types de régimes. Or le principal se joue, ici, dans la durée. C'est dans le cadre du déploiement séculaire de l'univers démocratique que le surgissement du projet totalitaire acquiert son plein relief. Seule la reconstitution de ce parcours donne à comprendre pourquoi, à un moment donné, la mobilisation totalitaire a pu devenir l'enjeu qu'elle a été. Je précise : qu'elle a été, mais qu'elle n'est plus. Car à mon avis, nous sommes sortis, en un sens très profond, de l'âge des totalitarismes.

Comme toujours, l'histoire intellectuelle est prise dans l'histoire tout court. Nous avons « découvert » le totalitarisme au moment où il était en bout de course. C'est l'autre point que je voulais marquer. La percée de l'anti-totalitarisme et de la théorisation du totalitarisme comme tel a coïncidé avec le crépuscule des régimes communistes. C'est d'ailleurs au même moment que le socialisme réel a perdu sa légitimité jusque dans la tête de ses dirigeants. Le totalitarisme est mort dans son principe le jour où le premier oligarque soviétique a envoyé son rejeton faire un MBA à Harvard. C'était un très bon calcul. C'est le seul investissement judicieux qu'ait jamais fait la nomenklatura soviétique.

À quelle date cela se situe-t-il ?

Au début des années 1970, pour autant qu'on sache. Ce qu'il y a d'étonnant dans la crise des années 1970, c'est qu'elle se produit simultanément à l'Est et à l'Ouest. On commence maintenant seulement à s'apercevoir que la paralysie structurelle de l'économie soviétique a été synchrone avec le freinage de la croissance en Occident, le choc pétrolier de 1973 ayant surtout joué le rôle d'un déclencheur. Voilà qui laisse hautement perplexe quant aux synchronismes de l'histoire universelle.

Le tournant de 1956 et le discours de Khrouchtchev ne marqueraient donc pas le pas décisif dans la sortie du totalitarisme ?

Il ne s'agit évidemment pas d'une chronologie en noir et blanc, mais d'une lente décomposition, où les nuances de gris sont nombreuses. Le premier changement déterminant se situe en 1953, à la mort de Staline. Il avait été une sorte de garant symbolique du fonctionnement du totalitarisme, et peut-être son rouage décisif dans ce rôle, quel qu'ait été son pouvoir réel. Sa disparition détend le ressort. Le « rapport attribué à Khrouchtchev », selon la célèbre formule dénégatrice en usage chez les nostalgiques du stalinisme, marque une autre étape, qui confirme la précédente. Le mouvement de décomposition ne s'arrêtera plus, ce qui n'empêchera pas les partis communistes de mobiliser encore une part de l'espérance durant deux décennies. La dénégation de ce qu'on sait du phénomène continuera même de plus belle. Il

y a encore une vraie foi dans le possible socialiste, qui s'exprime y compris chez les dénoncia-
teurs du régime, comme Soljénitsyne — vous
vous souvenez de ce qu'il raconte des chemine-
ments de sa désillusion. Cette fantastique mobilisation croyante perdure bien au-delà de 1956.
La génération suivante, en 1968, se tourne vers
la Chine, qui est encore pire que l'Union soviétique et que Mao vient de lancer dans une
embardée inouïe de délire idéologique. Le ressort de la croyance révolutionnaire n'était pas
éteint. Jusque dans les cercles dirigeants, le
cynisme du pouvoir coexistait avec la vraie foi.

La décroyance n'est devenue imparable et
complète que dans les années 1970. Et elle n'a
pas touché que les masses militantes et les intellectuels en quête chronique de radicalité. Elle a
frappé à la tête. Elle a saisi les élites communistes
un peu partout et les gouvernements des pays
du « socialisme réel ». Ils ont continué à faire
semblant, mais la conviction n'y était plus. Le
tournant secret de 1978 en Chine représente un
épisode particulièrement troublant de cette histoire. Le premier cercle dirigeant reprend les
choses en main après l'embardée de la « grande
révolution culturelle prolétarienne », en compre-
nant qu'il est impératif de sortir du dogme col-
lectiviste, qui est en faillite. Ils savent à quoi s'en
tenir. Mais ils savent aussi que leur survie suppose d'en avouer le moins possible et de sauver

les apparences. On va donc avancer dans les réformes *a minima*, comme s'il ne s'agissait que d'inflexions techniques, sans bouger une ligne de l'idéologie officielle.

C'est de cette dissolution du croyable révolutionnaire que le communisme est mort. Il s'est désagrégé de l'intérieur. On s'attendait à tout sauf à ça. On imaginait des bureaucraties retranchées dans leurs donjons avec leur artillerie et prêtes à tout pour défendre « les conquêtes du socialisme ». Les déflagrations terribles que d'aucuns redoutaient — Soljénitsyne, de nouveau, dans sa *Lettre aux dirigeants soviétiques* — n'ont pas eu lieu. Pas de révolution sanglante. La sortie des régimes les plus coercitifs et les plus policiers de l'histoire s'est faite en douceur, par disparition du ciment invisible qui tenait ces citadelles ensemble. Nous avons été témoins d'un événement sans équivalent dans l'histoire.

Et le remarquable est que le phénomène est devenu pleinement pensable en s'évanouissant. La « découverte » du totalitarisme des années 1970 mérite mieux que des sarcasmes, de ce point de vue. Ce n'est pas simplement qu'on s'avise de ce qui crevait les yeux depuis longtemps, c'est qu'on commence à le voir du dehors et donc à le concevoir pour de bon, à en prendre la mesure. Depuis 1917 et 1933, il y avait eu des esprits indépendants et aigus pour dépeindre ces régimes, pour attirer l'attention sur leur monstrueuse originalité historique, pour en cerner les caractères spécifiques. Nous leur sommes infiniment redevables. Mais c'est d'autre chose qu'il s'agit désormais. Nous n'en sommes plus à apprendre à regarder en face un phénomène exorbitant. Il est devenu possible de le comprendre en profondeur, maintenant que le cycle historique dans lequel il s'inscrivait s'est refermé, qu'il n'est plus là pour nous hypnotiser, que nous ne sommes plus sous l'emprise des significations qu'il véhiculait.

Comprendre en profondeur le fait totalitaire, à mon sens, c'est le situer précisément dans l'histoire. Il est le produit d'un moment de passage bien défini. Il prend place à l'intersection de trois histoires qui ont chacune leur consistance propre : l'histoire de la sortie de la religion, l'histoire de la forme politique moderne, l'État-nation, l'histoire de l'idéologie et des idéologies. Pas de totalitarisme sans idéologies totalitaires. Or ces idéologies extrêmes coagulent, à l'enseigne de la nation d'un côté, de la révolution sociale de l'autre côté, en fonction d'un développement tout à fait identifiable des idéologies à la fin du XIXᵉ siècle. Ce développement est connecté avec une étape également repérable de la sortie de la religion, où l'ambiguïté séculaire du processus est à son comble : on peut ambitionner d'être complètement en dehors de la religion, tout en restant sous son empire sans le savoir. Cela donne la religiosité séculière, c'est-à-dire dans la rigueur du terme, une antireligion religieuse. Ces deux évolutions coïncident, enfin, avec un moment clé de cristallisation et de redéfinition pratique de l'instrument étatique et de l'englobant national. Le visage effectuant de la totalité politique en sort changé. Ce faisceau de conditions détermine une époque. Elle aura duré un siècle, en prenant des repères larges : 1880-1980. Elle comporte un noyau incandescent, la guerre de Trente Ans du XXᵉ siècle : 1914-1945. Ainsi circonscrite, l'époque des totalitarismes prend l'allure d'un épisode pathologique de la transition moderne. Son symptôme central est la poursuite autodestructrice d'une alliance des contraires. Les totalitarismes cherchent à marier l'hétéronomie et l'autonomie. On conçoit dans cette perspective qu'il y ait deux versions opposées de la même ambition. Le totalitarisme d'extrême gauche prétend faire entrer un contenu autonome dans une forme hétéronome ; le totalitarisme d'extrême droite veut obtenir un contenu hétéronome au travers d'une forme autonome.

Ce n'est pas tout. Il faut interroger en parallèle ce qui se passe et ce qui bouge au sein des démocraties libérales à l'époque des totalitarismes. Pourquoi sont-elles à ce point contestées du dedans ? Pourquoi le modèle des totalitarismes y rencontre-t-il un tel écho, ou y jouit-il d'un tel prestige, même lorsqu'il est refusé ? Quelles sont les aspirations internes de la démocratie qui se reconnaissent dans cette ambition démesurée de clore l'histoire ? Qu'est-ce qui rend l'idée de révolution si parlante et si attractive, au cours de cette période, bien au-delà des rangs des militants révolutionnaires ? Il est nécessaire de scruter le devenir interne des démocraties en regard de la trajectoire des totalitarismes. Si les démocraties l'ont emporté, c'est en se transformant en face des totalitarismes et de leurs impasses en forme d'apocalypse ou de nécrose. C'est ce mouvement qu'il s'agit de saisir.

C'est de cette façon que vous avez été conduit à vous intéresser à la Révolution française.

La filiation la plus évidente, lorsqu'on interroge les origines de la politique totalitaire, filiation revendiquée par les bolcheviks eux-mêmes, est celle du jacobinisme et de la Révolution française dans son moment terroriste, qui est en même temps son moment ultradémocratique. Les premières lectures que j'ai faites sur la Révolution étaient conduites dans cette optique. Je pense en priorité à un auteur qui m'a beaucoup instruit, Jacob Talmon, qui était alors en train de publier sa trilogie, dont le premier volume portait sur la Révolution française, le second sur le messianisme nationaliste au XIXe siècle et le troisième sur la formation du bolchevisme et de l'ultranationalisme à la fin du XIXᵉ siècle. L'entreprise avait la vertu de chercher à établir cette généalogie avec précision [1].

C'est un auteur qui n'est pas bien connu du public français ; du reste, seul un volume de cette trilogie a paru en traduction française.

Talmon a eu une influence souterraine plus grande que sa réputation publique, en définissant avec clarté ce qu'il appelle le modèle de la démocratie totalitaire, à propos du rousseauisme jacobin. C'est un politologue israélien, qui a été une personnalité importante du travaillisme dans son pays et une conscience morale de la nation elle-même. Nous avons publié dans *Le Débat* une lettre à Begin qu'il avait écrite au moment de la guerre du Liban — un texte remarquable de courage et de lucidité à l'égard de la politique menée par le Likoud. Outre l'ampleur de son enquête historique, il avait à mes yeux l'intérêt de formaliser de manière rigoureuse et moderne ce que la

---

1. Jacob L. Talmon, *Les Origines de la démocratie totalitaire*, Paris, Calmann-Lévy, 1966 (éd. originale, 1955). Les deux autres volumes n'ont pas été traduits en français : *Political Messianism : the Romantic Phase*, Londres, Secker & Warburg, 1960 ; *Myth of the Nation and Vision of Revolution : The origins of ideological polarization in the twentieth century*, Londres, Secker & Warburg, 1980.

critique conservatrice et libérale avait déjà aperçu au XIXᵉ siècle, Taine en dernier lieu de la façon la plus magistrale.

Le terrorisme jacobin est un fait, mais il diffère profondément des totalitarismes du XXᵉ siècle.

Pour une raison essentielle, justement, qui est l'absence de l'idéologie. Le jacobinisme est une doctrine politique qui n'a rien d'une idéologie au sens moderne. Corrélativement, il ne s'incarne pas non plus dans un parti même si le réseau des sociétés populaires peut en préfigurer quelque chose. Aussi Robespierre peut-il être renversé par un coup d'État parlementaire, par un vote de la Convention, ce qui ne risquait pas d'arriver à Staline ! Dans ce très bref moment terroriste, qui dure un an à partir de l'été 1793, manque également l'État dans le sens contemporain, tel qu'il est au centre du modèle soviétique, bien qu'il y ait eu un appareil de coercition et une compression très forte des opinions. Je crois par conséquent qu'il faut écarter ce terme de « totalitaire » à propos de la Révolution française, en dépit des arguments de Talmon. La Révolution pose néanmoins la question de la nature ambivalente des principes démocratiques, et du péril de tyrannie inscrit potentiellement dans la souveraineté du peuple. Si totalitarisme il n'y a pas à proprement parler, il y a bel et bien un despotisme d'un genre nouveau exercé au nom du pouvoir de tous. À partir du moment où le pouvoir est issu de la liberté de chacun, il est susceptible de se retourner contre ceux qui l'ont désigné en s'étendant à tout. Ce problème est le moteur de la réflexion des libéraux français du premier XIXe siècle, de Constant à Tocqueville. Quel est le mécanisme politique qui préside à de telles embardées ? Est-ce une fatalité de la politique moderne ? Comment s'en prémunir ? Jusqu'où convient-il de réviser la théorie des droits individuels et du pacte social afin de désamorcer cette menace de servitude attachée à la liberté ?

Il était certainement très intéressant pour vous de vous demander quelle vision des événements qu'ils venaient de traverser les libéraux pouvaient avoir. Mais en outre, la question du libéralisme revêtait, autour de 1979-80, une actualité évidente.

Le retour du libéralisme a été, en effet, l'une des expressions marquantes du tournant des années 1970. L'effacement de l'idée révolutionnaire, l'écroulement du principe de mobilisation et de crédibilité des régimes totalitaires se sont accompagnés d'une résurgence étonnante de la pensée libérale qui paraissait irrémédiablement disqualifiée et dépassée depuis la crise des années 1930. C'est l'une des énigmes du moment où nous nous trouvons que ce rayonnement d'un néo-libéralisme en réalité fort différent dans sa signification du libéralisme des origines.

La démocratie qui s'est affirmée au cours de ces vingt dernières années est « post-totalitaire », selon l'expression de Jean-Pierre Le Goff. Elle est libérale d'abord, par horreur du passé proche. Elle réagit contre la pente organisatrice et étatique des décennies précédentes. Elle retrouve en ce sens la situation qui était celle d'après 1794 ou 1815. Mais, au-delà de cette analogie formelle, jusqu'à quel point le libéralisme du sortir de la Révolution correspond-il aux données de notre présent, et dans quelle mesure pouvons-nous nous fier à Constant, Guizot ou Tocqueville pour nous guider dans la situation où nous sommes ? Le travail que j'ai mené à cette époque sur le libéralisme visait précisément à une réappropriation *critique* de ces auteurs, capable de reconnaître le legs irremplaçable qu'ils nous ont laissé, mais également les limites de leur pensée, au regard de l'évolution au terme de laquelle nous les abordons aujourd'hui.

Au détour de cette remarque, une question directe que l'on se pose régulièrement à votre propos : êtes-vous vous-même libéral ?

Dans le monde de lecteurs pressés où nous vivons, on a tôt fait de conclure que, si l'on écrit sur des auteurs, c'est que l'on est nécessairement de leur bord. Si vous écrivez sur Marx, c'est que vous êtes marxiste. Pour ma part, je ne connais que des non-marxistes qui aient écrit des livres sensés sur Marx ! Je ne suis pas plus libéral que Raymond Aron, grand connaisseur de Marx, n'était marxiste. C'est fâcheux pour la simplicité de l'étiquetage mais c'est comme ça ! Tout ce que j'ai écrit sur Constant ou Tocqueville avait pour but de circonscrire l'erreur de perspective qui les a trompés sur le monde dans lequel ils évoluaient[1].

Cela dit, entendons-nous bien sur ce que veut dire « libéral ». Il n'y a pas de notion qui prête davantage à confusion, et pas par hasard, pour un motif de fond. En un sens, nous sommes tous « libéraux », au moins pour une partie, dans la mesure où il y a un *fait libéral* qui constitue l'une des principales articulations de nos sociétés : la limitation du droit de l'État par les droits fondamentaux des personnes, autrement dit les libertés publiques et l'indépendance de la société civile. Tous les non-totalitaires sont, de ce point de vue, des libéraux, parce qu'ils acceptent ce fait de droit et ses conséquences. Nos conserva-

1. « Tocqueville, l'Amérique et nous. Sur la genèse des sociétés démocratiques », *Libre*, 7, 1980, p. 43-120 ; « Benjamin Constant : l'illusion lucide du libéralisme », in Benjamin Constant, *De la liberté chez les modernes. Écrits politiques*, Librairie Générale Française, coll. « Pluriel », 1980, p. 11-91.

teurs sont des conservateurs libéraux, comme nos socialistes sont des socialistes libéraux, qu'ils le veuillent ou non. Le libéralisme proprement dit est une lecture particulière de ce fait libéral qui consiste à valoriser la dynamique spontanée des libertés individuelles au sein de la société civile et à vouloir restreindre en conséquence le rôle de la puissance publique. Cette critique de l'action de l'État et cette foi dans l'autorégulation de la société civile procèdent d'une vue profonde des limites de la connaissance et des capacités de l'organisation rationnelle dont il y a lieu de tenir le plus grand compte. Sa pertinence descriptive et opératoire est indiscutable ; elle n'en fait pas pour autant le dernier mot de l'histoire. La critique libérale porte, évidemment, en face du fiasco des économies planifiées et des dysfonctionnements flagrants de nos machines publiques obèses et ingouvernables. L'efficacité cognitive et organisationnelle des marchés n'en devient pas notre horizon indépassable et notre unique planche de salut. Philosophiquement parlant, la thèse me semble fausse en dernier ressort. Je ne suis pas libéral, parce que je continue de croire dans un certain pouvoir de l'humanité de parvenir à édifier son organisation collective en conscience et à maîtriser son histoire. Je dirais que je suis démocrate et socialiste, parce que je pense qu'il est possible d'aménager le fait libéral, qui lui est indépassable, dans le sens du gouvernement des hommes par eux-mêmes et dans le sens de la justice sociale. Les socialismes purs et durs du XXe siècle ont péché par précipitation et présomption. D'où les catastrophes épouvantables qui ont suivi. La social-démocratie, dont le bilan est parfaitement honorable, n'a péché que par naïveté. Elle a improvisé. D'où l'essoufflement actuel de ses solutions et l'enlisement de nos appareils de protection sociale et de redistribution. Mais la route est longue. Nous n'en sommes qu'au début. Tout est à redéfinir à la lumière de l'expérience acquise, y compris les limites du pouvoir auquel nous pouvons prétendre, qui n'en font pas un non-pouvoir, loin s'en faut.

Ce que j'essaie de montrer à propos de Constant et de Tocqueville, justement, c'est qu'ils laissent échapper une part essentielle du mouvement qui passe par ce fait libéral dont ils sont les théoriciens et les observateurs géniaux. En même temps qu'ils en saisissent la nature avec une pénétration admirable, ils en tirent des conséquences erronées du point de vue de ses développements à long terme. Constant discerne que la condition de la liberté est la dissociation de la sphère des initiatives privées et de la sphère de l'action publique. Mais il ne voit pas que les deux peuvent s'affirmer de conserve, que les fonctions de l'État sont appelées à s'accroître en même temps que l'indépendance de la société civile s'élargit. Cela, Tocqueville l'aperçoit, en revanche. Le laboratoire américain lui apprend que la souveraineté du peuple peut aller à ses dernières conséquences sans remettre en question la liberté, contrairement à ce que l'expérience révolutionnaire avait fait croire. Il n'en donne pas moins une interprétation limitative du processus à son tour. Sur la foi toujours de l'exemple américain, il croit identifier un verrou inexpugnable : la religion. En réalité, ce verrou n'arrête rien. La conviction religieuse dans la tête des acteurs est une chose, l'athéisme du dispositif social en est une autre. La religiosité des Américains a des effets importants sur le fonctionnement de leur société, ce n'est pas douteux, mais elle ne modifie pas l'équation générale de la politique moderne. Ni le fait de la liberté individuelle, ni le fait de l'égalité des conditions ne suffisent à rendre compte de son déploiement. Il faut donner une vue plus large de ce développement qui a transformé les régimes libéraux en régimes de démocratie libérale, le mot de démocratie étant à prendre ici dans sa vigueur. La liberté des modernes s'oppose, certes, à la liberté des anciens, mais quelque chose de la liberté des anciens se retrouve dans la liberté des modernes.

Il faut également rappeler que cette relecture des auteurs libéraux se produit dans les années 1980, avec en toile de fond les préparatifs du bicentenaire de la Révolution française.

En 1981, à peine Mitterrand était-il élu que la construction du socialisme dans un seul pays, nouvelle version, se découvrait un horizon grandiose avec la commémoration à venir de 1789. Il s'agissait évidemment, pour le pouvoir socialiste, de magnifier la chose comme elle le méritait, et de se célébrer soi-même en même temps que l'événement fondateur. La vraie histoire intellectuelle du bicentenaire reste à écrire ; elle recèle un formidable révélateur de ce qu'a été l'expérience de la gauche au pouvoir, dans ses grands et ses petits côtés.

Le seul dirigeant socialiste un peu lucide à ce sujet était Jean Poperen, pourtant jacobin et vieux marxiste d'inclination, mais averti de la question. Il avait édité les discours de Robespierre dans son jeune temps et il savait de quoi il retournait. Il était resté ami de François Furet, d'ailleurs, nonobstant leurs divergences politiques. Vu des palais présidentiels et ministériels, le bicentenaire se présentait sous un jour moins problématique. Il offrait une occasion en or de river son clou à la réaction. Les camarades n'avaient pas bien remarqué sur ce terrain-là non plus que le monde était en train de bouger.

Je me souviens de conversations avec Furet à ce propos, dès l'automne 1981. *Penser la Révo-*

lution française, paru en 1978, avait causé un beau scandale. L'idée en vigueur chez les officiels était que l'heure de la contre-offensive avait sonné et que l'organisation de l'enthousiasme commémoratif allait balayer les doutes semés par de mauvais maîtres. Il se trouve que j'étais placé en première ligne, par mes accointances avec Furet, et ma solidarité spontanée avec la cause qu'il défendait. Nous avons publié dans *Le Débat* en 1983 deux articles, de Mona Ozouf et de lui, autour du thème : peut-on commémorer la Révolution française ? Il faut y renvoyer le lecteur : vingt ans après et la pièce jouée, il n'y a rien à ajouter à ces textes remarquables. Dès cette date, on voyait parfaitement clair sur ce qu'allaient engager les festivités annoncées.

Dans le même temps, cette ambiance polémique a été une stimulation. Furet s'est senti investi de la mission de concevoir un bicentenaire à son goût, sur le terrain intellectuel. La préparation a donné lieu à toutes sortes de séminaires et de discussions. Furet était un entrepreneur institutionnel, c'était même l'une de ses activités préférées. Je me suis trouvé mobilisé dans l'entreprise, avec pour lot naturel des auteurs auxquels j'avais déjà eu l'occasion de me frotter, Constant, Madame de Staël, le groupe de Coppet, plus largement les Thermidoriens autour desquels il y avait un gros travail à faire. De plus, j'avais mal parlé des droits de l'homme[1]. Interpellé sur la question, je m'étais mis à lire sur le sujet, pour découvrir, à ma surprise, que rien de véritablement approfondi n'existait. Le dossier m'est échu.

C'est par cette combinaison d'intérêt et de circonstances que vous avez abordé l'histoire de la Révolution.

J'y ai retrouvé ce que j'avais découvert à propos de la psychiatrie, une histoire intellectuelle prise dans un enchaînement événementiel très serré, avec des interactions complexes entre le jeu des protagonistes et la contrainte des situations institutionnelles. Le rôle des idées est primordial, mais il ne se sépare pas de la marche des circonstances et des effets en retour de leur incarnation pratique. J'en étais resté aux images des grands affrontements de forces sociales anonymes. Je me suis trouvé plongé dans un travail dont je n'avais pas imaginé la possibilité à ce point de précision : la reconstitution d'un événement majeur, au jour le jour, par les yeux de ses acteurs, mais surtout de l'intérieur de leur pensée. C'est ce qui m'a passionné. J'y vois

1. « Les droits de l'homme ne sont pas une politique », *Le Débat*, n° 3, juillet-août 1980, repris in *La Démocratie contre elle-même*, 2002.

l'ambition la plus excitante que la connaissance historique puisse se proposer : saisir l'histoire se faisant telle qu'elle se comprend (et aussi, partant, telle qu'elle ne se comprend pas). Je précise bien qu'il ne s'agit pas de revenir à la méthode historique du XIXe siècle où l'on recoupait les mémoires et les témoignages afin d'obtenir la version la plus plausible possible des événements. Travail indispensable, au demeurant, mais par rapport auquel l'histoire sociale est venue apporter des approfondissements explicatifs sur lesquels il n'est pas question de revenir. Elle fournit des lumières de structure sur les rapports qui lient les acteurs, qui les obligent, qui les opposent, dont personne ne songerait plus à se passer. Ce dont il s'agit, c'est d'incorporer une dimension de plus à ces éclairages, une dimension réfléchie, en prenant systématiquement en compte ce que disent et pensent les acteurs, la manière dont ils réfléchissent l'événement dans lequel ils sont pris. Je précise encore, pour répondre à une objection qui m'a été opposée comme une antienne, que cette démarche n'a de sens que si elle est critique. Elle n'aurait aucun intérêt si elle consistait à s'aligner bêtement sur ce que les acteurs racontent et croient. Elle procède par analyse, en reconstituant avec précision la logique de la position des protagonistes dans son contexte — pourquoi les Constituants, par exemple, pour prendre une question massive, se lancent-ils dans la rédaction d'une Déclaration des droits de l'homme ? Elle s'efforce de remonter jusqu'aux raisons qu'ils ont de croire ce qu'ils croient. Ce faisant, elle établit aussi ce qui leur échappe dans leur situation, elle fait ressortir la part aveugle de leur action. Elle ne s'intéresse pas moins à la logique de l'illusion qu'à ce qu'il y a de lucide dans leur perception des données auxquelles ils ont à faire face.

Il faut dire que, du point de vue de cet exercice, la Révolution française représente un moment exceptionnel. Cela s'explique en partie par l'enjeu, qui est de faire entrer la raison, et la raison collectivement délibérée, dans la politique. Encore fallait-il que les discours soient à la hauteur. Ils auraient pu, après tout, être relativement rares et foncièrement indigents. Or ils sont d'une abondance et d'une qualité aussi impressionnantes l'une que l'autre. On a déjà une explosion de discours de ce genre dans la Révolution anglaise, et encore auparavant, à moindre échelle, dans la Réforme et les guerres de Religion — on écrit moins en 1518 qu'en 1789. Les Lumières démultiplient les dimensions du phénomène. La Révolution est à regarder comme un authentique événement philosophique, comme un événement de pensée collectif. Du premier au dernier jour, les acteurs s'acharnent à justifier leur pratique politique à la lumière des principes fondamentaux, en même temps qu'ils s'épuisent à redéfinir ces principes à la lumière de l'histoire politique qu'ils sont en train de vivre. Ils s'efforcent de donner une forme intelligible à l'entreprise de construction d'une société nouvelle à laquelle ils sont attelés. Ils essaient d'en percer les obstacles et les mécomptes. Ils cherchent à dégager les conditions qui rendraient l'entreprise praticable, une fois son dérapage avéré. Tous les genres sont représentés. Je ne vois pas l'équivalent ailleurs d'un foisonnement réflexif d'une telle intensité. Il reste largement à découvrir. Ces milliers de textes noués à une actualité qui constitue le creuset même de la pensée composent un patrimoine inestimable. On eût pu se préoccuper de le mettre en valeur, par exemple, pour célébrer dignement le bicentenaire sur le plan scientifique.

Cette histoire intellectuelle en acte des débats révolutionnaires, vous y avez consacré deux livres : La Révolution des droits de l'homme *(1989), puis* La Révolution des pouvoirs *(1995).*

Je n'ai fait que l'effleurer, par rapport à cette masse documentaire, en prenant deux fils conducteurs qui ont pour eux, toutefois, d'aller au cœur de l'événement dans ce qu'il a de plus singulier et de plus exemplaire. La première entrée n'a pas besoin de justification : l'appel aux droits de l'homme, donc, avec la Déclaration inaugurale d'août 1789, plus les deux Déclarations qui prétendent la corriger, en 1793 et en 1795. La seconde entrée, en revanche, ne va pas de soi. Elle ne concerne, en apparence, qu'un point marginal du débat sur les institutions : l'introuvable troisième pouvoir. En bonne logique des principes, il n'y a pour tous les révolutionnaires que deux pouvoirs : celui qui fait les lois et celui qui les exécute (le judiciaire, qui applique les lois, ne formant qu'une subdivision de ce dernier, en dépit de l'autorité de Montesquieu). Ce troisième pouvoir qui n'a pas lieu d'exister n'en revient pas moins comme une hantise tout au long de la Révolution, jusqu'à Brumaire inclus. En réalité, ce qui semble une curiosité périphérique, au premier abord, jette une lumière décisive sur les ressorts de l'échec politique de la Révolution et, au-delà, sur les difficultés de l'aménagement des pouvoirs dans la démocratie.

La reconstitution de ce bref épisode de la rédaction d'une Déclaration des droits de l'homme dans l'été 1789 a entièrement changé l'idée que je pouvais me faire de l'événement révolutionnaire, comme d'ailleurs de son sillage et du parcours ultérieur des démocraties. Par la même occasion, cette plongée dans la conjonction de l'événement et de l'idée a achevé de me convaincre qu'il y avait lieu de chercher une autre façon d'écrire l'histoire. La Révolution

française constitue un théâtre privilégié, à cet
égard, en raison de l'exceptionnelle richesse des
sources. Mais le phénomène qu'elle illustre se
retrouve dans la plupart des épisodes marquants
au moins de l'histoire moderne, ceux qui déterminent une orientation durable du devenir.

*Il est vrai que cette inscription d'une dimension intel-
lectuelle, philosophique même, au cœur des événements politiques est particulièrement frappante dans
le cas de la Déclaration des droits de l'homme. Il y
a davantage de philosophie dans ces discussions que
dans bien des ouvrages qui portent ce nom à la même
époque.*

C'est pourtant une dimension qui a échappé
aux meilleurs historiens. Regardez la façon dont
un grand auteur, aussi lucide et perspicace que
Tocqueville, qui avait par ailleurs une certaine
connaissance de cette littérature révolutionnaire,
traite l'épisode. Il ne parvient à y voir qu'un épi-
phénomène illustrant l'irréalité dans laquelle
planaient les Constituants. Voilà des gens,
explique-t-il, qui ont à régler un immense problème pratique, rétablir les finances du royaume,
et qui, alors que le pays est à feu et à sang, ne
trouvent rien de mieux à faire que de perdre leur
temps en divagations métaphysiques sur les
droits et les devoirs de l'homme ! Il ne sent pas
la prise de ces réflexions sur le problème politi-

que ouvert devant le pays. Il ne discerne pas la dynamique qu'enclenchent ces principes qui n'ont rien d'abstrait ni de désintéressé. Pourtant, tout le processus révolutionnaire sort de là.

Si vous deviez réduire votre livre à l'énoncé d'une thèse, laquelle retiendriez-vous particulièrement ?

La proclamation des droits de l'homme doit se comprendre comme l'engagement d'une guerre des légitimités, une guerre qui va déterminer l'impasse politique de la Révolution, de par la vision des pouvoirs dont elle précipite la cristallisation. La mobilisation des droits de l'homme obéit à une nécessité politique, stratégique, tactique. Les Constituants en ont impérativement besoin parce qu'ils ne sont pas légitimes dans le rôle qu'ils se sont arrogé. L'Assemblée autoproclamée « nationale » n'a pas été élue pour ce qu'elle prétend faire et elle a en face d'elle un roi qui, lui, demeure profondément légitime, en dépit des critiques dont le régime fait l'objet — elles portent sur sa mauvaise organisation, non sur le principe même de la royauté. Les membres de l'Assemblée ont à se fabriquer une légitimité afin de légitimer l'entreprise qu'ils entendent mener : écrire une constitution pour la France. Chose étonnante, toute une culture politique coagule en quelques semaines autour de ce problème. Il s'ensuit une redéfinition de l'héritage en fonction des besoins du présent qui va conditionner durablement l'avenir.

La réponse des Constituants va être en substance : certes, nous ne sommes pas légalement autorisés dans notre démarche, mais nous avons avec nous la légitimité suprême, celle de la raison qui définit les droits de l'homme. Nous allons donc déclarer les droits des hommes en général, qui justifient en particulier ceux des citoyens de ce pays et de la nation qu'ils composent. Et c'est au nom de ces droits universels que nous allons rédiger une constitution. La fameuse « abstraction » des révolutionnaires, que les écrivains conservateurs ou contre-révolutionnaires leur ont tellement reprochée, depuis Burke, révèle dans cette lumière son caractère éminemment pragmatique. L'abstrait est en la circonstance le levier qui permet de faire bouger le concret. Il faut passer par la fondation en droit pour entrer dans la politique et s'attaquer à l'édifice des institutions. Mais ce qui est vrai, c'est que le prix de cette démarche va être très lourd, par l'idée du lien entre l'Assemblée et la nation, qu'elle implique, par la situation de concurrence qu'elle crée entre légitimité nationale et légitimité royale, enfin par le mode de définition des institutions qu'elle entraîne. À ces trois titres, la guerre des légitimités ouverte par la proclamation des droits de l'homme me semble devoir être reconnue comme la matrice du processus révolutionnaire. On comprend de l'intérieur, à partir de là, aussi bien sa radicalisation jusqu'à la Terreur, que son impossible stabilisation après Thermidor. Mais au-delà de ses suites directes, ce moment de cristallisation de l'été 1789 a pesé sur la politique française pendant deux siècles. Il lui a légué son problème structurel : le problème de la représentation.

En prenant les choses de cette manière, c'est-à-dire en interrogeant les motifs qui poussent les Constituants à mettre les principes au poste de commandement, on s'extirpe, par exemple, du faux problème classique de l'influence de Rousseau sur la Révolution. La rareté relative du *Contrat social* dans les bibliothèques de la fin du XVIIIe siècle démontrerait que les révolutionnaires n'ont guère dû lire Rousseau. Soit. Que ce petit livre énigmatique soit resté mal compris ou méconnu jusqu'à la Révolution, en dépit de la gloire de son auteur, le fait est intéressant à noter. Il n'empêche que dans les circonstances de 1789, Rousseau devient d'un seul coup l'homme de la situation. Ses thèses jugées obscures ou paradoxales prennent soudain un caractère d'évidence. Elles s'imposent comme la réponse à la question posée. Autrement dit, ce ne sont pas les idées de Rousseau qui ont amené la Révolution, ce sont les événements révolutionnaires qui ont suscité l'appropriation de Rousseau. Une appropriation certes peu soucieuse de fidélité à la lettre de Rousseau, mais qui capte bel et bien, néanmoins, l'essentiel de son esprit. En très peu de temps, il se forge une culture politique dont la souveraineté du peuple et la volonté générale rousseauiste sont les pivots et qui repose sur l'identification du peuple, de l'Assemblée qui parle en son nom et du pouvoir légitime en général. La nation et ses représentants ne font qu'un. D'où une idée extrêmement déterminée de la nature et de l'articulation des pouvoirs. Oui à la séparation des pouvoirs : le législatif et l'exécutif ne font pas la même chose, et ils doivent être rigoureusement disjoints. Non, en revanche, à la balance des pouvoirs à l'anglaise ou à l'américaine : l'exécutif ne peut être qu'étroitement subordonné au législatif par lequel s'exprime la volonté générale de la nation. D'où une extrême difficulté à penser quelque chose comme un troisième pouvoir dans ce système sans interstices.

Difficulté qui était destinée en France à subsister pendant un très long temps. Selon vous, sa racine tient à l'identification de la nation et de ses représentants.

Ce pouvoir que le peuple est supposé exercer par l'intermédiaire de ses représentants soulève en pratique un problème de fonctionnement très simple : qui va vérifier qu'il s'agit bien du pouvoir du peuple, et comment ? On a affaire à une représentation qui dénie d'en être une : elle est le peuple même et elle est fondée à agir à sa place. Toutes les dérives usurpatrices deviennent possibles, à partir de cette substitution. En même temps, le déni n'empêchant pas la chose d'exister, l'écart entre les représentants et les représentés pourra vite être ressenti comme flagrant. Il ouvre la porte à une dénonciation des pouvoirs en place, soit au motif de la trahison du peuple dont ils se sont rendus coupables, soit au nom d'un peuple plus authentique que celui qui les a désignés. Ce système qui aspire à une légitimité sans faille sécrète le soupçon d'illégitimité de toutes parts. C'est autour de ce point problématique que gravite l'expérience politique de la Révolution. Il n'explique pas tout, mais il rend compte de l'instabilité spécifique des pouvoirs qui s'y succèdent, des embardées dont ils sont susceptibles et des contradictions qui les minent. C'est ce problème que cherchent à résoudre les propositions d'un pouvoir supplémentaire, qui ne serait pas à proprement parler un troisième pouvoir, mais un pouvoir tiers, qui serait capable de garantir d'une manière ou d'une autre cette correspondance entre représentés et représentants que leur identification interdit de vérifier. Ces projets n'ont aucune chance d'aboutir, dans le contexte, mais ils signalent la difficulté dirimante qui ronge ces assemblées ou ces régimes émanés de la nation et cependant incapables de véritablement la représenter.

Du point de vue de cette réflexion de la Révolution sur elle-même, le moment le plus riche et le plus poignant est son moment le plus négligé : Thermidor. Le moment de la liberté retrouvée, mais aussi le moment de l'échec final à institutionnaliser la liberté, en dépit des leçons de l'expérience, le moment de l'autocritique impuissante. Il y a quelque chose de pathétique dans l'impossibilité que manifestent les gens de Thermidor et du Directoire à s'extraire d'un modèle dont ils discernent pourtant avec lucidité les pièges et dont ils s'efforcent de colmater les brèches. Rien n'y fait, ils y sont invinciblement englués. C'est une sorte de tragédie intellectuelle après la tragédie politique. Mais l'effort de réflexion de ces esprits écartelés est admirable.

Vous disiez que le fait d'avoir travaillé sur les droits de l'homme a changé votre vision d'ensemble de l'histoire moderne et de la démocratie. Pouvez-vous préciser en quel sens ?

Cela m'a permis, d'abord, d'y voir plus clair dans un problème qui m'intriguait depuis longtemps, depuis mes lectures de Marx à dire vrai : le problème de l'histoire de France et de son supposé classicisme. On connaît la thèse : l'Allemagne est retardée, l'Angleterre est empêtrée dans son passé féodal, l'Amérique constitue un cas à part. La France présente en revanche le schéma parfait de l'histoire moderne selon la lutte des classes, avec la montée de la bourgeoisie à l'assaut de la royauté, puis l'éveil du prolétariat qui saute à son tour à la gorge de la bourgeoisie. Marx reprend d'ailleurs sur ce chapitre l'image de l'ascension du tiers état construite par les historiens libéraux de la Restauration, en la prolongeant par le rôle futur du prolétariat. Or, en réalité, l'histoire de France n'est en rien classique. Elle est absolument singulière et rien ne le montre mieux que la Révolution française. À l'arrivée, deux siècles après, le résultat n'est pas très différent de celui qu'on observe ailleurs mais le chemin suivi est tout à fait particulier. Il faut rendre compte des deux aspects.

L'histoire de France a pu paraître classique, entre autres, parce qu'elle met les principes au premier plan. La politique anglaise, comme les hommes de 1789 le répètent pour la condamner, n'est faite que de hasard, de compromis et de bricolages. À quoi la régénération française va opposer une authentique politique des principes. Mais cette universalité affichée est justement l'exception française. Ce détour obligé par la fondation en droit fournit la clé de la singularité française.

Vers l'aval, il permet de comprendre les diffi-

cultés particulières que la France a eues à devenir une démocratie libérale. Il éclaire l'instabilité
et l'intensité des conflits qui l'ont effectivement
érigée en terre d'idéologies, de politisation et de
révolutions. La France est devenue le pays de la
politique, non pas tant parce qu'elle était à
l'avant-garde du mouvement historique, que
parce qu'elle avait un problème spécifique de
mise en pratique de ces principes destinés à illu-
miner l'avenir du monde. C'est cette discor-
dance qui représente l'enseignement majeur de
son histoire. Car souligner sa singularité n'interdit pas de reconnaître une valeur exemplaire à
cette singularité. Nulle part ne ressort mieux
qu'en France l'écart entre les normes sur lesquelles reposent le système de légitimité de régimes démocratiques contemporains et les termes
réels de leur fonctionnement politique. Ce qui
s'ensuit déductivement des droits de l'homme et
de la souveraineté du peuple n'a pas grand-chose
à voir avec les mécanismes institutionnels qui
assurent la traduction de ces principes en pratique. Voilà ce que l'histoire des deux derniers
siècles nous a appris ; voilà ce qui ressort avec
un relief tout spécial de l'histoire de France. Les
Anglo-Saxons sont parvenus à cet équilibre
désormais à peu près consensuel par des canaux
plus empiriques, et non moins passionnants à
déchiffrer, du reste, soit par la grâce d'une
constitution trouvée d'emblée et qui a pu

s'accommoder des métamorphoses successives de l'esprit démocratique (cas américain), soit au travers de l'élargissement progressif du régime représentatif en régime libéral, puis en régime démocratique (cas anglais). Nous, nous avons posé la théorie d'abord, et nous avons eu ensuite toutes les peines du monde à en tirer un régime qui marche. C'est l'apport original de notre parcours à l'intelligence du fait démocratique.

Et vers l'amont ?

Vers l'amont, l'épisode de 89 fait ressortir l'extrême particularité du parcours qui conduit à la Révolution. Cette particularité est celle de la trajectoire de l'absolutisme français, par rapport aux deux autres grandes monarchies à vocation absolutiste : l'Espagne ne connaît pas la Réforme, la religion y prend d'une certaine manière le pas sur la politique, et elle est repoussée, à la mi-XVIIe siècle, dans les marges de l'histoire européenne où elle jouait, au XVIe siècle, le premier rôle ; l'Angleterre emprunte la voie d'une Réforme mitigée, qui lui vaut, pour finir, une révolution autant religieuse que politique, les Stuarts échouent à parachever la construction de l'absolutisme royal, pourtant bien engagée par les Tudors, et favorisée, à première vue, par l'existence d'une Église d'État. La France offre un cas de figure différent, de par l'écartèlement du royaume entre protestantisme et catholicisme. Ni l'un ni l'autre ne peuvent pleinement régner : le protestantisme est puissant, mais il est exclu qu'il parvienne à l'emporter ; le catholicisme reste dominant, mais il est dans l'impossibilité de venir à bout du calvinisme. Devant ce dilemme insoluble, l'absolutisme royal s'impose comme une solution, grâce à une formule politico-religieuse originale : l'État au-dessus de la religion. L'absolutisation qui échoue en Angleterre réussit en France, sans entraîner comme en Espagne d'engluement de la royauté dans son union avec l'Église catholique. Car ce n'est pas le tout de construire une autorité absolue, il faut encore que les sujets s'y reconnaissent. Or, en France, ils ont des motifs solides de s'y reconnaître. C'est alors que s'installe la popularité de l'État dans son concept français. Sa spécificité réside dans la manière dont il mêle l'autorité suprême, un principe spirituel propre et une responsabilité intellectuelle particulière. Il est en charge de l'esprit public. Il doit veiller à ce qui se passe dans la tête des sujets pour qu'ils ne s'aventurent pas trop dans des voies dangereuses pour l'ordre public et la paix du royaume. Il faut par conséquent qu'il connaisse de la religion, tout en la regardant d'un autre œil que le sien. Il est dedans et dehors. Il présente l'ambiguïté remarquable d'être à la fois mal-pensant et religieux.

Mais cet absolutisme enraciné ne va pas sans de considérables contradictions internes qui tiennent à ses conditions de départ. Elles ne vont faire que se développer avec le temps. Ce sont elles qui finissent par exploser dans la Révolution française. Le pouvoir absolu est légitime, en dernier ressort, au titre de l'État, mais cet État est intimement associé à une royauté. À un moment donné, le lien entre l'abstraction de l'État et l'incarnation royale finit par devenir problématique. De même, c'est un régime qui ne peut pas aller au bout de sa logique en matière religieuse. Il est au-dessus des confessions constituées, et il ne se prive pas de le manifester en tâchant de se subordonner le personnel ecclésiastique ; mais en même temps, il est dépendant du catholicisme dominant ; il ne peut pas se permettre d'être schismatique et de rompre avec Rome. D'où une politique oscillante, des conflits récurrents et la présence forte d'un parti gallican, plus royaliste que le roi, aspirant à une tutelle ferme de l'État, ou, pour finir, au XVIIIᵉ siècle, à l'absorption de l'Église dans la nation. De la même façon encore, la suprématie de l'État a pour effet d'abaisser l'aristocratie et, davantage, de ruiner tendanciellement le principe hiérarchique dont elle se soutient ; en même temps, la royauté en a besoin pour se maintenir : elle ne se conçoit qu'associée à une noblesse. Derrière ses apparences de solidité inébranlable, l'abso-

lutisme à la française est travaillé par des contradictions inexpiables, qui en font un colosse intérieurement fragile.

Ce qui va activer ces contradictions, dans la
deuxième moitié du XVIIIᵉ siècle, c'est le grand
phénomène de la politique du progrès. L'idée de
progrès, lorsqu'elle émerge autour de 1750,
change les perspectives de l'action collective. En
Angleterre, les Lumières sont portées par la
société civile ; elles poussent dans le sens de sa
liberté d'initiative croissante par rapport à l'autorité. En France, les Lumières s'investissent dans
l'État, à la mesure de la place qu'il tient déjà dans
l'administration du bien commun ; elles en
consacrent les fonctions. Elles poussent à lui
demander de remplir pleinement son rôle, c'est-
à-dire de moderniser, de rationaliser, d'accroître
l'instruction, d'encourager les sciences et les
techniques, de veiller à la santé des populations,
etc. Mais plus l'État se mobilise dans ces tâches,
et il s'y emploie vaillamment, plus son abstraction collective se renforce, et plus l'archaïsme de
son versant de royauté personnelle, sacrale et
nobiliaire se dénonce. L'État royal se divise en
quelque sorte du dedans. Plongez l'absolutisme
français, avec ce que sa carrière a d'unique, dans
le bain des Lumières, et vous obtenez une explosion qui n'a pas lieu de survenir ailleurs.

La contradiction entre royauté et État, pour
faire court, va être difficile à dénouer, parce que

les deux termes sont associés de longue date et parce que les missions nouvelles de l'État de progrès ont encore renforcé leur indication mutuelle. Tout le monde est d'accord pour penser que l'unité monarchique confère à l'État une force de volonté dont il a plus que jamais besoin. Personne ou presque n'a envie de s'en passer. On se trouve en 1789 devant une monarchie qui reste essentiellement légitime du point de vue de l'œuvre qu'elle poursuit et des services qu'elle peut rendre, tout en étant jugée illégitime dans les formes concrètes qu'elle revêt. Les gens qui veulent la réformer ne sont pas opposés au principe de la royauté, dans leur immense majorité ; ils réclament qu'elle achève de se transformer en État rationnel et légal. Ce qui ne peut aller sans difficulté ou drame, étant donné l'image radicale qu'ils sont conduits à se former de cette légitimité et de cette rationalité. Ce mélange de prestige indiscuté du pouvoir monarchique avec sa complète subversion intérieure sera l'un des plus puissants ressorts de la Révolution française. Bien au-delà de la Révolution, il léguera à notre tradition politique une fascination durable pour la jonction idéale de l'impersonnalité des lois et de l'incarnation de l'autorité, ou bien au contraire pour leur opposition sans appel.

XII

LA SORTIE DE LA RELIGION :
DES TOTALITARISMES
AUX DROITS DE L'HOMME

La fin de l'âge des totalitarismes, au cours des années 1970, marque l'achèvement d'un cycle dans l'histoire des démocraties modernes, inauguré dans les années 1880, et l'ouverture d'un nouveau qui se poursuit sous nos yeux. Du moins est-ce votre thèse, et elle n'est pas sans susciter questions et objections.

Le premier cycle est celui de la gestation et de la consolidation des démocraties libérales, en même temps que de la crise des totalitarismes, les deux processus formant un ensemble. Nous sommes sortis dans les années 1970 de l'âge des totalitarismes, idéologiquement parlant, même s'il a fallu attendre 1989 et 1991 pour que le phénomène trouve sa traduction en règle avec la chute du mur de Berlin et la fin de l'Union soviétique. À partir du milieu des années 1970, s'ouvre un nouveau cycle d'approfondissement et de redéfinition des démocraties libérales désormais incontestées dans leur principe, qui est simultanément un nouveau cycle de crise de la démocratie sous l'effet de ce travail de recomposition. Une crise dont on ne discerne pas pour le moment jusqu'où elle peut nous mener. Nous devinons qu'elle est grosse de lourds périls, dont nous ne pouvons pas dire grand-chose, sinon qu'ils paraissent devoir être très dissemblables de ce que nous avons connu avec les totalitarismes.

Le fil conducteur de cette histoire contrastée, le processus fondamental qui se continue au travers de ce changement d'orientation, c'est la sortie de la religion. Ce qui se produit au cours des années 1970, selon moi, c'est l'engagement d'une nouvelle étape de la sortie de la religion. Elle liquide ce qui pouvait encore fonctionner dans la période antérieure comme support d'une « religiosité séculière », soit ce mixte très étrange d'un contenu de pensée à visée laïque, et même athée ou matérialiste, et d'une structure religieuse de pensée qui a porté les totalitarismes. Elle liquide parallèlement les vestiges de structuration religieuse qui continuaient de jouer un rôle fonctionnel non négligeable dans les démocraties, en liant l'individuel et le collectif, en particulier. D'où les émancipations nouvelles qui prennent leur essor ; d'où aussi les déliaisons de tous ordres et la dépossession collective qui alimentent le vertige de la démocratie d'aujourd'hui.

*De quand datez-vous la préparation des totalita-
rismes ?*

Elle s'opère, je crois, dans le chaudron des
années 1880-1914. Il se joue à ce moment-là une
autre étape cruciale de la sortie de la religion.
Elle se traduit par un phénomène double. Elle
se manifeste, en premier lieu, sous l'aspect de
l'irruption généralisée de la légitimité démocratique : gouvernement représentatif, suffrage universel, droit des individus progressent partout et
s'imposent comme les conditions normales du
fonctionnement politique. Au-delà des trois
grands régimes libéraux, États-Unis, France,
Grande-Bretagne (qui vient au quasi-suffrage
universel en 1885), ils pénètrent jusque dans la
double monarchie austro-hongroise ou dans la
Russie des tsars (la Douma de 1905), en dépit
des barrières que leur oppose l'autocratie impériale. Qui dit légitimité démocratique dit légitimité laïque ou séculière, ou encore immanente,
substitution d'un pouvoir d'origine humaine à
un pouvoir d'origine divine ou traditionnelle.
L'organisation politique procède de la volonté
des agents qui la composent en vue de leurs fins
présentes. En d'autres termes, c'est l'autonomie
politique qui l'emporte irrésistiblement. Même
si Guillaume II, empereur d'Allemagne depuis
1889, est empereur de droit divin, et fermement

convaincu de l'origine transcendante de son pouvoir, la vraie légitimité dont il dispose est nationale, c'est-à-dire formée par le vœu du peuple.

En même temps, cette concrétisation de la puissance humaine s'effectue sur fond d'insistance invincible de la forme religieuse. C'est le second aspect du phénomène, son aspect caché et son aspect décisif pour comprendre la genèse des idéologies totalitaires. L'extraordinaire du processus de sortie de la religion, c'est en effet la force avec laquelle la structuration religieuse de l'établissement humain a survécu au déclin de la définition de la communauté politique selon la religion. La forme religieuse est restée durablement le cadre contraignant et l'idéal insurpassable dans lequel faire entrer le contenu immanent et la légitimité humaine. De ce point de vue, le libéralisme politique classique, qui connaît son moment de triomphe entre 1860 et 1880, représente l'équilibre parfait. Il coule l'autonomie humaine — le régime de la liberté, l'histoire comme progrès, le pouvoir de la raison matérialisé dans la science — dans la forme de toujours de la communauté humaine, la forme de l'Un issue de l'ère de l'hétéronomie. C'est le secret de son euphorie. Le régime représentatif garantit l'unité du pouvoir et du peuple, le progrès assure la continuité du devenir, la science promet l'intelligence de la nature en sa totalité.

Bref, l'humanité est maîtresse d'elle-même, mais elle l'est dans cette essentielle proximité avec elle-même et cette identité avec la raison de toutes choses que les religions lui procuraient au prix de sa sujétion. Les avantages de la liberté et la sécurité de la soumission : qui n'en voudrait ? S'il a jamais existé un âge d'or de la République, en France, il se situe, idéologiquement parlant, dans ce court moment, autour de 1880, au lendemain de la victoire de la République des républicains, où l'on a pu croire que l'on tenait la formule définitive de l'organisation collective, certes à perfectionner, mais acquise pour le principal.

1860-1880, vingt petites années : l'euphorie aura été brève !

C'est qu'il n'a pas tardé à apparaître que l'avancée de l'autonomie amenait avec elle un monde fort différent de celui annoncé, où se disloquait de partout cette belle harmonie. L'union du pouvoir et du peuple s'est déchirée au profit de la scission des représentants et des représentés, mais aussi de la séparation de la bureaucratie d'État, la lutte de classe est venue fracturer la communauté. La continuité du progrès a fait place à l'incertitude du présent entre un passé irrémédiablement perdu et un avenir gros de révolutions possibles. Les doutes ont commencé à se multiplier sur les capacités de la science de percer le secret des choses. À partir de 1880, le libéralisme entre dans une crise dont les expressions vont aller crescendo jusqu'en 1914. Une crise dont le ressort est l'impossibilité de faire entrer la société qui se développe sur la base de l'autonomie humaine à l'intérieur de la forme religieuse. Cela n'empêche pas celle-ci de rester le seul modèle imaginable de société. D'où le scandale de beaucoup, justement, devant ces développements jugés aberrants et la volonté de les surmonter. Cela n'empêche pas non plus, faut-il ajouter, au-delà de cette remise en question de la forme de l'Un dans sa définition globale, ses rouages locaux de continuer à fonctionner. À côté de l'unité d'ensemble, il y a les vecteurs sociaux qui produisent cette unité dans les différents registres et aux différents niveaux de l'existence collective : la hiérarchie qui attache les inférieurs aux supérieurs, l'appartenance qui soude les communautés, la tradition qui lie le passé, le présent et le futur. Bien qu'ébranlés eux aussi, ces rouages conservent un rôle important, ou se recomposent à d'autres échelles — le sentiment d'appartenance se dissout à l'échelon local, mais se reconstitue au niveau national ; l'esprit de hiérarchie se reporte et se concentre sur l'État. Bref, la structure se démembre, mais ses éléments conservent une fonction tant idéale qu'effectuante, et ils la garderont encore un bon moment. La forme religieuse n'a plus le pouvoir de définir l'ensemble ; et cependant, elle demeure le seul patron sur lequel concevoir l'ensemble. C'est ce hiatus entre maintien idéal et désagrégation pratique qui me semble définir précisément la conjoncture totalitaire.

Dans la perspective totalitaire, il n'y a qu'une façon et une seule de penser une société digne de ce nom : elle ne doit faire qu'un avec elle-même, avec le pouvoir qui la commande, avec l'idée qui justifie son ordre. Et si une société s'écarte de ce canon, comme c'est le cas dramatique de la société libérale bourgeoise, il faut l'y faire rentrer de gré ou de force, moyennant une rupture révolutionnaire avec les facteurs de division et de dissolution qui l'éloignent de l'orbite du vivable. Il y a totalitarisme possible durant ce moment de transition où la forme religieuse est en train de perdre son emprise structurante, mais reste assez prégnante pour qu'on puisse vouloir la retrouver ou la rétablir. Cela va être l'ambition folle des totalitarismes : faire rentrer le diable démocratique dans la bouteille religieuse, plier les expressions de l'autonomie à un ordre d'essence hétéronome.

Il faut mesurer la surprise, le désarroi, l'anxiété qu'ont suscités les transformations des sociétés de la deuxième révolution industrielle, à compter des années 1880. L'innovation technique se démultiplie, le capitalisme se métamorphose, il se fait pour de bon mondial, des banques lui donnent un visage financier, des firmes géantes émergent. La division du travail se déploie à une échelle jamais vue, enfermant les métiers dans une spécialisation accrue et rendant le plan d'ensemble illisible. En face, le mouvement ouvrier s'organise ; il projette la division de classe au centre de l'espace public, en rendant ainsi encore plus urgent aux yeux de ses adeptes le dépassement révolutionnaire de cette situation contre nature où les composantes d'une même communauté s'affrontent. La force de dissociation de l'antagonisme de classe est d'autant plus ressentie que les espoirs placés dans le suffrage sont amèrement déçus. Les parlements se révèlent à la fois infidèles au vœu des électeurs et impuissants. Dans le même temps, l'élargissement du rôle économique et social de l'État, l'accroissement de ses moyens l'arrachent au contrôle des citoyens, mais aussi des gouvernants. Il faut craindre à la fois l'impotence politique et la servitude bureaucratique.

Un dernier facteur, moins visible, me semble avoir puissamment contribué à cette désorientation angoissante : la division des temps historiques entraînée par l'approfondissement de l'orientation vers l'avenir. Le temps des sociétés religieuses, dominé par le passé fondateur, est *un* : il y a une identité substantielle du passé, du présent et de l'avenir. Nous sommes les mêmes dans le même monde que nos ancêtres au jour de la création, et nos descendants seront comme nous dans un monde comme le nôtre. À part cela, on sait que le temps humain est celui de la dégradation et de la corruption, et qu'il est nécessaire périodiquement, donc, de rénover, de réinstaurer, de retrouver le principe : mais le principe, lui, justement, ne varie pas. À l'opposé, la société de l'histoire, en se tournant vers l'avenir, délie le passé, le présent et le futur. Elle oblige à les penser sous le signe de leur différence, puisque la création historique ajoute en permanence à ce qui était déjà. Dans un premier temps, la déliaison reste compatible avec la continuité. C'est ce que garantit le progrès : le point d'arrivée ne sera jamais que le complet développement des germes qui étaient présents au point de départ. Nous restons les mêmes en nous perfectionnant. Mais à un moment donné, cette conciliation est rendue intenable par l'amplification de l'action historique. La puissance de production du devenir introduit de l'altérité entre les temps. Nous ne sommes plus les mêmes que ceux qui nous ont précédés bien qu'ils nous aient faits, à tel point que spontanément nous ne les comprenons plus. Quant à l'avenir, il sera par définition autre que ce qu'il nous est possible d'anticiper, bien que nous le fassions. Sa perspective est là pour nous signifier que nous ne savons pas ce que nous faisons, et que son sens

ne se révélera qu'après nous. La condition historique, c'est d'être en transit entre des dimensions impossibles à tenir ensemble. Cette crise
du progrès et le gouffre cognitif qu'elle ouvre ne
me semblent pas l'aspect le moins bousculant de
la crise du libéralisme.

C'est en réponse à cette soustraction dramatique du monde social à la prise de ses acteurs,
dans toutes les directions, que germent les idéologies totalitaires, à l'extrême droite et à
l'extrême gauche. Elles vont chercher du côté de
la nation ou du côté de la Révolution le moyen
de restaurer ou d'instaurer cette unité maîtrisée
qui s'enfuit. Le marxisme trouve son emploi de
masse dans ce contexte. C'est ce soulèvement
contre un monde désorbité qui gronde dans le
cratère des années 1880-1914. Un monde qui
porte la possibilité des totalitarismes parce que,
d'un côté, il brise avec la forme religieuse de
l'Un, et parce que, de l'autre côté, on peut toujours lui opposer, néanmoins, l'évidence intacte
de la forme de l'Un.

*Ce chaudron des années 1880 et suivantes, comme
vous l'appelez, c'est pourtant la Belle Époque !*

On comprend pourquoi : les inquiétudes que
je pointe sont le revers du triomphe du
« moderne » dans tous les domaines. Il a aussi ses
partisans enthousiastes ! La crise de confiance

qui ronge le libéralisme ne l'empêche pas de rester largement dominant. Mais derrière cette façade brillante, c'est en réalité un moment marqué par la folie. Les tensions que j'ai signalées au niveau collectif se retrouvent au niveau individuel ; elles affectent l'identité des êtres. Ce n'est pas pour rien que la psychanalyse est née à ce moment-là : elle répondait à une demande ! Cette « Belle Époque » qui a laissé l'image d'un certain bonheur bourgeois paraît avoir été en fait, dans le secret des âmes et pour autant que ces choses puissent s'apprécier, une période de déchirements et de tourments d'une intensité exceptionnelle. Les statistiques de l'alcoolisme, du suicide, de l'aliénation mentale font apparaître un « âge d'or de l'autodestruction ». Les biographies des plus brillants esprits de l'époque laissent entrevoir un arrière-plan psychopathologique impressionnant. Durkheim est un névrosé grave, Weber a connu des épisodes dépressifs sévères, William James a fait l'objet d'hospitalisations psychiatriques, on peut multiplier les exemples. Indépendamment des difficultés des individus, il me semble qu'il y va là-dedans d'un climat d'époque. L'esprit du temps est empreint d'une souffrance psychique aiguë et d'une tension forcenée. Celles-ci sont associées à une créativité intellectuelle formidable — peut-être faut-il dire qu'elles en sont partie intégrante. Arts, sciences, philosophie, sociologie, psychologie, linguistique, j'en oublie : nous vivons encore sur ce qui s'est inventé dans ce moment fécond. Mais outre ces sommets que la postérité a retenus, il faut ajouter qu'on n'a peut-être jamais écrit autant de livres intéressants, intelligents ou profonds que durant cette période. On est impressionné par cette richesse dès qu'on s'y plonge. Compte tenu de ces prémisses, on ne peut pas penser sans rêver à ce qu'eût été l'Europe du XXe siècle sans la guerre de 1914-1918. Elle aurait pu connaître un moment inouï de culture et de création dans tous les domaines, un moment athénien d'épanouissement politique et intellec-tuel. C'est ce que la guerre a tué dans l'œuf, en commençant par tuer une grande partie de la génération à laquelle il serait revenu d'accomplir ces promesses.

En vous écoutant décrire la période des années 1880, on ne peut pas ne pas évoquer le nom de Nietzsche, qui est le grand témoin intellectuel de ce bouleverse-ment.

Nietzsche est l'auteur qui, le premier et avec une précision de sismographe, enregistre l'am-pleur du glissement de terrain, dès autour de 1880. Il discerne les dimensions et les implica-tions de ce qui se joue avec l'entrée en crise du libéralisme. L'idée qui semble si obscure au pre-mier abord de l'éternel retour se comprend mieux lorsqu'on la lit comme une réponse à la crise du progrès, devenu impensable. De manière générale, ce que Nietzsche perçoit comme nul autre, c'est la portée du changement dans l'effectuation de l'histoire. Son œuvre est d'un bout à l'autre une méditation sur la conscience historique. Il est le témoin du passage, de la déstabilisation qu'engendre l'approfondissement de la perspective du devenir et des ripostes démesurées qu'elle va appeler.

Vous parliez il y a un instant de télescopage entre la réalité des sociétés démocratiques et historiques qui s'installent autour de 1900 et l'invincible prégnance du modèle religieux ; et l'effet de ce télescopage, dites-vous, ce serait l'avènement des totalitarismes. Mais c'est au XIXe siècle que se sont mises en place ces sociétés de l'histoire et que s'est défaite la légitimité de la tradition.

C'est exact, à ceci près que la mise en place est lente, la résistance de l'orientation passéiste puissante, le compromis constant. Jusque vers 1880, on peut ignorer la société de l'histoire en train de s'installer. On peut vivre dans son cadre en étranger, grâce aux îles de sociabilité traditionnelle qui y subsistent, des îles d'une surface considérable pour certaines d'entre elles : la paysannerie, les Églises, et spécialement l'Église catholique, les aristocraties, les monarchies. Ce sont ces conservatoires qui commencent à se désagréger autour de 1880. Ces milieux ne disparaissent pas, mais ils se mettent à se détraditionaliser à grande vitesse. Même ceux qui veulent retrouver l'ordre ancien se rendent compte qu'ils doivent aller chercher le point d'appui de leurs entreprises ailleurs que dans ces survivances. C'est de cette substitution obligée que naît le nationalisme comme idéologie radicale, à l'extrême droite. Il émerge avec la faillite du vieux traditionalisme réactionnaire qui plaçait ses espérances dans le renouement de continuité avec les survivances de l'Ancien Régime. Tout est à recréer, et il n'y a que la nation qui peut porter la reconstruction d'un encadrement hiérarchique et organique de la collectivité — la nation, c'est-à-dire le support historique de la souveraineté du peuple dont le camp de la tradition ne voulait rien savoir jusque-là. Les tenants du passé deviennent deux fois révolutionnaires : consciemment, parce qu'ils savent désormais que le retour en arrière suppose une rupture en règle avec la société présente ; inconsciemment, parce qu'ils empruntent au camp de la liberté l'instrument de leur projet de restauration. Ils sont des modernes malgré eux. Ils demandent à la forme même de la politique autonome d'être le vecteur de l'hétéronomie. C'est de cette façon que la réaction entre dans l'orbite totalitaire proprement dite. Le degré de

radicalité de ces extrêmes droites sera exactement fonction, d'ailleurs, de l'ampleur de cette
substitution de la nation à la tradition : plus elles
seront agrariennes, cléricales, monarchistes,
moins elles seront totalitaires au sens strict ; plus
elles seront purement nationalistes, et donc
modernistes, plus elles seront virulentes, à la
mesure de l'intensité de la contradiction autodestructrice qui les habite.

Sur le bord opposé, le trajet se fait en sens
inverse. Les tenants de l'avenir et de l'autonomie
radicale qu'il promet vont chercher dans le
passé, à leur insu, l'outil de sa réalisation. Ils ne
peuvent concevoir la société qu'ils appellent de
leurs vœux, la société émancipée et véritablement capable de s'autogouverner, que sur le
modèle d'une société unie avec elle-même grâce
à l'union avec un pouvoir qui la sait dans toutes
ses parties. Inconsciemment, ils demandent à
l'hétéronomie d'être le levier de l'autonomie.
Leur antireligion radicale est le piège qui les
entraîne dans une réinvention de la forme religieuse qui s'ignore. Cette captation est commandée, elle aussi, par une conjoncture précise.
L'approfondissement de la conscience historique active à une échelle jamais vue la crypto-
théologie de la fin de l'histoire, le mirage d'une
société qui serait enfin pleinement consciente
d'elle-même. D'autre part, le développement de
l'État dans une figure fonctionnelle et non plus

simplement coercitive — l'État de services publics — apporte un instrument d'une puissance comme on n'aurait pas osé en rêver pour accoucher le futur de ses potentialités. Autre piège, ces moyens nouveaux ramenant avec eux l'imaginaire ancien du pouvoir qui conjoint la société avec ses fins suprêmes. Les ressources supposées de l'État seront l'impensé de la conversion de l'extrême gauche socialiste au volontarisme totalitaire, comme les ressources supposées de la nation seront l'impensé de la conversion de l'extrême droite traditionaliste au révolutionnarisme. Chacune des familles totalitaires est victime à sa façon des illusions d'optique inscrites dans l'épanouissement de l'État-nation qui se produit au cours de ces années 1880-1914 et qui en fera le protagoniste principal de l'histoire du XXᵉ siècle, y compris dans les démocraties libérales.

Quel rôle joue selon vous l'antisémitisme dans la genèse de ces phénomènes ? Et en particulier, comment expliquez-vous la forme spéciale que prend, à l'intérieur du nazisme, l'antisémitisme ? Est-ce un aspect conjoncturel, lié en somme à la pathologie de Hitler, ou quelque chose de beaucoup plus structurel ?

Je tends à penser qu'il revêt un aspect structurel. On touche ici à une question très difficile : celle de l'interprétation du nazisme comme reli-

gion séculière. Il s'agit d'un mouvement idéologique, indéniablement, mais sans corps de doctrine clairement constitué. Il agrège des tendances hétéroclites. *Mein Kampf* peut difficilement
passer pour un ouvrage de théorie ! Disons
qu'on a affaire à une « vision du monde » dont il
faut tâcher de circonscrire le foyer d'inspiration.

Or dans cette inspiration, et dans l'inspiration
de l'ultranationalisme allemand en général, il y
a un thème capital et spécifique, qui est celui de
la « religion allemande ». Il est amené en référence à la Réforme, par laquelle l'Allemagne a
trouvé sa voie religieuse propre. Qu'est-ce que
la religion allemande, qui n'existe encore qu'à
l'état d'ébauche et qu'il s'agit de faire pleinement advenir ? C'est le christianisme authentique, entendons, un christianisme qui aurait
rompu tous les ponts avec le judaïsme. C'est
l'aspect délirant de la construction, qui remonte
à Lagarde et Chamberlain : on mobilise la
science pour démontrer que le Christ n'était pas
juif ! Le catholicisme n'est pas autre chose que
le prolongement du judaïsme à l'intérieur du
christianisme. La grandeur allemande, qui commence avec Luther, est d'avoir rompu avec
Rome, c'est-à-dire en fait avec le sémitisme.
C'est cette œuvre qu'il s'agit de mener à son
terme. Il appartient à l'Allemagne de s'accomplir
comme nation, en accomplissant sa mission religieuse, en devenant la nation dépositaire et mes-

sagère du christianisme universel, par opposition aux peuples sous l'emprise du particularisme juif. D'où la rivalité directe, d'où la symétrie des situations entre les Juifs et les Allemands, d'où l'affrontement des messianismes. Le peuple allemand est le vrai peuple élu qui doit affirmer ses ambitions mondiales contre celles que poursuit en secret le faux peuple élu.

Jusque-là, il aurait pu ne s'agir que d'une gigantomachie religieuse aberrante, mais somme toute inoffensive. Sauf que viennent se greffer sur cette thématique des éléments d'époque qui vont en faire quelque chose comme une religion séculière. D'abord ce destin de l'Allemagne est interprété en termes raciaux. Ce dont il s'agit ultimement dans cette bataille pour la nation, c'est d'une lutte des races, d'un affrontement de forces historiques immanentes. Ensuite, cette mission religieuse est conçue dans la lumière de la « politique mondiale » qui fait sa grande entrée en Allemagne avec la loi navale de 1898. Elle se greffe autrement dit sur un impérialisme tout à fait terrestre. L'universalité allemande, que la religion justifie, doit se traduire concrètement dans une domination économique et militaire. Où l'on retrouve les Juifs et le mythe du « complot juif ». Les menées souterraines prêtées à ce peuple dispersé parmi les peuples et ayant renoncé à être une nation pour dominer les autres nations de l'intérieur, représente l'antitype exact de la politique de puissance ouverte de la nation appelée à sauver le monde du faux universalisme sémitique.

Ce mélange de religion et de politique se radicalisera, sous la République de Weimar, avec l'exacerbation du nationalisme par la défaite, dans le sens d'une prépondérance de plus en plus marquée de l'élément politique sur l'élément religieux, mais avec le maintien d'une religiosité sous-jacente. Le véritable objet de la religion allemande, c'est l'Allemagne elle-même, mais c'est bien d'un culte qu'il s'agit. Le vrai moteur de l'histoire, c'est l'affrontement des races, mais la race n'est pas qu'un fait biologique, elle est une donnée mystique. L'aryanisme hitlérien est bien davantage qu'un simple biologisme. Aux yeux des idéologues les plus radicaux de la mouvance, le christianisme apparaîtra de trop, au regard des profondeurs de l'originalité germanique et de son génie spirituel propre. Mais dans ces eaux, le racial et le religieux vont plus intensément que partout ensemble. L'hostilité envers les Juifs se sécularisera et se politisera de la même façon, mais sur fond d'une désignation comme l'ennemi par excellence du peuple allemand qui est religieuse dans ses racines.

Voilà ce qui me fait croire à une spécificité de l'antisémitisme allemand. Aucune essence nationale n'intervient là-dedans. Elle est le produit de l'histoire. Elle tient au rôle central de la réinterprétation du destin religieux de l'Allemagne depuis la Réforme dans la genèse de l'ultranationalisme allemand. L'hostilité envers les Juifs acquiert, dans cette philosophie de l'accomplissement national, une nécessité et une virulence qu'on ne retrouve nulle part ailleurs. Rien à voir avec le vieil antisémitisme chrétien, même si la racine est commune. Rien à voir non plus avec l'antisémitisme, disons, de type ethnique qui sévit en Russie et en Pologne, ou avec l'antisémitisme, disons, de caste sociale qui se développe en France dans les années 1880. Dans les deux cas, on peut maltraiter conjoncturellement les Juifs — ce qui se produit avec les pogroms — mais il n'y a pas d'extermination à l'horizon, pas d'alternative dramatique : eux ou nous. Le discours racial unifie superficiellement ces rejets, mais il ne dit pas ce qui les anime. Il ne rend pas compte de leurs différences d'intensité. L'antisémitisme nazi a un moteur qui n'appartient qu'à lui. Pour anéantir systématiquement un peuple, il faut une vision de l'autre et de soi, de la race ennemie et de sa propre destinée qu'aucune biologie des races ne fournit à elle seule. Les nazis parlent le langage de la race, c'est l'élément moderne, immanent, de leur nationalisme paroxystique ; mais ce qu'ils mettent derrière vient de plus loin et de bien plus profond. Leur racialisme est de l'ordre d'une religiosité séculière.

Reste que ces motifs profonds, ancrés dans la religion allemande, ne produisent le nazisme qu'à un certain moment de l'histoire.

C'est toute la difficulté de comprendre les totalitarismes : il y a en eux une part de contingence historique et une part de nécessité. Ils sont le produit caractéristique d'un moment du devenir des sociétés modernes. Il y aurait eu des idéologies de type totalitaire dans tous les cas. Leur définition était déjà largement entamée à la veille de la Première Guerre mondiale. Mais s'il n'y avait pas eu la cassure de 1914, il n'y aurait vraisemblablement pas eu de *régimes* totalitaires. La guerre a révélé aux idéologues ce que même dans leurs rêves les plus fous ils ne pouvaient imaginer : ce que peut un État dans les conditions modernes. L'organisation des belligérants a mis en lumière les moyens colossaux de mobilisation, d'organisation, de planification, que possèdent les États mis en place dans la période juste antérieure. Apparaît dans le conflit un outil neuf : l'État total. C'est de là que sort le mot même de totalitarisme : la guerre totale mobilise un État total qui rend possible un État totalitaire. C'est la conjonction des idéologies disponibles, de la situation de crise politique ouverte dans plusieurs pays du fait de la déstabilisation des autocraties, et la présence de cet instrument social d'une puissance inédite qui a créé les conditions de la survenue effective des totalitarismes. La redéfinition idéologique du marxisme à laquelle Lénine procède, dans *Que faire ?,* dès 1902, peut donner le totalitarisme, mais à condition de rencontrer le levier politique adéquat, dont en 1902 il n'a qu'une notion confuse. À quoi il faut ajouter que, sans la guerre, il n'aurait jamais été en position de s'emparer de cet instrument.

Mais le rôle de cet État qui sort démultiplié et consacré des carnages de 1914-1918 — c'est à vrai dire le seul vainqueur — ne va pas se borner à fournir aux totalitarismes le vecteur de l'inscription de leurs délires idéologiques dans la réalité. Il va être de l'autre côté aussi le grand vecteur de la stabilisation des démocraties libérales, en tant qu'État protecteur et régulateur. C'est au travers et autour de lui, dans la durée, que va se construire, en tâtonnant, le miracle d'équilibre que représentent nos régimes, à la fois extraordinairement divisés et remarquablement cohérents.

C'est cette réussite qui a cheminé longtemps de façon souterraine avant de percer au grand jour qui a fini par avoir raison du prestige des fausses solutions totalitaires. C'est sa reconnaissance qui a changé la donne et le climat dans les années 1970. À la différence de nos ancêtres de 1900, si anxieux devant la dislocation de leur monde social, nous nous reposons tacitement sur une cohésion que nous n'interrogeons même plus. Elle n'a rien de naturel, pourtant. Elle est le résultat d'un travail de construction pharaonique dont l'État a été le maître d'œuvre. C'est à cet édifice que nous devons l'aimable libéralisme moral dans lequel nous baignons désormais. Si tout peut coexister sans problème, c'est parce qu'il existe une instance qui garantit cette coexistence.

Pour vous, c'est là l'essentiel de ce qui s'est produit autour des années 1970 ?

Oui. Ce qui se joue de décisif au cours des années 1970, c'est le passage de la conviction qu'il faut une autorité supérieure pour faire tenir ensemble les sociétés à la confiance dans la régulation spontanée, autrement dit, à la foi dans le marché comme modèle général des relations sociales. Les fanatiques de l'organisation se sont transformés en zélotes de l'interaction automatique.

Le marché ou l'État ?

L'expansion du modèle du marché, y compris et surtout au-delà de la sphère des relations marchandes proprement dites, est rendue possible par la cohésion sous-jacente qu'assure l'État. Idéologiquement, celui-ci est sur la défensive, on

dénonce son inefficacité et son autorité abusive ;
il n'empêche que c'est lui qui permet au marché
d'élargir son emprise. Les acteurs l'ont d'ailleurs
confusément compris : ils réclament à l'État
davantage de marché. Ils lui demandent de
garantir davantage de liberté de rapports entre
eux grâce à une prise en charge encore plus systématique de leur espace de coexistence. À lui
de fournir le cadre, à nous de mettre le contenu,
dans l'ajustement sans contrainte des offres et
des demandes. Il n'y a pas de limites à cette
confiance investie dans le pouvoir d'organisation
et de contrôle de la puissance publique. Pourquoi pas le droit du consommateur à une drogue
certifiée pure et sans danger par des organismes
dûment subventionnés ? Cette confiance n'a
d'égale que la défiance à l'égard des intrusions
de l'État dans ce qui ne le regarde pas. Les Pères
fondateurs de la pensée libérale n'avaient pas
songé à cette alliance insolite des revendications
d'une liberté totale et d'une surveillance pointil-
leuse ! C'est l'ambiguïté de l'actuelle crise de la
politique. Autant il est vrai que l'État est des-
cendu de son piédestal, qu'on n'attend plus des
gouvernements qu'ils indiquent l'avenir et qu'ils
pilotent le devenir, autant il est faux qu'on ne
leur demande plus rien. Jamais au contraire on
n'a autant compté sur eux. La demande multiforme de sécurité qui monte de partout dans nos
sociétés est éloquente à cet égard ; on n'a plus

besoin de l'autorité publique pour tracer la voie, gouverner les esprits et mener le troupeau collectif ; elle est irremplaçable, en revanche, pour constituer et préserver le cadre collectif à l'intérieur duquel peut s'épanouir le marché des libertés privées.

Il faut sortir des dichotomies naïves : la vérité est que l'État a produit le marché. La grande inflexion des années 1970, l'émancipation des sociétés civiles et de la sphère des relations individuelles, est le résultat de l'action en profondeur de l'État d'organisation, de planification et de régulation surgi des deux guerres mondiales. Le phénomène s'est présenté sous deux faces, une face positive et une face négative, et c'est ce qui a brouillé ses racines. Ce qu'on a surtout vu et retenu, c'est la critique des dysfonctionnements de cet État grandi trop vite et dont la croissance a été mal maîtrisée. L'arbre a caché la forêt. Car le principal du mouvement a consisté bien moins dans le recul de l'État que dans l'exploitation des ressources qu'il avait créées.

Mais le plus important est de reconnaître à cette montée en puissance de l'État d'infrastructure sa véritable portée. Elle représente la substitution d'une unité produite par le politique à l'unité produite par la religion. Unité religieuse qui en 1900 encore, et sans doute en 1930 toujours, faisait figure de forme indépassable d'une communauté politique digne de ce nom, même lorsqu'on voulait mettre autre chose à la place de la religion. Le changement capital est là. Nous sommes la première société qui n'est plus tendue vers l'aspiration à l'unité spirituelle de ses membres, à l'accord des convictions et des croyances. Personne ne pense plus, comme l'humanité l'a toujours pensé, qu'il est indispensable que tout le monde croie la même chose, puisque c'est la condition sans laquelle une société ne peut pas durablement subsister. Un esprit aussi pénétrant que Durkheim en est encore convaincu au début du XXe siècle : sans communion des esprits au sein de la conscience collective, la société est ébranlée dans sa condition d'existence la plus fondamentale. Nous ne ressentons plus le besoin de cette convergence des âmes. Nous pouvons donner libre cours à nos discordances d'opinion et à nos oppositions d'intérêts sans que cela nous semble menacer le moins du monde la survie de la collectivité. Cela parce que nous nous reposons sans avoir besoin d'y penser sur une unité d'un autre ordre, une unité proprement politique, aux antipodes de l'unité idéologique, l'unité résultant de l'intégration matérielle et légale de l'espace collectif assurée par l'État. Cette unité politique a la remarquable propriété d'être indifférente aux divisions sociales, de les laisser s'exprimer, depuis la sécession des individualités jusqu'à la contradiction des classes. Voilà tout le secret de notre récent pluralisme.

Nous sommes libres, de la liberté très particulière dont nous jouissons désormais, parce que nous avons inventé et fabriqué sans nous en rendre compte une façon inédite d'être ensemble.

C'est ce troc de l'unité religieuse contre l'unité politique qui nous a délivrés des angoisses de 1900 et des vertiges totalitaires. Aussi bien est-ce lui qui nous a fait franchir une étape supplémentaire en matière de sortie de la religion. Non seulement la forme religieuse de l'Un a perdu son prestige et son pouvoir d'appel, mais les relais que la structuration religieuse conservait dans le fonctionnement social se sont désagrégés. Ce qui pouvait subsister de lieu de tradition avec le passé s'est évanoui. L'inspiration de la coutume, des usages, des autorités ancestrales a définitivement cessé de nous parler. Le principe d'appartenance qui continuait d'alimenter le dévouement à la patrie ou la fidélité à la lignée n'est plus guère qu'une ombre anémique. Il en va de même de l'esprit de hiérarchie qui prêtait à l'autorité la plus platement fonctionnelle les habits d'une imposition transcendante. Cette dissolution des empreintes qui maintenaient quelque chose de l'antique organisation religieuse dans la marche de nos sociétés me semble le fait le plus significatif de la dernière période. Il pèse plus lourd que la fonte des effectifs croyants et que la déroute des magistères. Il représente une immense rupture dans la manière d'être des sociétés et dans le lien entre les personnes. Il est, au demeurant, la clé de beaucoup de mystères de la vague d'individualisation qui a déferlé au cours de la même période. L'explication des nouveaux traits sous lesquels se présente la condition individuelle est à chercher du côté de ce désencadrement du collectif.

Nous sommes donc, cette fois, vraiment sortis de la religion. Cela n'empêche pourtant pas nos contemporains d'avoir des croyances religieuses et de les manifester parfois de manière plus que bruyante.

En tant que *croyances*, les religions n'ont aucun motif de disparaître. Ce qui disparaît, c'est l'emprise millénaire qu'elles ont exercée sur la vie sociale et en fonction de laquelle elles se sont jusqu'à présent définies. Il faut soigneusement distinguer les deux registres. La nouveauté est précisément qu'ils se disjoignent.

Il y a une consistance intrinsèque du message religieux qui, au titre de la conviction individuelle, échappe et survit à ce qu'a été le destin historique des religions : se couler dans des formes sociales et contraindre les collectivités. La religion considérée comme proposition sur l'invisible, sur un autre ordre de réalité que celui qui nous est immédiatement accessible, n'a aucune raison de disparaître parce qu'elle a ses racines dans la structure de l'esprit humain ; il y aura toujours des gens religieux. Les religions perdent en influence sociale, parce que seuls les vrais croyants, si je puis dire, croient encore. Tous ceux qui étaient religieux parce qu'ils trouvaient au travers de la religion l'adhésion à une certaine forme collective de cohésion ou de sécurité ont cessé de l'être. Mais cette désertion de masse laisse intacte la détermination de ceux pour lesquels il y va d'une vision de la destination ultime des personnes au sein de ce qui est. Existentiellement, anthropologiquement, intellectuellement, nous sommes et nous resterons des êtres de croyance, voués à la métaphysique, en le sachant ou sans le savoir, voire en le niant. Le matérialisme, extrapolation spéculative à l'ensemble de ce qui est, de ce que nous connaissons de la matière tangible, est évidemment une foi métaphysique. Croyants, nous le sommes minimalement, au quotidien, en nous projetant dans l'invisible de l'avenir, et on a vu les énergies que ce type de foi était capable de mobiliser. L'option religieuse est un cas de figure systématisé de cette disposition croyante qui nous habite tous avec des intensités variables. Elle ne concerne plus que ceux chez qui cette aptitude est naturellement vigoureuse ou chez qui les circonstances de la vie l'ont éveillée, mais elle est irréductible. Ce déplacement de l'ordre social à l'option existentielle change le statut, le sens et le foyer de définition des croyances religieuses.

Il représente un nouveau départ pour elles. Sans doute en résultera-t-il de grands effets de recomposition dans le futur dont nous ne pouvons encore rien dire pour le moment.

Sans doute. Mais les sociologues des religions insistent beaucoup sur le fait qu'aujourd'hui ce sont surtout des formes bricolées de religiosité qu'on rencontre partout.

C'est vrai dans une large mesure. On comprend pourquoi. Ce qui donnait sens à l'adhésion religieuse s'est complètement transformé. On en attendait qu'elle vous livre la clé de l'ordre des choses, on allait y chercher la conformité à la loi commune, on entendait s'y plier à une vérité extérieure et supérieure. On lui demande désormais de répondre à une aspiration intensément personnelle, à part et au-delà de ce dont la politique délibère et de ce que les sciences vous apprennent. D'où ce travail d'ajustement à une exigence immédiatement ressentie, qui sert de boussole, là où l'effort des anciens croyants se dirigeait spontanément, à l'opposé, vers la justification de l'orthodoxie. D'où également la forte orientation de ce bricolage vers la conduite de l'existence, la morale, la sagesse, la quête d'une règle de vie, bref, tout ce qui regarde l'accord intime de la personne avec elle-même dans ses actes, une orientation qui amène les spiritualités contemporaines à confluer avec la culture psychologique propre à l'individualisme le plus extra-religieux.

La limite du constat, c'est que la dimension sociale de l'adhésion religieuse n'a nullement disparu pour autant. La recherche d'une société idéale des esprits communiant dans une même vérité, y compris à travers le temps, demeure un de ses moteurs. On ne croit pas pour soi tout seul ; on veut toujours croire avec d'autres. Il est acquis que cette croyance ne peut plus commander la grande société ; mais cela ne lui interdit pas de former le lien d'une petite société à l'intérieur de la grande.

Cette dimension sociale est, du reste, ce que la pathologie sectaire nous montre à l'état exacerbé. Aussi le bricolage obligé compose-t-il volontiers avec la fidélité à l'institution et à la tradition. La pente n'est pas à l'émiettement complet. On se fabrique sa version du message, mais on entend s'inscrire dans la continuité d'une transmission du message qui vient de loin et dans le cadre d'une communauté de partage. Ce pourquoi j'inclinerais à penser que les renouvellements à venir se feront de l'intérieur des grandes traditions.

Mais le phénomène le plus révélateur du moment n'est pas le bricolage religieux ; il est la religiosité qui s'ignore. Beaucoup de jeunes rêveurs qui se veulent modernes jusqu'au bout des ongles et qui se pensent affranchis de ces vieilleries à peine imaginables sont des mystiques sans le savoir à la recherche d'une expérience spirituelle. Fête, transe, vertige, états modifiés de conscience obtenus par la musique ou par des substances idoines : c'est toujours de l'accès à un autre ordre de réalité qu'il s'agit. La place prise par les drogues dans nos sociétés s'explique par là pour une part non négligeable. Elle relève de l'aspiration à fuir la prison du quotidien. Mais il faudrait parler dans le même sens de ce que représente l'ascèse sportive aujourd'hui dans notre culture, de ce qui se joue dans le travail sur le corps, l'éthique de l'effort, la quête du dépassement de soi. Le phénomène concerne éminemment la haute culture. La religion séculière de l'art s'est éteinte en même temps que les religions politiques. Elle n'est plus tenable en tant que discours spéculatif. Mais l'expérience de l'art demeure, sans plus de discours spéculatif, une expérience intime d'ordre spirituel pour beaucoup de gens, même de loin, même sur un mode allusif et décoloré.

Ce qui se cherche dans l'extase musicale ou dans le ravissement par le verbe, c'est le passage dans un monde impalpable et plus plein que celui qui nous est ordinairement donné. Bref, l'animal métaphysique ne se connaît plus pour tel, mais cela ne l'empêche pas d'exister.

Fuite dans des paradis artificiels, cloisonnement for-cené des individus, désaffection du politique, est-ce tout cela qui vous donne le sentiment que nous som-mes entrés dans un nouveau cycle de crise ?

On pourrait croire, en effet, qu'il existe quel-que chose comme un cycle, une loi des fins de siècle, les années 1880, les années 1980... En réalité, les ressemblances formelles cachent une dissemblance substantielle. Les facteurs de crise sont essentiellement différents d'un siècle à l'autre. C'est tout simplement que nous vivons sur l'acquis des solutions apportées aux problè-mes qui obsédaient nos devanciers. Ce qui faisait difficulté pour eux ne le fait plus pour nous. En revanche, ce travail de dépassement des problè-mes anciens en a fait apparaître de nouveaux, auxquels nul n'avait pu songer jusque-là.

Le fait inédit autour duquel tournent nos dif-ficultés est le déploiement d'une démocratie cen-trée sur les droits individuels. Nous sommes embarqués dans la tentative hautement problé-matique de traduire en régime politique le fon-dement individualiste de la légitimité dans nos sociétés. Dans un premier temps, le XIXᵉ siècle avait disqualifié les droits naturels et le contrat social au nom de l'histoire, et c'est au nom de l'histoire, justement, que le régime libéral s'était imposé, au nom de la représentation concrète de

la société, avec les limites pour les droits des
individus que cela pouvait autoriser — le suffrage censitaire. L'universalisation du droit de
suffrage une fois acquise, au titre de l'histoire,
toujours, de la généralisation du statut d'acteur
historique, il s'est agi pour les démocraties libérales, dans un deuxième temps, de donner un
contenu concret à ces droits individuels abs-
traits. C'est ce dont l'État social s'est chargé.
Mais l'État social raisonne de façon concrète, lui
aussi, en considérant les individus en fonction
de leur condition et de leur appartenance. Il
classe et catégorise. Il traite ses ayants droit selon
qu'ils sont riches ou pauvres, favorisés ou défa-
vorisés, malades ou bien portants, vieux ou
jeunes. Or nous sommes entrés, sur la base de
ces acquis, dans un troisième moment, où c'est
la singularité individuelle qui passe au premier
plan, qui devient la valeur centrale, abstraction
faite de l'inscription sociale. Elle acquiert la portée d'un principe universel. Bien que théorique-
ment attachée au statut de droit de l'individu,
elle n'avait jamais été prise en compte comme
telle. Elle tendait même à être refoulée et ren-
voyée dans le privé par la force des encadrements
collectifs. Voilà qu'elle prend le dessus. Il en
résulte une relance de la problématique démocratique, sommée de se redéfinir de part en part
afin de donner aux individualités de droit la place
qu'elles sont désormais fondées à réclamer dans

la vie publique. Défi immense, dès qu'on y songe avec un regard un tant soit peu distancié, qui ne va pas sans une série de bouleversements qui frappent d'incertitude l'existence politique de nos sociétés.

Par exemple ?

Nous assistons au développement d'une pathologie idéologique nouvelle. Une pathologie de la désappartenance, par opposition à celle de l'âge totalitaire, où il s'agissait de nier l'individu au profit du collectif censé le définir, que ce soit la classe, la nation ou la race. Nous basculons vers l'autre pôle. Émerge la figure d'un individu pur, ne devant rien à la société, mais exigeant tout d'elle. L'obligation collective et l'inscription historique tendent à devenir purement et simplement impensables. La singularité autosuffisante qui se dégage de l'entente actuelle des droits de l'homme n'a pas d'ancêtres, sinon ceux qu'elle s'est choisis, elle ne saurait être contrainte par un passé, ni limitée par la géographie : elle est de partout et de nulle part ; elle revendique en revanche son identité. Cette figure onirique a une implacable logique pour elle ; elle a quelque chose d'irrésistible ; elle est porteuse d'effets de dénégation et de recouvrement des conditions du fonctionnement social qui n'ont rien à envier, du strict point de vue de l'irréalité, aux délires de l'âge totalitaire. Je ne veux pas dire qu'ils annoncent des totalitarismes d'un genre nouveau : ils poussent en sens inverse. Ce qu'ils préfigurent, à la rigueur, c'est une incapacitation en règle des collectifs. Nous ne risquons plus l'État total, mais la déroute de l'État devant l'individu total. Nous n'en sommes pas là, je force le trait afin de faire saillir ce qui incube dans l'esprit du temps. Là encore, ce sont les circonstances qui décideront, ou du cantonnement de cette fermentation dans des marges relativement contrôlées, ou de son déchaînement paroxystique. Il n'empêche que les radiations émises par ce noyau sont d'ores et déjà suffisamment paralysantes pour qu'il y ait lieu de se demander si l'exercice de la politique est encore possible. S'il le demeure malgré tout, il est ébranlé dans ses bases. La situation n'a rien de révolutionnaire. Personne ne conteste aux gouvernements élus le droit de gouverner. Mais on gouverne difficilement avec des individus qui ne se sentent pas *liés*, que ce soit liés par le mandat confié aux gouvernants, liés par des décisions dont ils ne s'estiment pas partie prenante ou liés par un intérêt supérieur de nature à limiter leurs revendications ou leurs prérogatives. Il y a dans ce mécanisme de marché politique qui devient la règle de fait des communautés politiques un ferment de décomposition dont on n'a pas fini d'éprouver le travail de sape.

Certains vous reprochent de faire du présent un tableau sans nuance, en insistant comme vous le faites sur la déliquescence de nos formes politiques.

Le moins qu'on puisse dire est qu'ils ne m'ont pas lu de près. S'il y a une chose que je crois avoir soulignée avec constance, c'est le caractère ambivalent de ces évolutions et de l'expansion de l'univers démocratique en général. Bien entendu que cette tendance à la dissolution de la politique n'est pas le tout de la situation actuelle. Elle n'en constitue qu'une des faces. Elle est la rançon inattendue et paradoxale de son autre face, plus brillante, qui est la spectaculaire entrée de la légitimité démocratique dans l'incontestable. Il faut que nos professeurs de simplisme s'y fassent : la démocratie ne progresse pas en ligne droite. Chacune des grandes avancées de son principe se solde par une grande crise de mise au point.

On l'a vu à propos de la fin du XIXᵉ et du début du XXᵉ siècle. Nous nous retrouvons dans une situation analogue. À l'époque aussi, on observe une diffusion irrésistible de la démocratie, sous l'aspect du suffrage universel et de l'entrée des masses en politique. On peut ne regarder les années 1900 que du point de vue de cette remarquable poussée, en négligeant comme des pathologies marginales les difficultés du régime parle-

mentaire et le développement des idéologies
extrêmes, la radicalisation d'une fraction du
socialisme et la montée de la protestation nationaliste. La suite a suffisamment montré qu'il fallait considérer les deux faces de la situation, et
prendre au sérieux la tâche de construction d'un
système politique viable, au-delà des impasses
du parlementarisme. On avait le principe ;
encore fallait-il trouver l'architecture institutionnelle capable de marier la démocratie et la représentation libérale.

Nous sommes devant un défi d'ampleur comparable, même si les enjeux et le contexte sont
profondément différents. C'est un autre aspect
de l'univers démocratique et libéral qui se révèle
et qui explose avec une force invincible — non
plus la puissance des masses, mais la valeur du
singulier. La question n'est plus de donner une
épaisseur sociale concrète à l'individu abstrait du
droit, mais de reconnaître les droits de l'individu
concret. Rien de nouveau là-dedans en un sens :
l'individu de droit appartient au programme
génétique de la modernité depuis le XVIIᵉ siècle,
il ne fait que trouver aujourd'hui le couronne-
ment de sa longue carrière. Sauf que son incarnation revêt des traits que la théorie n'avait pas
anticipés. Les philosophies du contrat social
étaient loin de se douter que l'être de raison
qu'elles supposaient allait devenir un personnage
de chair et d'os, et que la liberté de l'état de

nature était destinée à devenir la pierre de touche du fonctionnement de l'état social. Le développement actuel n'en est que plus remarquable. Personne ne peut songer à nier que ce retour à la logique de la fondation en droit participe de l'approfondissement de la démocratie. Mais l'approfondissement se traduit une fois encore par l'ébranlement de la démocratie. On ne peut pas se féliciter de l'un sans s'inquiéter de l'autre. Au nom de la liberté démocratique, la poussée de la singularité juridique vide le pouvoir démocratique de son effectivité. Elle oblige à repenser la synthèse de l'indépendance des personnes et de l'autonomie collective. Le problème de l'articulation du versant libéral et du versant démocratique de nos régimes est complètement rouvert. Nous allons vivre avec cette question pendant des décennies.

Dans cette situation, il s'agit de se garder autant du catastrophisme que de la niaiserie progressiste. Des accrocs majeurs ne sont pas à exclure, d'autant que la passion et l'illusion idéologiques conservent visiblement sur ce front un potentiel de radicalisation intact. Nous n'y sommes pas condamnés. Nous n'obéissons pas à la fatalité d'un cycle que nous n'aurions qu'à laisser courir jusqu'à son terme. C'est le moment ou jamais d'user de notre liberté d'acteurs historiques dans un processus ouvert. Nous avons à apprendre à nous orienter dans un milieu que nous comprenons encore mal. La plus grande difficulté est d'apprendre à démêler l'ambiguïté des nouveaux ressorts sociaux. Ils véhiculent le progrès autant que la crise de la démocratie. Prenez l'ascension du droit et du juge. Le phénomène contribue puissamment par un côté à l'incapacitation du politique ; il est l'un des vecteurs de la dépolitisation, dans l'acception la plus forte du terme : la réduction des problèmes publics à des problèmes de personnes privées. En même temps, il recèle par l'autre côté des ressources politiques considérables s'agissant de perfectionner le processus démocratique. Il offre de quoi résoudre le vieux problème du contrôle de la représentation. Il peut permettre d'en finir avec l'opacité autoritaire de la gestion publique. Même chose avec la montée en puissance des appareils d'information. Leur élévation spectaculaire, dans la dernière période, est allée de pair avec l'abaissement du politique. Il ne serait pas tellement excessif de dire que la politique est menacée aujourd'hui de se dissoudre dans la communication. Qui ne voit en même temps les possibilités ouvertes par ces instruments dont nous n'avons pas trouvé le maniement ? Pour l'instant, nous sommes dans le moment de l'émergence et de la confusion. Nous ne discernons pas les combinaisons qui pourraient naître de ces différentes virtualités, pas plus qu'en 1914 nos prédécesseurs les plus avertis ne parvenaient à imaginer comment les diverses facettes de la démocratie libérale en train d'advenir finiraient par s'engrener les unes dans les autres.

À quoi s'ajoute le fait que les démocraties occidentales ne sont pas seules sur la planète ; elles sont entourées par ou en contact avec des sociétés fonctionnant selon un modèle tout différent.

Ce chapitre est celui, peut-être, sur lequel la différence avec la période 1880-1914 est la plus nette : c'est la différence de la première et de la seconde mondialisation. L'une des données principales de la fin du XIXᵉ siècle, qui l'a fait reconnaître comme l'âge de l'impérialisme, consiste dans « l'encerclement du globe ». L'expansion européenne ne date pas de là, elle se confond avec la marche des Temps modernes depuis la fin du XVᵉ siècle, mais c'est à ce moment-là qu'elle acquiert, grâce aux moyens de transport et de communication, son caractère de domination systématique de la planète. Pour la première fois véritablement toutes les sociétés se trouvent interconnectées au sein d'un seul et même espace. Quant à la répartition des tâches, pas de problème, le colonialisme est à son apogée : il y a le centre occidental de la civilisation, et puis il y a des périphéries plus ou moins barbares qu'il s'agit de soumettre d'abord afin de les civiliser ensuite comme il convient. La seconde vague de mondialisation qui chemine depuis les années 1970 et qui s'est brutalement accélérée au cours des années 1990 présente une physionomie fort dissemblable. Elle intervient sur fond de décolonisation. Et alors que la première avait été très politique, en mobilisant les États occidentaux en vue d'une domination élargie, celle-là est remarquablement antipolitique. Elle contribue activement à la marginalisation des États-nations au profit de la seule économie. Idéologiquement, le sentiment de supériorité des civilisés sur les sauvages a fait place à un joyeux relativisme — à chacun ses coutumes, et les vaches seront bien gardées. Est-ce à dire que tout va pour le mieux dans le meilleur des mondes libéraux possibles ? Hélas, non. Il n'y a évidemment pas lieu de regretter la bonne conscience coloniale et son cortège de stupidités odieuses. Mais il ne suffit pas de s'en être délivré pour avoir accédé à la lucidité. En réalité, nous avons échangé un ethnocentrisme contre un autre. L'ethnocentrisme égalitaire est plus sympathique, mais il n'est pas meilleur conseiller, intellectuellement parlant, que l'ethnocentrisme hiérarchique. Avec la meilleure volonté du monde, il empêche tout autant de comprendre ceux qui, précisément, ne sont pas nous. Je suis frappé par la foncière incapacité des Occidentaux à s'interroger sur ce que veut dire l'occidentalisation de la planète pour ceux qui la subissent de l'extérieur de leur culture ou de leur civilisation. Comme les offres de la Mafia, c'est une proposition qu'on ne peut pas refuser. Faut-il s'étonner que son acceptation n'aille pas sans soubresauts et convulsions ? La réforme de l'entendement occidental est à reprendre, de ce point de vue, là où la crise de conscience coloniale l'avait laissée. C'est la condition préalable d'une authentique humanisation de la condition globale.

Partagez-vous le sentiment répandu que l'histoire s'accélère ?

Le sentiment correspond à une réalité, même si l'expression est trompeuse. Il n'y a pas de moteur caché dont le rythme s'emballerait en fonction d'un mystérieux programme. Il y a simplement que l'orientation historique s'impose toujours davantage à nos sociétés, que nous sommes de plus en plus nombreux à nous conduire de plus en plus en acteurs historiques, en producteurs délibérés d'historicité. C'est d'amplification de l'action historique qu'il conviendrait de parler. Nous sommes en pratique de plus en plus tournés vers l'avenir — ce qui ne veut pas dire que nous en avons une idée claire, autre problème. Nous obéissons de moins en moins au passé, il y a de moins en moins de choses reçues et reconduites à l'identique dans nos sociétés, l'innovation et le changement sont de plus en plus notre lot obligé dans tous les domaines. Nous mobilisons des moyens de transformation de plus en plus vastes, qu'il s'agisse d'argent investi, d'énergie dépensée ou de connaissances disponibles. Les effets cumulés sont à la mesure de cette systématisation des efforts.

Cela dit, au milieu de cette démultiplication de l'historicité voulue, là est le mystère, l'histoire demeure lente. Notre cycle de renouvellement et d'entrée en crise de la démocratie en offre l'illustration. Il a fallu un siècle, en gros, pour venir à bout de la formation des démocraties libérales qui s'engage à la fin du XIXe siècle. Voilà trente ans, à peu près, que nous avons bifurqué dans une autre direction, et nous en sommes à peine à nous rendre compte du changement et de l'étendue des difficultés où il nous plonge. Je me garderai de me prononcer sur le temps qu'il faudra pour en sortir, mais je ne parviens pas à l'imaginer court. Autrement dit, il y a une histoire comme expérience collective consciente de l'humanité, où se détermine son organisation, son identité, son mode d'être, qui avance à un rythme sans commune mesure avec celui des changements que nous poursuivons. Il y a deux scènes du devenir. C'est un point capital pour l'action publique. Il contribue à la démoraliser et à la faire paraître un théâtre d'ombres. Nous continuons à viser la solution de tous les problèmes à l'échéance de cinq ans au plus, qui nous paraissent bien loin. La vérité est qu'il y a une large série de questions, et pas seulement politiques, qui s'inscrivent dans une temporalité qui n'a rien à voir avec les calendriers électoraux. Le domaine de l'éducation en fournit certainement une illustration privilégiée. Il est flagrant, en la matière, que c'est sur des décennies que courent le déploiement des problèmes et l'élaboration des réponses appropriées.

Mais alors, comment faire entrer ces questions essentielles dans le processus démocratique et son temps nécessairement court ? C'est peut-être le principal défi de l'avenir. Il y va de l'élaboration d'une sagesse de la démocratie dont nous n'avons pas le premier mot. Il y faudra longtemps.

Pensez-vous que l'Europe peut constituer un facteur de repolitisation dans nos sociétés ?

Pour l'instant, c'est le contraire que l'on observe : l'Europe offre un moyen unique de contourner le politique ; elle amplifie l'illusion idéologique de l'émancipation à l'égard de ces vieux cadres étatiques et nationaux qui nous ont fait tant de mal. Les régions, les associations, la production et les échanges sans frontière, la société, les individus privés, voilà le vrai. Mais ce n'est pas forcément le dernier mot de l'histoire. Je tends à penser que, dans un deuxième

temps, la construction européenne pourrait devenir, à l'opposé de son effet premier, un stimulant
pour la politisation. Cela, en fonction de
l'impasse où l'enfoncent ses voies actuelles. Une
super-administration hors sol et irresponsable,
ce n'est pas la forme politique rêvée. Fuir l'autorité des politiciens pour tomber sous la coupe
d'une bureaucratie opaque, incohérente et
incontrôlable, c'est un marché de dupes. Les
peuples sont gentiment en train de s'en apercevoir. En même temps, il est entendu qu'on ne
peut que vouloir l'Europe, pour des motifs à la
fois de bon sens, d'efficacité et d'histoire commune. Le continent est à organiser au-delà des
funestes partages du passé. Il faut faire autrement. Comment ? Tout est là. De deux choses
l'une : ou l'on poursuit dans la voie actuelle de
contournement du politique et de dessaisisse-
ment des peuples, en essayant vainement par-
dessus le marché de démocratiser ce qui par définition ne peut pas l'être, ou l'on change de cap,
en s'appuyant sur le politique, en remettant les
peuples dans le jeu, en faisant des unités de
volonté politique les pierres angulaires de la
construction européenne. Le complot des élites
a fait son temps. Il a eu sa nécessité ; il ne peut
plus être productif. Ce sont les nations d'Europe
qui veulent l'Europe. Il s'agit d'en prendre acte.
L'horizon européen devient dans cette perspective un facteur de mobilisation à l'intérieur des

espaces nationaux. Au point où nous en sommes, la construction européenne ne peut plus avancer significativement que par en bas. Ce n'est que dans cette voie qu'elle pourra développer pleinement son originalité historique : ni l'unité d'une super-nation fédérale, ni le flou d'un espace économique ouvert où surnagent de vagues entités politiques de plus en plus marginales, mais une fédération de nations qui conserve les unités fédérées et qui vit de l'adhésion de ses composantes. Le moment est venu de réévaluer le potentiel politique des nations. Elles ne portent pas que la rivalité et l'affrontement ; elles recèlent aussi la possibilité d'un universalisme non impérial, fondé sur le décentrement et le sens de la diversité des incarnations de l'universel. C'est ce potentiel qui peut s'épanouir demain dans une organisation de la concorde du continent conforme à ce que son génie a produit de plus original depuis le XIᵉ siècle. Rien ne garantit, certes, que nous saurons trouver cette voie pourtant conforme à notre histoire la plus profonde, mais c'est un scénario que l'histoire rend plausible, justement, et ce peut être notre chance. Si l'esprit de la démocratie doit se réveiller et se relancer sur ce continent où il est né, il a son théâtre d'invention tout trouvé.

XIII

ET MAINTENANT ?

À vous entendre sur l'avenir de la construction européenne, on a le sentiment que vous êtes, au total, assez confiant dans l'avenir. On retient plutôt de vous, habituellement, le diagnostic de pessimisme...

Disons pour résumer que je suis pessimiste à court terme et optimiste à long terme, s'il faut raisonner dans ces termes que je n'aime pas beaucoup. Pessimiste, parce que la pente actuelle de nos sociétés est tellement forte qu'une correction de trajectoire ne paraît pas envisageable à brève échéance. Il est vraisemblable, même, que les tendances inquiétantes que nous voyons à l'œuvre vont aller en s'amplifiant au cours de la période qui vient. Mais elles sont la réalité d'un moment ; elles ne représentent pas la vérité ultime de l'histoire. Si elles dominent, elles ne sont pas seules, pour commencer. Elles entraînent de formidables contradictions au sein de notre monde démocratique et libéral, à tel degré que le renversement du cycle est aussi à l'horizon. Il est déjà discernable en pointillés dans notre présent. C'est ce qui me semble justifier un optimisme raisonnable à long terme. La démocratie est de nouveau en crise, comme elle l'a été par le passé. C'est une crise surmontable qui peut mener à une démocratie supérieure.

Qu'appelez-vous « tendances inquiétantes » ?

Les tendances qui convergent vers la perte de la capacité de se gouverner de nos sociétés. Ce que traduit le sentiment courant qu'il n'y a plus de pilote dans l'avion. Et l'on peut se demander, en effet, si nous n'assistons pas à la dissolution du pouvoir des collectivités de conduire leur marche de manière concertée. Cela résulte de l'autonomisation de la logique économique, de la dissociation individualiste, de l'affaiblissement des systèmes politiques. Tous ces phénomènes sont bien identifiés, descriptivement parlant ; la question est de les interpréter. Signifient-ils la sortie de l'âge de la politique au profit de l'âge du marché ou du fonctionnement automatique des sous-systèmes sociaux ? Auquel cas la notion d'une « crise de la démocratie » relèverait d'une vaine nostalgie passéiste, puisque le principe même de ladite démocratie serait dépassé. Je pense à l'opposé que ce principe du pouvoir des collectivités sur elles-mêmes qui justifie de parler de démocratie n'est nullement en cause. C'est à une crise des modalités de son exercice que nous avons affaire.

Si vous avez raison concernant le court terme, si une correction de trajectoire est difficile à envisager immédiatement...

Il est vrai qu'on ne peut pas grand-chose à court terme. Je crois du reste que c'est le sentiment de beaucoup d'acteurs et que c'est la raison pour laquelle l'enthousiasme politique fait si cruellement défaut dans nos sociétés. La prise qu'on peut avoir sur les événements est si faible, les perspectives d'une action efficace renvoient si loin dans le temps, qu'on se sent découragé d'avance.

Ce peut être une explication, pas plus mauvaise que les autres, de la dépolitisation dont nous sommes témoins.

Vous avez employé à nouveau, il y a un instant, le mot de « cycle », pour dire la crise dans laquelle nous sommes entrés.

Car notre situation ne me paraît pas absolument originale dans son principe même si elle l'est dans son contenu. Pour la comprendre, il faut la mettre en perspective historique. Je vous ai dit précédemment que, à mon sens, nous sommes entrés dans un second cycle de crise des démocraties libérales, après celui qui a vu leur formation et leur consolidation. Premier cycle qui s'est caractérisé par une difficulté considérable à maîtriser les forces et les mécanismes qui ont commencé à entrer ainsi en scène, autour de 1880. Cette crise de gestation a trouvé dans les totalitarismes son expression paroxystique. Elle a été surmontée, après 1945, par un effort remarquable de redéfinition et d'approfondissement des régimes démocratiques. Il en est résulté une version perfectionnée de ceux-ci qui n'est pas étrangère au ralliement général dont ils ont fini par faire l'objet. La victoire des démocraties sur les régimes qui prétendaient leur fournir une alternative s'enracine dans les développements stabilisateurs dont elles ont été capables.

D'une certaine manière, nous payons aujourd'hui le prix de cette victoire. La consolidation des démocraties a libéré en leur sein des forces qui n'auraient pas été concevables auparavant et qui ont pour effet de la replonger dans la crise. Depuis environ vingt-cinq ans, nous sommes entrés de la sorte dans un nouveau cycle d'expansion et de crise, expansion dont le caractère critique va aller en s'approfondissant, n'en doutons pas.

En même temps, vous récusez l'idée que ce cycle nous ramènerait au précédent et qu'à nouveau nous pourrions connaître les mêmes épreuves que celles par lesquelles le XXᵉ siècle est passé.

Je crois même que la situation de crise que nous connaissons se présente sous un signe inverse de la précédente. L'aspiration centrale de la phase de constitution des démocraties libérales a été de compléter le libéralisme par la démocratie, sous l'aspect de l'affermissement du pouvoir collectif et de l'organisation de la société — aspiration qui a culminé dans la démesure totalitaire. Aujourd'hui, sur la base de cette accumulation antérieure, nous sommes entraînés par un mouvement de libéralisation des démocraties, jusqu'au point où l'on peut parler d'une éclipse de la dimension du pouvoir collectif. Les acteurs n'y aspirent pas, même lorsqu'ils souffrent de ne pas en disposer. Ce pouvoir leur est devenu à certains égards impensable. Toute la difficulté de la suite sera précisément de le réintroduire dans le jeu, d'en rendre la nécessité sensible à ces acteurs qui sont à la fois désorientés par son effacement et incapables de s'y projeter.

Cette différence des inspirations se marque dans le statut conféré à l'individu. C'est le dépassement de l'individu libéral qui est à l'ordre du jour fin XIXᵉ-début XXᵉ siècle. À l'heure des mas-

ses et de l'organisation, il s'agit de sortir des
fictions de l'individu de droit abstrait intronisé
par les révolutions bourgeoises de la fin du
XVIIIe siècle et incarné dans le régime représentatif et l'économie capitaliste. Dépassement de
l'individu libéral ne veut pas forcément dire
anti-individualisme, d'ailleurs, mais prise en
compte de l'individu concret, c'est-à-dire de
l'individu-en-société. Ainsi l'État social, auquel
on ne peut refuser de veiller au bien-être de
l'individu, le prend-il dans sa situation effective
d'âge, de revenu, d'activité. Ce dépassement de
l'individu par la socialisation a fait place à une
re-consécration de l'individu, un individu déta-
ché et privé d'un genre nouveau, émancipé à
l'égard de toute participation à la société. C'est
ce qui le distingue de son homologue du XIXe siècle, lequel, même pris abstraitement, est un individu destiné au travail, à l'échange, à la participation politique. L'individu privé d'aujourd'hui
se définit, lui, par sa déliaison foncière d'avec la
société. La politique l'intéresse dans la mesure
où elle offre une scène à sa singularité identitaire.
L'économie le concerne pour autant qu'elle lui
permet d'obtenir la satisfaction de ses appétits
personnels en termes d'argent et de consommation. Il n'en attend pas de s'affirmer au travers
du travail ; il lui demande de sustenter sa jouissance privée, comme on disait déjà au XIXe siècle,
mais dans une acception inédite de « privé ».

Ce n'est pas vraiment nouveau, ça. Carnegie ou Rockefeller faisaient-ils autre chose ?

Oui. Extérieurement, vu de loin, ils faisaient la même chose, *homo œconomicus* se présentant toujours et partout comme le même calculateur égoïste. En réalité, le cadre de compréhension de leur activité était passablement différent. Ils visaient à manifester leur énergie entrepreneuriale à la face du monde ; ils se projetaient dans la construction de leur empire. Ils ne cherchaient pas à maximiser leurs moyens de jouissance pardevers eux. La nuance n'est pas commode à cerner, elle est pourtant capitale par ses conséquences. Peut-être est-ce dans le rapport à la publicité de l'action **et** à la célébrité qu'elle ressort le mieux. Carnegie et Rockefeller aspiraient à coup sûr à être reconnus pour l'ampleur de leurs réalisations. Pour le reste, ils se cachaient plutôt derrière leur œuvre : ils attendaient qu'elle parle pour eux. Rien à voir avec la recherche de la visibilité de soi qui anime leurs descendants actuels. La célébrité n'est pas par hasard en passe de s'imposer comme l'une des valeurs par excellence de nos sociétés. Elle traduit à merveille le souci de sa singularité du nouvel individu, qui culmine dans sa manifestation publique. Il est significatif de la voir arriver dans un domaine comme l'économie, où elle n'avait guère sa place. Sa survenue représente une inflexion du même ordre que le déploiement de la consommation d'aujourd'hui par rapport à la vieille « satisfaction des besoins ». Abstraitement, la notion n'a pas de raison de changer. Il n'empêche qu'elle ne recouvre plus la même expérience du point de vue de l'individu qui acquiert et du sens de soi qui s'y trouve mobilisé. Un sens de soi significativement dégagé de la lutte pour le standing qui continuait d'obséder l'acheteur des débuts de la société de consommation. Le principal, pour le nouveau consommateur, se joue entre lui et lui-même, bien que ce soit plus que jamais sous le regard et pour le regard d'autrui. Ce que je veux juste souligner, c'est à quel point le même « individu » de la théorie peut cacher des orientations personnelles et sociales éloignées.

Mais la dimension la plus spectaculaire, la plus impressionnante de cette résurgence de l'individu au cours du dernier quart de siècle est évidemment sa dimension juridique. Là, on ne revient pas au bourgeois utilitariste anglais de 1860, à l'individu de John Stuart Mill, on remonte carrément en deçà de la révolution industrielle, jusqu'à l'universalisme des Lumières, jusqu'à l'individu de la Révolution des droits de l'homme. Phénomène prodigieux, dont l'incongruité historique suffit à mettre en garde contre une lecture naïve. Nous n'avons pas affaire à un retour à l'identique, comme s'il ne s'était rien passé entre-temps. Ce ne sont pas les mêmes droits et ce n'est pas le même homme. La première tâche, face à ce stupéfiant renouement de continuité, doit être d'éclaircir les conditions qui l'ont rendu possible et le changement dans la compréhension des droits de l'homme dont s'accompagne cette réappropriation. C'est la raison pour laquelle il faut toujours commencer par situer le contexte sociologique de ce retour de l'individu de droit. Lui seul permet de cerner le profil de cet individu qui progresse désormais par les moyens du droit, mais qui présente des propriétés et des aspirations façonnées par bien autre chose que le droit. Aussi la même logique théorique de la fondation en droit pousse-t-elle dans des directions fort différentes de ses incarnations passées. Ce qui passe par le droit repose sur un socle social, politique, historique de grande ampleur dont la carte commande les expressions du droit. C'est la clé, semblablement, des contradictions qui résultent de cette expansion de l'individualisme et des avenirs qui sont susceptibles d'en découler. Le retour du libéralisme est sécrété par cela même qui était venu l'encadrer et le compléter dans le passé : voilà ce qu'il s'agit de saisir si l'on veut comprendre comment la poussée d'un individu libéral reconfiguré met en crise les démocraties libérales.

*Qui sont, dites-vous volontiers, de plus en plus libé-
rales et de moins en moins démocratiques.*

La formule suppose, pour être entendue, de
prendre le terme de « démocratie » dans son
acception première et pleine. Soit la chose la plus
difficile. Car le sens du mot a changé au cours
de la dernière période. Témoignage de la prégnance de l'esprit du temps, il s'est vidé de l'idée
de pouvoir collectif pour ne plus évoquer que la
liberté individuelle. Le terme lui-même s'est
libéralisé !

Cet élargissement de la dimension d'indépendance individuelle aux dépens de la dimension du
gouvernement en commun ébranle les équilibres
que les institutions étaient parvenues tant bien
que mal à trouver. L'éducation en offre un exemple frappant. La démocratie libérale « classique »,
si j'ose dire, avait connu une de ses plus belles
réussites sur ce terrain, grâce au compromis entre
les moyens de la puissance collective et la liberté
rationnelle comme but, avec ce que ces fins tou-
chant l'émancipation de la personne exigent
quant à l'emploi des moyens. Le compromis entre
l'autorité de l'institution, la confiance dans les
savoirs et l'ouverture pédagogique s'est défait.
Les moyens d'hier apparaissent comme irrémédiablement archaïques, oppressifs et inadéquats
au regard des impératifs de l'individu nouveau,

pour lequel la liberté doit être autant au départ qu'à l'arrivée. Il pose à cet égard un énorme problème. Ce n'est pas qu'il refuse l'éducation. Il aspire au contraire à être formé, afin d'être en mesure de s'orienter lui-même dans le monde qui lui est assigné. Il n'en est pas moins tendanciellement inéducable. Une chose est de demander de l'éducation, autre chose est d'être capable de la recevoir. À toute entrée dans un savoir transmissible, donc formalisé, anonyme, collectif, l'individu contemporain oppose les réquisitions de sa singularité. « Et moi là-dedans ? » demande-t-il. Quel sens peut-il y avoir à apprendre cela ? Et pas quel sens en général, quel sens pour moi. Ceux qui croient qu'il est possible de répondre à une telle demande se promettent à d'intéressantes aventures ! La construction d'un protocole convenant à chacun en particulier relève de la quadrature du cercle. Comme si d'avance l'individu pouvait savoir ce qu'il veut apprendre. Apprendre, c'est précisément se soumettre au décentrement, entrer dans quelque chose qui n'est pour vous que pour autant qu'elle vaut pour n'importe qui d'autre. C'est cette extériorité impersonnelle de la méthode qui tend à être refusée. Il ne faut pas se cacher l'affrontement avec l'impossible qui est en jeu sur le front éducatif.

Mais vous dites qu'en même temps cet individu veut apprendre, a besoin d'apprendre pour être un individu moderne.

C'est en raison de cette contradiction entre le désir et les moyens de le satisfaire que ce qui se passe dans le domaine de l'éducation est exemplaire. Si « barbarie » il y a, c'est une barbarie à mauvaise conscience ! C'est l'observation de ces tensions qui me conduit à rejeter toute espèce de scénario décadentiste. Quand on a affaire à des contradictions, cela veut dire qu'il existe des ressources de mouvement, que l'inspiration primordiale est toujours à l'œuvre, que des retournements sont possibles. Rien ne garantit qu'ils se produiront, et l'affaissement peut l'emporter. Mais ils relèvent du plausible, et davantage, de ce qu'il y a du sens à viser pour n'importe quel acteur dans nos sociétés. Nous ne sommes pas emportés par l'oubli, la fatigue ou l'incompréhension de ce que nous fûmes, nous sommes débordés par un développement surprenant d'une des composantes du programme moderne, qui nous met au défi de réinventer les instruments de son propre accomplissement — les instruments capables de pourvoir les nouveaux venus du bagage auquel ils aspirent, en la circonstance.

Déplaçons l'analyse vers la politique : la

contradiction n'y est pas moins flagrante. Le constat de dépolitisation ne suffit pas. Si l'éloignement des citoyens vis-à-vis de la chose publique est une donnée patente, la situation comporte un autre versant : la politique est assiégée, simultanément, par une énorme demande. La vérité est que nous lui demandons tout. Le petit entrepreneur de Birmingham en 1850 ou le pionnier de l'Ouest américain n'attendaient pas grand-chose de la politique et espéraient bien se débrouiller seuls. Ces figures héroïques d'un autre âge font ressortir le contraste : tout le monde aujourd'hui a quelque chose à demander à la politique, à commencer par la reconnaissance d'une existence ressentie comme tellement précaire qu'elle appelle une certification publique. La demande de sécurité, qui est si profonde au sein de notre monde, me semble typique du sentiment de vulnérabilité qui hante les individus et de l'attente qu'ils investissent sur la collectivité. Mais la collectivité, où est-elle ? Quelle est-elle ? Ses traits sont brouillés. Elle est récusée dès lors qu'elle se présente comme une appartenance contraignante. Cela ne l'empêche pas d'être intensément sollicitée. On se trouve devant des individus qui voudraient tenir tout seuls, exister par eux-mêmes, ne pas appartenir, et qui en sont en réalité à demander l'assurance d'exister à cette entité insaisissable.

Cette ambivalence est au cœur du malaise

politique des démocraties. Les populations ne se
sentent pas exprimées par leurs représentants.
Les gouvernés se plaignent de l'éloignement et
de l'indifférence des gouvernants vis-à-vis de
leurs préoccupations. Jamais ceux-ci, en fait,
n'ont été si proches de leurs électeurs, jamais ils
ne se sont autant tracassés de leurs opinions et
de leurs attentes. Mais cette proximité effective
est impuissante contre la perception de la distance. L'étrangeté ne tient pas à l'ignorance des
gouvernants, mais au fait que le ressort du pouvoir collectif échappe aux citoyens. Le plan où
s'effectue l'agrégation globale des activités collectives est impensable pour les acteurs sociaux.
Ceux qui le représentent sont d'ailleurs, quoi
qu'ils fassent et disent. L'extériorité qui leur est
attribuée est celle d'une communauté politique
dont on ne sait plus se reconnaître membre, tout
en attendant qu'elle reconnaisse votre identité.
Ce mélange de demande sans limite et de protestation résignée témoigne d'une perturbation
majeure de l'articulation entre l'individuel et le
collectif. Le citoyen ne parvient plus à s'ajuster
au corps politique. Socialisation et individualisation n'ont jamais été aussi corrélatives, et
cependant elles se disjoignent.

Néanmoins, vous vous dites optimiste à long terme.
Le moins qu'on puisse dire, c'est que votre optimisme
ne transparaît guère !

Optimisme raisonné n'est pas boy-scoutisme
bon-sentimenteux. De quoi s'agit-il ? De mettre
en lumière un possible. Tournons-nous le dos à
l'inspiration foncière de la démocratie ? Non. Le
cas est autrement compliqué : ses fondements
dérèglent son fonctionnement. Existe-t-il, à l'intérieur de cette situation, des forces ou des mécanismes susceptibles de conduire au-delà ? Oui.
D'où l'importance d'une analyse fine des contradictions au travail dans le présent. Point supplémentaire, qui ne prouve rien, mais qui fournit,
cependant, un point d'appui utile au raisonnement, a-t-il existé par le passé des situations
comparables ? Oui. Nous avons derrière nous
une illustration mémorable de la capacité de correction et de perfectionnement des régimes
démocratiques. Sur cette base, nous sommes
fondés à nous projeter hors du marasme présent
et à poser la possibilité d'un futur différent. Pas
plus, pas moins. Nous sommes confrontés à
l'hypertrophie d'une dimension constitutive des
démocraties qui les menace d'impuissance par
déséquilibre interne, d'autant qu'elle s'accompagne d'un effacement des transcendances collectives d'origine religieuse. Cette crise n'est pas

insurmontable dans son principe. Elle appelle une reconstruction du pouvoir collectif à la hauteur de l'émancipation des individus, sur laquelle, dans tous les cas, on ne reviendra pas. La tâche n'est pas inimaginable. Elle s'inscrit dans la ligne de ce qu'a été le devenir politique moderne depuis deux siècles, pour ne pas remonter plus haut. Nous allons vers davantage de sortie de la religion, vers un fonctionnement collectif davantage autonome, vers un approfondissement du sujet politique. Nous y allons dans le trouble, le désordre et la confusion, comme par-devant. Des régimes politiques et sociaux supérieurs à ceux que nous connaissons appartiennent à l'ordre du possible. À cet égard, la crise actuelle peut se comprendre comme une crise de croissance des démocraties. Pour le reste, l'histoire est ouverte, et je me garderai de quelque prédiction que ce soit quant à la réalisation de ce possible.

Je m'en garderai d'autant plus que les obstacles qui se présentent sur notre route, à court ou moyen terme, sont effectivement formidables. Nous sommes, par exemple, devant le défi absolument inédit d'une crise de reproduction de nos sociétés — reproduction biologique et reproduction culturelle. C'est avec ce phénomène que la consécration de l'individu révèle l'ampleur de ses conséquences. Elle signifie l'émancipation de la loi de l'espèce et ce qu'on croyait être, à tort, une loi intangible de la physique sociale. Non seulement la relève des générations n'est plus assurée, mais plus grave, parce que non compensable, la relève des compétences indispensables à la marche d'une économie du savoir, du haut en bas, ne l'est pas davantage. La crise de l'éducation n'a pas encore montré tous ses effets. La crise de l'État social n'en est qu'à ses débuts. Le système de production de l'homme qui s'est édifié en tâtonnant au travers de l'objectif plus modeste de protection sociale va requérir un travail de redéfinition et de maîtrise, à l'échelle des moyens exigés, dont nous n'avons simplement pas encore l'idée. Nous sommes devant une crise potentielle de sécurité. L'explosion de la délinquance et de la criminalité est une éventualité que l'on ne peut écarter, étant donné la fragilité des liens sociaux et la puissance d'ores et déjà acquise par les réseaux mafieux à l'échelle de la planète. L'Europe est particulièrement exposée, d'ailleurs, de par sa proximité géographique avec l'Afrique et le Moyen-Orient, deux zones menacées par l'anomie à grande échelle. Je ne parle pas de la crise écologique, à propos de laquelle une seule chose est claire, c'est que les solutions qui lui seront éventuellement apportées n'auront pas grand-chose à voir avec les fantaisies régressives qui tiennent lieu de pensée à son sujet. Les questions qui nous sont posées sont gigan-

tesques, et nous sommes mal armés pour y faire
face.

Elles le sont en effet, mais comment y apporter un
début de réponse, compte tenu de ce que vous avez
dit précédemment : si toute action à court terme est
vouée à l'échec, pourquoi ne pas se contenter de partir
en vacances ou de cultiver son jardin ?

Je n'ai surtout pas dit que l'action à court
terme était vouée à l'échec. J'ai dit qu'elle ne
pouvait produire que des résultats tellement
modestes, au regard de l'ampleur des problèmes
posés, qu'elle semble fatalement dérisoire. D'où
l'importance de la perspective dans laquelle inscrire ces petits pas. Tout ce qui contribue à clarifier la situation et à indiquer la direction joue
un rôle actif dans un tel contexte. L'exercice collectif de la réflexion acquiert un poids qu'il n'a
sans doute jamais eu, même si son impact n'est
pas directement lisible. Où se situe en effet le
moteur capable de faire bouger significativement
les choses, en dernier ressort ? Dans le sentiment
que les individus ont de leurs contradictions. Il
n'a pas besoin de s'élever à la conscience théorique pour être efficace. C'est autour de ce pivot
que les évolutions de fond sont appelées à s'opérer. Il y a là un ressort sur lequel un grand leader
démocratique pourrait tabler. L'art politique de

demain consistera peut-être à savoir placer les citoyens en face de leurs responsabilités.

Si vous deviez définir une priorité, au milieu de ces différents chantiers, où la situeriez-vous ?

La réforme de l'État me semble constituer un nœud stratégique, parce qu'elle touche au point aveugle de la configuration idéologique dominante. On est avec elle au cœur du renversement de l'illusion de toute-puissance d'hier dans l'illusion d'impuissance d'aujourd'hui. L'expression n'est pas engageante. Elle porte l'empreinte de l'enlisement de l'institution. Elle évoque de laborieux replâtrages administratifs dont le caractère mobilisateur ne saute pas aux yeux. Il faut commencer par lui redonner son sens et sa portée. Si le XIXᵉ siècle a été le siècle de l'histoire, le XXᵉ siècle a été le siècle de l'État — le siècle d'une extraordinaire croissance de l'État et d'une transformation déterminante de son rôle. Sa rapidité a fait que cette dilatation n'a pas été maîtrisée. Nous nous retrouvons devant d'énormes machines passablement asthmatiques et dysfonctionnelles, maintenant qu'en plus l'inspiration d'origine les a abandonnées. La critique libérale s'est engouffrée dans la brèche. Elle est d'une pertinence imparable quant aux défauts qu'elle signale ; à cet égard, elle est salutaire. Mais si elle démonte à merveille les aspects négatifs du phénomène, elle est incapable d'en penser la part positive. La chose remarquable, cela dit, est que les défenseurs de l'État ne sont plus capables de plaider leur cause. Ils défendent le *statu quo* avec une énergie farouche, mais ils sont désespérément muets sur les raisons d'être de l'institution à laquelle ils s'accrochent. Tout se passe comme si le principe de ces appareils géants était devenu impensable au milieu de leur omniprésence. Cela en dit long sur l'évanouissement de la perspective du gouvernement de soi. La démocratie souffre de cécité à l'égard de ses propres conditions de fonctionnement. Car c'est la spécificité de la démocratie libérale des modernes, telle qu'elle s'est développée au XXᵉ siècle, que de passer par cet appareil institutionnel. L'État est l'institution centrale de la synthèse libéralo-démocratique. C'est au travers de lui que s'opère l'articulation de la puissance collective et de la liberté individuelle. Ses transformations et sa croissance répondent à ce motif. Aussi la question de son efficacité n'est-elle pas qu'une question technique. Elle engage la question de sa définition : à quoi sert-il ? En vue de quoi s'agit-il de le rendre efficace ? Quelle organisation pour quelles missions ? Il y a dans ces interrogations de quoi ranimer l'esprit de la démocratie contre sa dilution libérale.

Nous en sommes loin, en France tout particulièrement, où le mot même de réforme suscite un rejet quasi révolutionnaire !

Justement, comment interprétez-vous ce blocage sur la question de l'État en France ? Par l'existence des fonctionnaires qui défendent tout bêtement leurs privilèges ?

Pas seulement. Le rôle décisif revient à la tradition politique du pays. L'importance de l'État dans la vie collective rend encore plus sensible qu'ailleurs l'absence d'horizon — changer pour aller où ? — et la dépendance des personnes, pas forcément des fonctionnaires, envers ce que l'État représente de sécurité. C'est la face cachée du culte contemporain de l'indépendance individuelle. Elle repose sur un solide socle social et elle s'accompagne d'un profond sentiment de précarité de ces existences individuelles émancipées. Ce ne sont pas des motivations de surface qui sont en jeu. Il faut les prendre au sérieux si l'on veut avoir la moindre chance d'échapper à ces rétractions immobilistes. Plus encore en France qu'ailleurs, de ce fait, le déblocage passe par la place publique, par la clarification des perspectives, par la mobilisation des gens concernés.

Qui donc ? Les fonctionnaires ? Mais ils n'ont qu'une idée en tête, vous l'avez dit : ne touche pas à mon État.

Détrompez-vous. Ils ont beaucoup à dire sur la question. Un grand nombre d'entre eux souffrent la male mort de la nécrose institutionnelle dont ils sont prisonniers. Personne n'a envie de travailler dans une structure qui ne marche pas. Le désir naturel de la plupart des gens est de s'insérer dans des organisations qui fonctionnent. C'est là-dessus qu'il faut compter.

Ce que vous décrivez, c'est surtout la situation française. Prenez au contraire l'exemple des États-Unis : la situation y est toute différente. Et sans doute jamais le contraste entre l'Europe sociale-démocrate, très étatisée, et les États-Unis n'a été si grande.

La différence entre le Nouveau et le Vieux Continent ne date pas d'hier. La divergence des deux versions de la civilisation atlantique prend aujourd'hui, cela dit, un relief accru, vous avez raison, dont il est impératif d'apprécier l'exacte portée. Ne disqualifie-t-elle pas nos spéculations ? Nos questions ne sont-elles pas des questions obsolètes et vaines de retraités de l'histoire débordés par la vague du futur ? Autrement dit, jusqu'où va le contraste que vous évoquez ?

L'étonnant est la redistribution des cartes qui se produit entre les partenaires.

La vague néolibérale a rompu la convergence qui tendait à rapprocher l'Amérique de l'Europe depuis l'« ère progressive » et l'âge de l'organisation. Les États-Unis sont revenus à leur génie d'origine. Qui plus est, forts de leur puissance désormais hors pair et du leadership conquis dans les conflits du XXᵉ siècle, ils semblent s'être définitivement émancipés de la source européenne et avoir atteint une sorte d'autosuffisance civilisationnelle sûre d'elle et dominatrice. Ils peuvent paraître lancés dans la voie d'un libéralisme démocratique sans démocratie, au sens qu'on a défini, au regard duquel il conviendrait de remiser nos dérisoires états d'âme passéistes. Mais dans le même temps, les États-Unis sont devenus la nation politique par excellence. À la mesure de leur rôle mondial, ils ont découvert et se sont approprié, vers l'extérieur, la politique qui leur faisait horreur chez les Européens. Les guerres du XXᵉ siècle, contre les empires centraux, contre Hitler, contre le communisme, avaient été des croisades où l'idéalisme trouvait aisément à s'investir. Il n'en va plus de même avec le maintien de l'ordre planétaire qui constitue la tâche du XXIᵉ siècle. La rhétorique de la justice et du droit et la *Realpolitik* n'y font plus le même ménage. En termes d'identité collective, il y a là un puissant ferment de transformation pour la nation impériale, d'autant que dans un monde globalisé, la définition par rapport à l'extérieur va peser de plus en plus lourd.

En sens inverse, les Européens sont sortis sans même s'en apercevoir de cette grande histoire qui faisait leur orgueil. Ils ont tranquillement tourné le dos au politique. Il est vrai qu'ils n'y avaient que trop sacrifié ! L'héritage du siècle de l'État et l'empreinte du socialisme font qu'ils sont pourvus d'appareils publics de régulation et de redistribution auxquels ils restent attachés et qu'ils peinent à réformer. Mais au milieu de cette vision sociale de la démocratie qui les distingue, ils ont développé une philosophie de l'individu privé en face de laquelle le libéralisme américain apparaît dépassé, marqué qu'il est par un souci archaïque de la responsabilité publique de cet individu. C'est en Europe que l'idée des droits de l'individu s'épanouit aujourd'hui jusqu'à ses dernières limites, au point de récuser ou de reléguer dans l'ombre l'appartenance politique, l'obligation civique, la contrainte collective. De ce point de vue, le libéralisme européen peut être considéré comme plus « avancé » que le libéralisme américain. Il est aussi plus fragile, ses contradictions sont plus directement sensibles, puisqu'il repose largement sur la production sociale de cette indépendance individuelle. Il n'empêche qu'il va plus loin dans la déliaison de l'individu et qu'il entraîne des conséquences plus lourdes relativement à l'assomption de la dimension collective, jusqu'à l'esprit de défense et à la capacité de regarder le monde tel qu'il est. L'idéalisme juridique est aujourd'hui européen.

Le chassé-croisé est impressionnant. Il me fait penser que, si les situations se présentent très différemment de part et d'autre de l'Atlantique, le problème posé sur le fond est identique. Les Américains et les Européens ont beaucoup à apprendre les uns des autres. La vigueur américaine ne sera pas inutile pour réveiller les Européens de l'engourdissement sénile qui les menace. L'expérience européenne peut apporter aux Américains de salutaires mises en garde contre la présomption juvénile. Une saine émulation est ce qui peut leur arriver de mieux.

Vous insistez sur le rôle des perspectives et des propositions, par exemple pour la transformation de l'appareil de l'État. D'où peuvent-elles venir ? Des syndicats, des partis ?

Si j'avais l'idée de le soutenir, il n'y aurait pas beaucoup de gens pour me croire ! La désagrégation de la capacité de se gouverner est directement liée à l'implosion des appareils qui portaient les projets politiques et sociaux. Qui ne le voit, partis, syndicats, associations — associations qui sont venues récemment se rajouter à la liste sans modifier la donne — sont tout sauf des forces de réflexion et de proposition. Ils ont pu l'être par le passé, ils ne sont plus désormais que des rouages institutionnels à la fois indispensables et sans âme. Ils ont été entraînés par la logique implacable de la spécialisation des fonctions. Il faut dire que le parti politique de masse, tel qu'il émerge à la fin du XIXe siècle, correspondait à un projet très ambitieux. Il avait à mener trois ou quatre tâches de front : sélectionner et former le personnel dirigeant, livrer la bataille électorale, organiser un groupe social, et, *last but not least,* produire une doctrine et la traduire en programme. En pratique, on peut discuter de savoir si ce dessein synthétique a jamais eu une réalité, hors du cas des partis léninistes, avec les perversions que l'on sait. Il a pu au moins en avoir l'apparence, tout le temps où le débat public s'organisait autour de causes identificatrices : la République contre l'Église, la nation contre la Révolution, le marxisme contre l'antimarxisme, etc. Lorsque ce système de partages et de références s'est estompé, dans la dernière période, le paysage est apparu dans sa stérilité. Les partis sont des machines politiques bien trop obsédées par la conquête des pouvoirs pour faire une place significative à un travail d'analyse désintéressé. Les syndicats se sont rabattus de la même façon sur leur fonction revendicative. Eux aussi, pourtant, sont nés avec une idée plus ambitieuse de leur mission. C'est spécialement vrai en France, où la fraction la plus avancée d'entre eux n'a pas prétendu moins que faire du syndicat l'organe autonome de l'émancipation ouvrière. Certains, à certains moments, ont effectivement tenu un rôle appréciable d'entraînement et d'imagination. Il n'en reste plus que des souvenirs. Le cas des associations est intéressant, parce que la contrainte institutionnelle y est plus faible. Il n'empêche que la logique de la spécialisation aboutit à un résultat analogue par un autre chemin. La mobilisation autour d'un objet spécifique fait écran au reste, quand elle ne pousse pas à des caricatures d'esprit partisan.

Le rêve n'est pas permis : ce n'est pas de ce côté-là que viendra le déblocage. Partis, syndicats, associations font partie du paysage, ils ne sont pas destinés à disparaître ou à être remplacés, mais il n'y a rien à en attendre pour ce qui nous intéresse. Si renaissance de la préoccupation publique il doit y avoir, c'est du côté de la société qu'elle se produira. Il faut remonter en deçà de l'âge des partis pour avoir une idée de l'avenir. Les sociétés de pensée ont précédé les organisations qui nous sont familières : elles leur succéderont. La société fabienne, ce n'était pas si mal !

Où serait aujourd'hui l'équivalent ?

Il n'existe pas, à ma connaissance. Les *think tanks*, c'est autre chose. Ce ne sont pas des lieux de participation politique. Ce sont des bureaux d'études destinés à alimenter la politique par des travaux de facture académique.

Ce que j'évoque n'a guère de consistance encore, j'en conviens, si ce n'est embryonnaire. L'impression qui domine est celle de la désertion et du vide. Gardons-nous, toutefois, de transfigurer le marasme actuel en stade terminal et indépassable. Outre que le présent n'est pas le code du futur, il ne se réduit pas à cette nécrose. Je suis frappé par l'effervescence souterraine qui se manifeste dans les endroits les plus divers et par la qualité démocratique de la réflexion qui s'y mène. J'entends par là l'intégration du pluralisme et le dépassement de l'unilatéralisme partisan. Il m'est arrivé à maintes reprises de m'émerveiller du souci de dialogue dans la conviction et de la capacité de faire droit à leur contradicteur dont faisaient montre des gens par ailleurs très ordinaires. Où que vous alliez, vous trouverez des agriculteurs, des enseignants, des cadres de l'industrie, des agents de la SNCF, des petits patrons pour présenter les problèmes de leur domaine avec une lucidité, une pondération et un désintéressement dont le débat officiel offre rarement l'exemple. De ce point de vue, le niveau monte incontestablement et le personnel politique a des leçons à recevoir. Il est en retard sur les citoyens. La place est d'ores et déjà marquée pour une réflexion politique indépendante des problèmes de pouvoir et dégagée de la posture militante. Certes, toutes ces virtualités sont minoritaires et dispersées. Mais rien n'interdit d'imaginer qu'elles prennent corps un jour et qu'elles acquièrent une force d'influence significative, voire déterminante, au sein de la sphère publique. Si salut civique il doit y avoir, c'est par des créations ou des réinventions de ce genre qu'il passera.

Il est frappant que, parmi les facteurs qui font bouger les choses, vous ne parliez pas des intellectuels.

C'est vrai. Je ne songe pas, en tout cas, aux « intellectuels » dans l'image conventionnelle de leur rôle. Pour ce qui en subsiste, ils sont pris dans le même piège que les hommes politiques, celui des médias. Ils déblatèrent dans le vide. L'espèce s'éteint doucement, en fait.

Les intellectuels sont pris à revers par la marche de l'histoire, comme tout le monde. Ils ont eu leur Siècle d'Or au XXᵉ siècle. Ils ont été propulsés au pinacle par le culte de la révolution et par le culte subséquent de la radicalité critique. Il en est résulté une véritable rente de situation pour eux. La radicalité est un filon extraordinaire, en effet. Je ne parle pas de la radicalité intellectuelle authentique, celle qui consiste à prendre les problèmes à la racine, celle de la critique kantienne, mettons. Je parle de la radicalité politiquement et socialement payante, celle qui consiste en maximalisme dans l'opposition au monde tel qu'il est. Ses avantages sont énormes. Le premier est de recueillir les bénéfices de la radicalité théorique sans avoir à en payer le prix, sous forme de travail et de difficulté. La posture tient lieu de contenu. Il est sous-entendu que la volonté de rupture avec la société existante a pour effet de la rendre intelligible. Merveilleuse supposition qui met la profondeur sans frais à la portée du premier venu. Ce n'est pas tout. Par la même occasion, vous accédez à l'authenticité morale en vous dégageant des compromissions avec l'ordre établi. Vous êtes dans le juste au présent en même temps que dans le secret de l'avenir. Dernier avantage de la position, et pas le moindre pour des gens par fonction en quête d'audience : la radicalité a l'intérêt de se voir et de s'entendre ; elle se démarque ; elle délivre des messages à la fois simples en leur fond et susceptibles de toucher tout le monde, étant donné la gravité existentielle de l'enjeu. Marketing et bonne conscience marchent la main dans la main. On comprend que la martingale ait eu du succès ! Ajoutez-y quelques ingrédients sociologiques plus prosaïques et vous avez une recette détonante. La posture radicale est le moyen magique de conférer un supplément d'âme au travail forcément spécialisé et aride de l'enseignant-chercheur. Son enrôlement au service de l'émanci-

pation du genre humain a pour effet de le transfigurer. Vous ne faites pas le même métier, à vos
propres yeux et aux yeux de vos pareils, si vous
vous contentez d'enseigner la sociologie économique ou si vous initiez vos étudiants, par la
même occasion, à la contestation du capitalisme
mondial. Il faut y ajouter en France des raisons
bien connues qui tiennent à la tradition littéraire
et culturelle et puis des mécanismes, eux, tout à
fait obscurs, inhérents, me semble-t-il, au mode
de sélection des élites. Via les grandes écoles et
les concours, la méritocratie républicaine fabrique une aristocratie d'un genre spécial, élective-
ment portée vers l'avant-gardisme subversif par
ses frustrations. Cette microsociologie de l'intellectuel français reste à éclaircir.

Toujours est-il que ce système de définition
supposait pour fonctionner l'existence d'un horizon révolutionnaire, même très vague. Il était
plausible dans la mesure où le renversement de
la société présente était à l'ordre du jour. Il reposait sur un consensus large quant au diagnostic
et quant au pronostic : en deux mots, nous
vivons dans un régime capitaliste dont nous
savons qu'il est appelé à être dépassé. Ce sont
ces conditions qui n'existent plus. Le présent
s'est brouillé et l'avenir plus encore. De la société
actuelle, nous savons au moins ceci qu'elle ne se
résume pas à la domination bourgeoise — ce que
dit le mot de démocratie. Quant à la figure de

l'alternative, elle a sombré corps et biens. Du futur, nous savons seulement qu'il ne nous promet pas l'abolition du salariat, de la propriété privée, de l'argent et de l'État.

Cela ne signifie pas que la radicalité critique a disparu. La posture s'est répandue, au contraire. Elle est devenue un phénomène de masse, à la faveur des développements récents du processus d'individualisation. L'identité de l'individu contemporain est critique. Se désolidariser fermement du monde tel qu'il va est l'une de ses façons courantes d'affirmer son existence individuelle. Cette négativité ordinaire a trouvé son support et son amplificateur dans l'idéologisation des droits de l'homme. Celle-ci nourrit une condamnation de tous les instants des manquements de la société à l'humanité. Il s'est forgé ainsi une culture de la dénonciation qui est aujourd'hui l'un des idiomes de base de la sphère publique médiatique. C'est ce qui peut donner l'impression que rien n'a changé, si ce n'est qu'il y a eu une démocratisation de la position de l'intellectuel critique.

En réalité, la radicalité critique nouvelle manière est très différente de l'ancienne : elle est purement morale et elle ne débouche sur aucun avenir révolutionnaire, si virulente soit-elle. Elle juge, elle ne participe pas d'une explication ; elle condamne, elle ne s'inscrit pas dans une transformation. C'est ce qui dissout la figure de

l'intellectuel. Ce qui s'est évanoui, c'est l'idée
que la posture oppositionnelle apporte une intelligibilité avec elle et que le rejet en règle contient
une société différente où avance l'humanité vers
la maîtrise de son destin. Il est acquis désormais
pour tout le monde, sans qu'il y ait besoin de le
dire, que la condamnation du capitalisme ne
nous apprend strictement rien sur sa nature et
ne fournit aucun moyen de le changer. Pire, il
est clair que la protestation passionnelle contribue à l'obscurcissement du présent et nourrit
l'impuissance collective. La critique est libre, la
protestation radicale est un droit sacré, mais il
n'y a plus rien d'intellectuel là-dedans. Les gens
qui font profession de comprendre ou de connaître ne sont pas à leur place dans cette galère.

Non seulement, donc, vous n'attribuez aucun rôle
aux intellectuels dans un éventuel redressement des
démocraties, mais vous concluez à leur mort clinique.

Entendons-nous bien sur les intellectuels dont
il s'agit. Un certain style d'intervention politique
a fait son temps. L'intellectuel critique tel qu'il
s'est épanoui en France après 1945 — la lignée
Sartre, Foucault, Bourdieu — n'a plus lieu
d'être. Indépendamment du jugement qu'on
peut porter sur lui, il a perdu les bases de sa
crédibilité. Mais cette disparition est une chance
pour le travail intellectuel. Je suis assez confiant

dans l'avenir d'un rôle d'intellectuel à la fois beaucoup plus modeste et beaucoup plus effectif. Il faut garder le terme pour lui donner un autre contenu. Précisément parce que nous ne savons plus qui nous sommes et où nous allons, que l'ère de la prophétie historique est close, que l'ère de la critique sociale a révélé ses limites, nos sociétés ont plus intensément besoin que jamais de se comprendre — ou devraient l'avoir. Personne n'a plus besoin d'écrivains ou de philosophes pour dévoiler les turpitudes du colonialisme ou les horreurs de la condition ouvrière ou pour éclairer le peuple sur ses choix politiques — les citoyens sont assez grands pour cela. En revanche, nous sommes tous en manque d'intelligence vis-à-vis de ce qui nous environne et des dilemmes sur lesquels nous butons quotidiennement. C'est une intervention proprement intellectuelle dans les affaires publiques qui est demandée aux gens de réflexion. Ils ne devraient pas s'en plaindre.

Vous pensez à une sorte de rôle d'expert ?

Pas le moins du monde. L'expertise a sa nécessité dans une société technicisée. Mais elle n'a pas et ne peut avoir, par définition, la réponse aux problèmes qui requièrent une élucidation que j'appelle « intellectuelle ». Elle est d'ailleurs une partie du problème. Elle relève de la logique de la spécialisation. Or les problèmes dont je parle, les problèmes difficiles commencent avec la manière dont les différentes spécialités se nouent ensemble et composent un univers global qui échappe à tous les experts. L'expertise contribue à façonner des sociétés incapables de se gouverner, et incapables, pour commencer, de se considérer. C'est ici qu'une autre tâche commence. Elle est fondamentalement celle des citoyens qui habitent cet ensemble non pensé comme tel, et en particulier de ceux des citoyens qui ont à cœur le sort du monde commun.

Par ailleurs, l'expertise a ses inconvénients qui ne sont plus à dire : le plus grave étant de faire passer en contrebande, sous couvert de compétences sectorielles, des idées générales et des options politiques rien moins qu'assurées. Là aussi le travail proprement intellectuel ne consiste pas à ajouter de l'expertise à de l'expertise, mais à mettre sur la table ce que véhicule l'expertise ou ce qu'elle induit. Je ne pense pas uniquement à une clarification conceptuelle en bonne et due forme. L'entreprise est diverse. Elle passe aussi bien par la littérature ou le cinéma que par les sciences humaines ou la philosophie. C'est ce qui justifie le maintien de ce terme d'« intellectuel ». Il a la vertu d'indiquer le caractère extraterritorial et fédérateur de la tâche. En relève tout ce qui élargit l'accès de la collectivité à la vérité de son fonctionnement. Un film ou un roman peuvent y contribuer beaucoup plus efficacement qu'un incertain traité de sociologie. Il y a besoin de tous les concours, tant la chape de la méconnaissance est lourde à soulever.

Mais vous parliez du besoin de se comprendre qui taraude nos sociétés.

Il existe, mais il coexiste avec des tendances puissantes à l'aveuglement sur soi. Il y a la méconnaissance qui résulte du point de vue technique, je l'évoquais à l'instant. Le découpage en secteurs d'organisation pourvus chacun de leurs systèmes opératoires et de leurs procédures ne produit pas seulement une illisibilité de l'ensemble. Il sécrète une doctrine implicite de l'inutilité de la connaissance. À quoi bon une vue du tout, puisqu'on a une prise efficace sur les mécanismes des différentes parties ? En fait, la société n'existe plus et il faut s'en féliciter ; c'est une vieillerie globalisante à congédier. Cette vision fonctionnelle constitue l'un des pôles de la cécité de nos sociétés sur elles-mêmes. Il y en a un autre, d'une nature plus directement idéologique. L'idéologisation des droits de l'homme, leur élévation au statut de vision générale de la politique et de la société, introduit une ambivalence remarquable dans le rapport des individus à leur société. D'un côté, elle alimente une dénonciation incessante et multiforme des manquements aux principes fondateurs. Mais simultanément, de l'autre côté, elle engendre un aveuglement actif à l'égard des effets des mêmes principes dans la vie sociale et politique. La vigilance hypercritique voisine avec l'intolérance à la critique et avec la simple impossibilité d'en saisir les motifs. Les principes sont incontestables, donc leurs conséquences sont à l'abri de tout soupçon. On se trouve devant le mur d'un fondamentalisme démocratique, source d'une ignorance passionnelle et d'une interdiction de penser qui grèvent lourdement le débat public. Elles le tronquent. Elles rejettent dans l'ombre ce qui fait le plus problème, soit l'articulation de l'individuel et du collectif, et précisément le pouvoir de la collectivité sur ses membres. Il ne faut pas s'y tromper, nos sociétés sont travaillées par un refus viscéral de regarder en face la réalité de leur fonctionnement.

C'est dire que la cause de la réflexion est loin d'être gagnée d'avance. Elle a contre elle, chez les uns, la passion de l'impuissance, tandis qu'elle se heurte, chez les autres, au mépris et à l'indifférence, à la conviction pseudo-savante d'être sorti de façons de penser dépassées. Dans cette situation, tout ce qui donne à voir les choses telles qu'elles sont compte, tout ce qui est susceptible de produire un effet de vérité au sein de l'espace public, y compris et surtout par le moyen de la fiction, est bon à prendre. Il y a un vrai combat intellectuel, en ce sens. Il est très difficile à mener et son issue est fort incertaine. Je garde confiance, malgré tout, par un incurable reste de foi dans les Lumières, sans doute. Au quotidien, nous avons le sentiment que ces contradictions intenses au milieu desquelles nous nous débattons sont vouées à nous submerger. Nous tendons à désespérer devant l'affaissement des institutions et l'aimable nihilisme de leurs conducteurs. Il ne faut pas se laisser hypnotiser par l'effilochage du présent. C'est ici que nous avons besoin du recul de l'histoire pour regarder en avant. Après tout, pourquoi une aventure entamée voici mille ans devrait-elle s'arrêter avec nous ?

REMERCIEMENTS

Ce livre doit d'exister à François Azouvi. Je ne me serais pas lancé dans une entreprise pour laquelle je ne me sentais guère fait sans son amicale insistance et sans la certitude de pouvoir compter sur un interlocuteur aussi averti que dépourvu de complaisance. Sylvain Piron a apporté à nos conversations le renouvellement du regard d'une génération plus jeune et son inlassable curiosité. Tous deux ont transformé l'épreuve en autant de moments de plaisir intellectuel. Je ne sais comment leur dire ma gratitude pour ce que la rigueur de leur questionnement m'a apporté.

L'ouvrage est grandement redevable, dans sa forme finale, à celles et ceux qui m'ont fait l'amitié de me relire et de m'aider à surmonter les embarras de la parole, en particulier Marie-Claude Biais, Pierre Nora et Marie-Anne Solasse. Qu'ils en soient chaleureusement remerciés.

Marie-Christine Régnier a mis ses compétences au service du manuscrit avec son efficacité et sa gentillesse coutumières. Je lui en exprime ma vive reconnaissance.

INDEX

DU MÊME AUTEUR

LA PRATIQUE DE L'ESPRIT HUMAIN. *L'institution asilaire et la révolution démocratique* (avec Gladys Swain), Gallimard, 1980.

Benjamin Constant, DE LA LIBERTÉ CHEZ LES MODERNES, *écrits politiques présentés par Marcel Gauchet*, Hachette-Littérature, 1980 ; seconde édition, Gallimard. 1997.

LE DÉSENCHANTEMENT DU MONDE. *Une histoire politique de la religion*, Gallimard, 1985.

UN MONDE DÉSENCHANTÉ ? *Débat avec Marcel Gauchet sur* Le Désenchantement du monde, Cerf, 1988.

PHILOSOPHIE DES SCIENCES HISTORIQUES, *textes choisis et présentés par Marcel Gauchet*, Presses universitaires de Lille, 1988 ; seconde édition, Seuil, 2002.

LA RÉVOLUTION DES DROITS DE L'HOMME, Gallimard, 1989.

L'INCONSCIENT CÉRÉBRAL, Seuil, 1992.

LA RÉVOLUTION DES POUVOIRS. *La souveraineté, le peuple et la représentation*, Gallimard, 1995.

LE VRAI CHARCOT. *Les chemins imprévus de l'inconscient* (avec Gladys Swain), Calmann-Lévy, 1997.

LA RELIGION DANS LA DÉMOCRATIE. *Parcours de la laïcité*, Gallimard, 1998 ; seconde édition, Gallimard, 2001.

LA DÉMOCRATIE CONTRE ELLE-MÊME, Gallimard, 2002.

POUR UNE PHILOSOPHIE POLITIQUE DE L'ÉDUCATION. *Six questions d'aujourd'hui* (avec Marie-Claude Biais et Dominique Ottavi), Bayard, 2002.

LA CONDITION POLITIQUE, Gallimard, 2005.

DANS LA COLLECTION FOLIO / ESSAIS